내 행운의 여인, 니콜과 스텔라에게

초저평가주 투자법

DEEP VALUE

딥 밸류

토비아스 칼라일 지음 | 김인정 옮김

이레미디어

《딥 밸류》를 적극 추천한다. 증권 분석의 아버지 벤저민 그레이엄에서 출발해 다양한 가치투자 전략을 적극적으로 살펴본다. 개인투자자가 어떻게 하면 단순한 지수 추종 전략을 크게 앞서는 수익률을 거둘 수 있는지 설명한다. 이러한 가치투자 전략이 효과를 거두려면 인내심과 용기가 필요하다. 대중이 거들떠보지 않는 주식을 봐야하기 때문이다. 모든 가치투자자의 서가에 꽂혀야 할 유용한 책이다.

- 제임스 오쇼너시James O'Shaughnessy, 오쇼너시 애셋 매니지먼트 회장 겸 CEO
《월스트리트에서는 무엇이 중요한가(What Works on Wall Street)》 저자

가치투자는 1달러 가치의 자산을 60센트에 사려는 가장 직관적인 투자 형태. 칼라일은 적절한 사례를 이용해 가치투자에 관한 당대의 지침을 제공한다. 이 책은 일련의 역사적 사건을 전하는 자료이자 보물지도다. 투자자라면 반드시 읽어야 한다.

- 조슈아 브라운Joshua M. Brown, 리트홀츠 웰스 매니지먼트 CEO
'The Reformed Broker' 운영자. 《월스트리트의 뒷무대(Backstage Wall Street)》 저자

전통적인 가치투자와 그레이엄식 '주인의식'의 부활을 설득력 있게 설명하는 신선하고 흥미로운 책이다. 가치투자 원칙에 유력한 규범을 추가했다.

- 비탈리 카스넬슨Vitaliy Katsenelson, 인베스트먼트 매니지먼트 어소시에이션 CIO
《횡보하는 증시에 관한 작은 책(The Little Book of Sideways Markets)》 저자

대담한 기업사냥꾼, 행동 심리학 그리고 난해한 정량적 연구에 이르기까지 가치투자와 주주 행동주의 운동이 작용하도록 하는 요소들을 모든 수단을 동원해 열정적으로 탐구한다.

- 크리스토퍼 콜Christopher Cole, CFA, 아르테미스 캐피털 매니지먼트 설립자 겸 경영자

가치투자 전략이 역사적으로 꾸준히 효과를 발휘해 온 배경을 정성적·정량적 관점에서 해석한다. 다양한 가치투자 방식과 투자자에 대해 자세히 설명하고 데이터로 결론을 뒷받침한다. 가치투자를 지지하는 사람들에게 강력히 추천한다.

- 마이클 밴 비머Michael van Biema, 비머 밸류 파트너스 설립자 겸 CIO
《가치투자: 그레이엄에서 버핏 그리고 그 이후(Value Investing: From Graham to Buffett and Beyond)》 저자

흥미진진한 시장의 역사, 그리고 가치투자 이론의 진화에 그 역사가 미친 영향에 관해 저술해 온 칼라일이 가치투자자라면 반드시 소장해야 할 귀중한 책을 펴냈다. 이 책을 읽게 되어 기쁘다.

- 존 슈워츠John L. Schwartz, 의학박사, 밸류 인베스팅 콩그레스 CEO 겸 공동 설립자

주주 행동주의 역사에서 특히 주목할 만한 사례를 흥미롭게 설명하고 오늘날 시장에서 평균회귀와 행동주의 투자로 이익을 낼 수 있는 지침을 제공하는 데 성공했다. 강력히 추천한다.

- 존 미하일레비치John Mihaljevic, CFA, 〈매뉴얼 오브 아이디어(Manual of Ideas)〉 편집장

가치투자의 고전인 벤저민 그레이엄의 스타일을 영리하게 현대적으로 재해석했다. 역사서이자 퀀트 전략을 이용한 종목 선정 안내서다. 가치투자의 역사와 실질적인 가치투자 활용법을 배울 수 있다.

- 메반 파베르Mebane Faber, 캠브리아 인베스트먼트 매니지먼트 CIO 겸 포트폴리오 매니저.
《아이비 포트폴리오(The Ivy Portfolio)》 저자

CONTENTS

| 1장 |

아이칸 선언

기업사냥꾼에서 행동주의 투자자로 ——— 27

| 2장 |

문 앞의 역발상 투자자들

그레이엄이 말하는 청산, 행동주의 그리고 평균회귀라는 가치투자의 위대한 미스터리 ——— 63

역자의 글

역자인 김인정은 국내 유수의 금융회사를 거쳐 현재도 국내 증권사에서 근무하는 주식투자 전문 번역가다. 이 책의 첫 번째 독자로서 그가 꿰뚫어 본 〈딥 밸류〉의 핵심을 살펴본다. 책의 이해에 큰 도움이 될 것이다.

《딥 밸류》는 벤저민 그레이엄과 워런 버핏, 칼 아이칸 그리고 그 이후를 아우르는 가치평가 및 주주 행동주의의 진화를 실제 사례와 광범위한 연구를 이용해 제시한 의미 있는 책이다.

저자 토비아스 칼라일의 통찰은 그레이엄에서 출발한다. 그레이엄은 청산가치를 대신할 지표로 순유동자산가치$_{NCAV}$를 이용하여 청산가치 미만에 거래되는 주식을 찾는다. 내재가치 대비 시장가격의 할인 정도로 경영진의 성과를 정량적으로 평가한다. 한편 버핏의 기업가치 평가는 지속가능한 경제적 해자와 유능하고 정직한 경영진이라는 정성적 요소를 고려한다. 버핏에게서 영감을 받은 많은 가치투자자들은 저평가된 '우량' 기업이 최고의 투자 대상이라고 믿는다. 그러나 칼라일의 백데이터 검증 결과는 그

동안의 오랜 믿음과 직관과는 달랐다.

저자 칼라일에 앞서 조엘 그린블라트가 그레이엄의 NCAV 전략과 '훌륭한 기업을 괜찮은 가격에' 사는 버핏의 전략을 검증했다. 버핏은 경영진의 성과를 측정하는 정량적 지표로 ROE를 제시했고 그린블라트는 버핏의 ROE를 ROC(ROIC)로 재해석한 마법공식을 고안했다. 그린블라트는 ROC를 이용해 '훌륭한 기업(일류 경영진, 해자, 일류 사업)'을 찾고 이익수익률(EBIT/EV)로 현재 주가가 '괜찮은 가격'인지 판단했다. 그리고 칼라일은 이렇게 탄생한 '마법공식'의 성과를 검증한다.

칼라일은 그레이엄과 버핏, 그린블라트의 지표와 공식을 검증하는 데 그치지 않고, 시장을 이기는 능력이 뛰어나다고 입증된 다양한 주가가치비율을 직접 검증했다. 그 결과, 저평가된 주식을 찾는 데 가장 유용한 지표는 EV/EBIT였다. 심지어 EV/EBIT와 ROC를 결합한 그린블라트의 마법공식보다 EV/EBIT 하나만을 이용했을 때 수익률이 더 좋았다. 칼라일은 그 이유를 설명한다.

딥 밸류 철학은 재무성과의 평균회귀를 반영한다는 점에서 버핏의 '훌륭한 기업' 전략과도 다르다. 버핏은 ROIC의 지속가능성에 베팅한다. 그러나 모부신의 연구에 따르면 지속적으로 높은 ROIC를 달성하는 기업은 찾기 어렵다. 드 본트와 세일러의 연구도 주가와 기업 이익이 평균으로 회귀한다는 사실을 뒷받침한다. 칼라일의 검증 결과 역시 장기적으로 시장을 이기는 것은 사람들이 선호하지 않는 가치주 포트폴리오라고 가리킨다. 칼라일은 이처럼 설득력 있는 증거를 바탕으로 버핏의 재능을 갖지 못한 우리가 일관된 성과를 기대할 수 있는 더 좋은 투자 대상은 가치주이며 그중에서도 성장이 더디거나 아예 정체된 가치주라고 주장한다.

칼라일은 또한 실제 주주 행동주의 운동 사례를 통해 행동주의자들이 어떤 기준으로 진입할 기업을 선택하고 어떤 방식으로 내재가치를 실현하며 그것이 소액주주와 투자자에게 어떻게 이익을 가져다주는지 설명한다. 그레이엄이 찾던 청산가치 미만에 거래되는 순-순 주식은 행동주의자들에게 매력적인 표적이 되는 속성을 갖추었다. 칼라일의 딥 밸류 전략은 주주가치 향상을 목표로 하는 주주 행동주의자들의 표적이 될 기업을 미리 찾아내는 데 매우 유용하다.

칼라일은 가치투자의 이론과 실제 사례를 결합해 실행 가능한 접근 방식을 체계적으로 제시하여 전통적인 가치투자 철학과 현대 금융 시장을 연결한다.

칼라일에 따르면 반(反) 직관적인 베팅, 즉 이익이 감소하고 크게 저평가되어 긍정적인 평균회귀를 기대할 수 있는 주식에 베팅하는 것이야말로 장기적으로 시장을 이기는 전략이다. 당장은 시장이 외면하지만 '하락 가능성은 제한적이고 상승 잠재력은 막대한' 비대칭적 기회를 만들어내는 딥 밸류 투자 대상의 조건과 자격을 가치투자의 역사적 맥락 안에서 칼라일의 치밀한 검증과 함께 파악해 보자. 각 장을 시작하는 인용문의 배경과 그 문맥을 파악하는 것은 이 책을 읽는 또 다른 재미가 될 것이다.

서문

> "그러나 자기 자신이 아닌 타인의 돈을 관리하는
> [주식회사의] 이사들에게, 합명회사의 공동 소유주가
> 자기 돈을 직접 감독하는 수준으로 염려하고 경계하며
> 타인의 돈을 감독해주기를 기대할 수는 없는 일이다."
> ― 애덤 스미스Adam Smith,《국부론(The Wealth of Nations)》(1776)

딥 밸류deep value, 즉 '깊은 저평가 영역에 있는 주식'은 철저히 실패한 기업의 모습으로 나타나지만 투자를 성공으로 이끈다. 딥 밸류 전략은 단순하지만 그 발상이 직관과는 어긋나기 때문에 실행하기 어렵다. 그러나 조건을 제대로 갖추었다면 패자주losing stock(사업의 후퇴가 명백한 위기에 처한 기업, 미래가 불확실한 기업을 가리킨다)는 대단히 유리한 투자다. 딥 밸류 전략은 시장의 일반적인 통념에 반하는 투자법이다. 많은 투자자가 좋은 기업이 곧 좋은 투자 대상이라고 여긴다. 워런 버핏에게서 영감을 받은 가치투자자들은 대부분 저평가된 좋은 기업이 최고의 투자 대상이라고 굳게 믿는다. 그러나 학계의 연구는 전혀 다른 결과를 제시한다. 극심하게 저평가된 기업은 심각할 정도로 매력이 없어 보이는데도 불구하

고 (또는 심각할 정도로 매력이 없어 보이기 때문에) 상당히 매력적인 수익률을 안겨준다. 대개 곤란한 상황에 처해 주가가 급락하고 실적이 하락하는 이런 기업의 주식을 산다는 것은 얼핏 독약을 마시는 것이나 다름없어 보인다. 극단적인 경우 이런 기업은 적자를 지속하다 청산될 수도 있다. 하지만 그렇기 때문에 싼 것이다. 벤저민 그레이엄은 《증권분석(Security Analysis)》에서 이렇게 언급했다. "이익이 꾸준히 증가해왔다면 당연히 주가가 그렇게 싸지 않을 것이다. 이런 주식을 매수하는 데 반대하는 이유는 이익이 감소하거나 손실이 지속되다가 자원을 소진해서 결국 내재가치가 매수한 가격 미만으로 내려갈 확률 혹은 일말의 가능성이 있기 때문이다." 이 책에서는 과연 그레이엄의 말대로인지 증거를 찾고, 하락 위험은 제한적이면서도 상승 여력은 큰 비대칭적 기회를 창출하는 패자주의 조건은 무엇인지 살펴볼 것이다.

본질적으로 딥 밸류 투자는 80년이 넘는 연구와 실행으로 입증된, 시대를 초월한 원칙을 체계적으로 적용한 전략이다. 딥 밸류 투자의 지적 기반은 오늘날 가치투자로 알려진 투자 학파에 이론적 토대를 제공한 그레이엄의 《증권분석》이다. 그레이엄은 자신의 천재성과 경험을 바탕으로 중요한 사실을 직관적으로 이해했고, 《증권분석》 초판이 나온 후 80년에 걸쳐 여러 학자들이 경험적으로 그 사실을 입증했다. '그 사실'이란 무엇일까? 정점에 있을 때 펀더멘털 측면에서 가장 매력적으로 보이지만 실제로는 그

때 위험-보상비율이 최악이고, 경기 저점에서 가장 매력이 떨어져 보이지만 그때 기회가 가장 크다는 사실이다. 이것은 투자자들에게 여러 가지를 시사한다. 우선, 기업의 퀄리티 지표인 순이익 성장률보다 더 중요한 것이 내재가치 대비 시장가격의 할인 폭(가치투자의 '안전마진margin of safety' 개념)이다. 이 책에 제시한 여러 연구 결과가 이 사실을 뒷받침한다. 또한 이것은 '(싸지만 경제적 이점은 없는) 괜찮은 기업을 훌륭한 가격에' 사는 것보다, '(지속가능한 높은 ROICreturn on invested capital·투하자본이익률를 달성하는) 훌륭한 기업을 괜찮은 가격에' 사는 것이 낫다는 버핏의 권고와 모순되는 것처럼 보인다.

이 책에서는 그레이엄의 가장 뛰어난 제자이자 직원이며 오랜 친구이자 지적 후계자인 버핏이 자신의 친구이자 동업자인 찰리 멍거의 영향으로 그레이엄과는 다른 자기만의 투자 방식을 발전시킨 배경을 살펴본다. 멍거는 버핏에게 주주들에게 현금을 돌려주고도 성장이 가능한 '훌륭한 기업'을 찾도록 했다. 우리는 그 이유를 알아볼 것이다. 전형적인 훌륭한 기업을 분석하여 무엇이 기업을 '훌륭하게' 만드는지 이해하고, 버핏의 기준을 충족하는 주식을 사는 것이 장기적으로 일관되게 시장을 이기는 투자라는 이론을 검증할 것이다. 버핏과 같은 천재적인 정성적 분석 능력 없이도 버핏의 기준에 따른 훌륭한 기업을 찾아 여전히 시장을 이길 수 있을까? 정말 그렇다면 진짜 이유는 무엇일까? 만일 시장가격이 적정 가치를 반영한다면 훌륭한 기업에 투자해서 얻는 수익률은 시장 수준에 그칠 것이다. 시장을 이기려면 주가가 내재가치 대비 할인된 상태여야 한다. 할인 폭, 즉 안전마진이 클수록 수익률도 더 좋다. 또는 시장의 판단보다 실제로 훨씬 더 훌륭한 기업이라면 시장을 이길 수 있다. 그러므로 훌륭한 기업에 투자하는 사람은 그 기업의 사업 능력으로 이례적인 수익성을 지속할 수 있는지 여부와 그 능력이 주가에 반영된 정도를 반드시 판단해야 한다. 이것은 어려운 일이다. 앞으로 살펴보겠지만 그런 기업은 흔하지 않기 때문이다. 또한 우리는 이례적인 수익성을 지속할 수 있는 조건이 무엇인지 알지 못한다. 대부분의 경우는 경쟁이 벌어지면서 우량 기업의 이익이 평균으로 되돌아가고 심지어 손실이 발생하기도 한다. 사업이 이례적인 호조를 보이는 기업이라면 사실은 경기 순환주기의 정점에서 이례적으로 우호적인 환경을 누리고 있는 중일 수 있다.

고성장과 이례적인 수익성은 지속되지 않는다는 문제 말고도 다른 문제가 더 있다. 많은 경우 시장이 기업의 잠재력을 과대평가해 호가를 지나치게 높게 매기면서 문제를 악화시킨다. 주가가 너무 올라버린 고품질 기업은 고성장과 높은 수익성이 지속된다고 가정해도 장기 수익률 잠식을 피할 수 없다. 그 반대도 성립한다. 명백하게 부진한 기업도 시장이 적정 가격을 저평가하는 한 저성장과 낮은 수익성이 지속된다고 가정해도 뛰어난 투자 수익을 안겨줄 수 있다. 여기에 확실한 투자의 진리가 있다. 투자자는 승자주가 아니라 가격 괴리mispricing가 발생한 주식을 찾을 때 보상을 받는다. 가격 괴리는 증권의 가격과 내재가치의 차이다. 시장을 이길 기회를 만드는 것은 가격 괴리다. 가격 괴리를 찾을 곳은 사람들이 선호하지 않고, 무시하고, 따돌리고, 외면하고 그리고 두려워서 피하는 곤경에 처한 패자들이다. 이 책은 여기에 주목한다.

실적이 급격히 성장하고 실적에 동반해 주가도 상승할 주식을 찾고 싶다면 직관이 가리키는 곳의 반대 방향으로 눈을 돌려야 한다. 실적이 크게 위축되고 주가가 급락하는 저평가 상태의 주식에 답이 있을 가능성이 높다. 어째서일까? 바로 만연하고 지속적인 평균회귀mean reversion 현상 때문이다. 평균회귀는 사업의 펀더멘털, 증권의 가격, 주식시장, 경제 전반에서 관찰된다. 평균회귀는 고성장주를 바닥으로 끌어내리고, 탁월한 투자 수익률을 되돌리고, 빈사 상태의 산업을 일으키고, 죽어가는 기업에 새로운 생명을 불어넣는다. 그레이엄은 저평가된 주식의 가격을 내재가치 수준으로 되돌리는 평균회귀의 정확한 메커니즘을 '우리 업계의 미스터리 중 하나'라고 에둘러 말했지만 이 현상은 널리 알려진 미시경제학 이론으로 설명이 가능하다. 즉, 고성장, 고수익 사업은 수익성을 희생하려는 새로운 경쟁자를 끌어들이고 이것은 해당 산업의 침체로 이어진다. 적자가 발생하고 수익성이 악화되면서 경쟁자들이 탈락하고 살아남은 기업은 고성장과 고수익을 누린다.

　평균회귀는 어디에나 존재하지만 우리의 직관은 평균회귀가 작동하는 여건을 인식하지 못한다. 가치투자자를 포함한 투자자들은 평균회귀의 가능성을 무시하기를 반복하고 그 결과 투자 수익이 줄어든다. 깊이 저평가된 주식으로 구성한 포트폴리오가 평균적으로 시장 수익률을 상회하고, 손실을 기록하는 햇수도 시장보다 더 적다는 것은 자료로 입증된 사실이다. 하지만 우리는 깊이 저평가된 주식을 실제로 경험하는 데 초점을 맞추기보다는 신문의 헤드라인에 시선을 빼앗긴다. 과도하게 반응하고 위기의 단기적 영향에 집중한다. 특정한 주식이 영구적인 자본 손실에 빠질 가능성이 다른 주식에 비해 높아 보이면 그 사실에 집착한다. 가치투자자로 분류되는 사람들조차도 인지적 편견에 시달리고 행동 오류를 범하기 때문이다. 인간은 쉽게 행동 오류에 빠진다. 본능에 따르면 '저평가된 종목을 꺼리는' 잘못된 결정은 옳다고 느껴지고, '활력이 없고 실적이 감소하는 종목을 사는' 옳은 결정은 잘못됐다고 느껴진다. 연구에 따르면, 투자자들은 훈련되지 않은 본능에 따라 과거 경험을 바탕으로 순진하게 미래 추세를 추론한다. 추론 대상은 매출, 이익, 현금흐름과 같은 펀더멘털일 수도 있고 주가일 수도 있다. 또한 실적이 감소 추세인 기업의 과거 실적을 이용해 미래 펀더멘털 지표를 추정한 다음 내재가치가 매수 가격 미만으로 하락할 것이라고 결론을 내린다. 사람들의 이러한 편향성(즉, 기본사례를 무시하고 더 나아가 평균회귀를 무시하는 성향)은 딥 밸류 투자 수익에 중요하게 기여한다.

또한 이 책은 공개시장에서 경영권의 비자발적 교환이 가능할 때 그것이 어떤 방식으로 작용해 성과가 저조한 경영진을 징계하고 부진한 사업을 개선하는지 살펴본다. 고수익 사업이 경쟁자를 끌어들이는 것처럼 저수익 사업은 외부 경영진을 끌어들인다. 외부 경영진은(대개 사모펀드 회사나 행동주의 투자자, 청산인 같은 재무적 매수자들이다) 아직 개발되지 않은 자원에 대한 지배권을 두고 기업지배권corporate control 시장에서 기업 인수나 행동주의 운동을 통해 경쟁을 벌인다. 상장 기업의 소유와 경영을 분리한 데서 오는 주인-대리인 갈등principal-agent conflict은 경영진으로 하여금 자신의 이익을 주주의 이익보다 우선하도록 유인한다. 행동주의 주주는 이사회를 압박해서 성과가 저조한 경영진을 퇴출시키거나, 가치를 파괴하는 인수합병을 중단시키거나, 자본구조를 최적화하거나, 회사를 매각하는 방법으로 이런 갈등을 해결하고 그 결과 수익을 얻는다. 따라서 행동주의 주주로서는 그들이 아니었다면 시장의 관심에서 소외되었을 주식에 촉매를 공급할 충분한 유인이 있다. 행동주의 주주는 깊이 저평가되고 시장 수익률을 하회하는 주식에 매우 중요한 시장 참여자다.

포트폴리오 차원에서 이야기하면 행동주의가 개입할 여건이 갖춰진 깊이 저평가된 기업은 비대칭적인 투자 수익을 달성하고

시장을 이긴다. 행동주의자들은 이런 기업의 지분을 크게 확보해서 유리하게 활용한다. 부실 경영과 아직 발현되지 않은 내재가치를 부각시키고 기업의 자발적 구조조정이나 동종 업계 대형사에 의한 인수를 유도하는 데 있어서 언론이 대대적으로 보도하는 위임장 대결proxy fight과 공개매수 제안보다 더 나은 수단은 없을 것이다. 행동주의 투자는 일종의 차익거래로 이해할 수 있다. 행동주의자는 주가 흐름이 부진하고 내재가치가 제대로 발현되지 못한 저평가된 기업에 투자한다. 행동주의자는 결점을 개선하거나 기업의 내재가치를 가능한 한 최대로 끌어올린다. 그 과정에서 시장가격의 할인 요인이 제거되고, 내재가치 향상과 시장가격 할인 해소가 모두 반영된 프리미엄이 발생한다.

이 책은 단순하게 깊이 저평가된 주식을 선택했을 때의 수익률을 검토하고, 그 결과를 바탕으로 행동주의가 내재가치 향상에 어느 정도 기여하는지 살펴본다. 또한 저평가, 대량의 현금 보유, 낮은 배당성향 등과 같은 밸류에이션 지표를 검토한다. 이것은 행동주의자가 매력을 느끼는 전형적인 지표이기 때문이다. 이 지표들은 이른바 '게으른' 재무상태표를 가진 기업, 부적절한 자본화로 성장 잠재력이 드러나지 않았거나 아직 실현되지 않은 기업을 찾는 데 유리하다. 행동주의자는 이처럼 저평가되고 현금이 풍부한 기업을 찾아내 배당성향을 높이고 초과현금 보유를 줄이도록 만들어 내재가치를 끌어올리고 시장가격 할인을 해소하려고 한다. 이 책에서는 이 지표들을 이용한 투자 시 수익률을 분석하고, 행동주의 운동의 실제 사례에 이 지표들을 적용했다. 이 지표들의 강점은 행동주의자의 주의를 끌 만한 좋은 후보를 발굴하는 데 유용하다는 것이다. 그 후보를 발굴하면 설령 아직 발현되지 않은 내재가치를 개선할 행동주의자가 나타나지 않더라도 시장가격에 또 다른 교정력corrective force이 작용함에 따라 뛰어난 수익을 낼 수 있다.

이 책은 내재가치, 경영진이 기업가치에 미치는 영향, 경영진을 퇴출하려는 시도가 시장가격과 기업가치에 미치는 영향에 관한 학계 및 업계의 이론 연구에 활용할 수 있는 실용적인 지침이 되고자 한다. 각 장에서는 직관에 정면으로 어긋나는 결과를 도표와 함께 설명하여 딥 밸류 투자의 다양한 특징을 제시한다. 이런 특징은 투자에 강력한 순풍으로 작용하고, 덕분에 깊이 저평가된 주식은 행동주의자의 주목을 받지 않고서도 투자자에게 막대한 수익을 안겨줄 수 있다.

이 책은 차익거래자이자 옵션 트레이더였던 칼 아이칸Carl Icahn의 이야기에서 출발한다. 스스로 그레이엄과 도드를 따르는 투자자임을 표방한 아이칸은 주식을 소유해서 얻는 이점이 독이 든 사과처럼 유혹적이라는 것을 일찌감치 알았다. 아이칸은 벤저민 그레이엄의 투자 철학을 받아들이고 활용해 깊이 저평가된 주식에 포지션을 구축할 수 있었다. 깊이 저평가된 주식에 주목한 덕분에 그는 비대칭적 수익을 달성할 수 있었고, 자신의 운명을 스스로 책임질 수 있었다. 투자자로서 아이칸의 진화는 행동주의의 진화를 거울처럼 반영한다. 이제 그 거울 속으로 들어가서 그레이엄에서 버핏, 아이칸 그리고 그 이후까지 아우르는 딥 밸류 이론과 행동주의 투자 이론을 살펴보자.

Deep Value

1장

아이칸
선언

기업사냥꾼에서 행동주의 투자자로

"우리에게 충분한 세계와 시간만 있었더라도
여인이여, 이 수줍음은 죄가 되지 않으리."
— 앤드류 마블Andrew Marvell,
〈수줍은 연인에게(To His Coy Mistress)〉(1650년 경)

bouleversement(명사)
완전한 전복, 반전, 번복, 격변, 혼란
- '뒤집다/뒤집히다'라는 뜻의 옛 프랑스어 bouleverser에서 유래.
프랑스어로 '공'을 뜻하는 boule(라틴어 불라bulla에서 유래)과
'뒤집다, 뒤집히다'라는 뜻의 verser(라틴어로 '비틂'을 뜻하는 versare,
'회전시키다'를 뜻하는 vertere)가 합쳐진 단어.

1975년 가을, 아이칸 앤드 컴퍼니Icahn&Company의 비좁은 사무실에서 칼 아이칸Carl Icahn과 그의 오른팔 알프레드 킹슬리Alfred Kingsley는 새로운 투자 전략을 수립했다. 아이칸 앤드 컴퍼니가 위치한 브로드웨이 25번지는 1987년 주식시장 폭락 이후 조각가 아르투로 디 모디카Arturo Di Modica가 3,200킬로그램에 달하는 청동 조각상 '돌진하는 황소Charging Bull'를 설치하게 될 미래의 명소에서 불과 몇 걸음 떨어져 있었다. 아이칸 앤드 컴퍼니는 작지만 성공한 디스카운트 옵션 브로커discount broker·저비용 옵션 중개회사로서 차익거래 전문이었다. 와튼

스쿨을 졸업하고 뉴욕대에서 세무학 석사 학위를 받은 킹슬리는 1968년 아이칸에 입사했다. 복잡한 거래를 빠르게 파악하는 능력에 단번에 깊은 인상을 받은 아이칸은 킹슬리에게 차익거래에 대해 얼마나 아는지 물었다. 킹슬리가 대답했다. "전혀 모릅니다."[1] 리튼 인더스트리Litton Industries, LTV, IT&T와 같은 복합기업의 증권을 대상으로 한 차익거래는 곧 킹슬리의 주요 업무가 되었다. 차익거래란 두 곳 이상의 시장에서 서로 다른 가격에 거래되는 자산을 한 곳에서 사고 동시에 다른 곳에서 파는 방식의 거래다. 낮은 가격에 사서 높은 가격에 팔아 대개는 그리 크지 않은 두 가격 차이만큼 위험 부담 없이 이익을 실현한다. 아이칸이 킹슬리에게 맡긴 것은 전환 차익거래convertible arbitrage라는 변형된 형태의 차익거래였다. 유동성이나 시장의 심리로 인해 발생하는 가격 괴리mispricing를 이용해 주식과 전환 가능 증권과 해당 주식을 동시에 거래하는 일이었다. 리튼, LTV, IT&T를 비롯한 복합기업은 보통주, 우선주, 옵션, 워런트, 채권, 전환사채 등을 발행했다. 옵션 브로커였던 아이칸은 뛰어난 시장 지식을 활용해 보통주와 워런트 또는 보통주와 전환사채의 가격 사이에 존재하는 비효율성에서 이익을 창출했다. 전환 차익거래의 매력은 시장 중립적 전략이어서 아이칸 앤드 컴퍼니의 고객들이 시장 급락의 위험에 영향을 받지 않는다는 점에 있었다.

아이칸과 킹슬리는 곧 차익거래 대상을 폐쇄형closed-end 뮤추얼

펀드와 그 뮤추얼펀드의 포트폴리오를 구성하는 주식으로 확대했다. 폐쇄형 뮤추얼펀드는 발행 주식 수나 단위가 고정되어 있기 때문에 '폐쇄형'이라고 칭한다. 개방형open-end 펀드와 달리 운용사는 투자자의 수요를 충족할 목적으로 신주 또는 펀드의 단위를 발행하거나 되살 수 없다. 폐쇄형 펀드가 기초자산의 가치 대비 크게 할인된 가격으로 거래되거나 흔하지는 않지만 할증된 가격에 거래되는 것은 바로 이런 이유다. 아이칸과 킹슬리는 기초자산 가치 대비 할인율이 가장 큰 폐쇄형 펀드를 몇 단위 매수한 다음 해당 뮤추얼펀드의 포트폴리오에 포함된 주식을 공매도해서 위험을 헤지했다. 전환 차익거래 전략과 마찬가지로 폐쇄형 펀드 차익거래는 시장의 방향과 무관하게 펀드 단위 가격과 기초자산 가치 사이의 차이를 좁혀 나가면서 이익을 냈다. 하지만 이것은 전형적인 무위험 차익거래는 아니었다.

뮤추얼펀드의 1단위와 기초자산 가격은 다를 수 있고 그 가격차는 더욱 확대될 수도 있다. 이 경우 펀드를 매수하고 기초자산을 공매도한 투자자는 시장이 그 가격차를 좁힐 때까지 단기적으로 미실현 손실을 감내해야 했다. 최악의 경우 가격차가 계속 확대되어 포지션을 더 이상 유지할 수 없게 되면 강제로 손실이 실현될 수도 있었다. 즉, 마진콜margin call·증거금 추가 납부 요구에 응하지 못하거나 숏커버short cover·공매도 포지션 청산를 해야 하는 경우다. 이런 상황에서 아이칸과 킹슬리는 시장이 가격차를 좁히기를 기다리는 대신 스스로 문제를 해결했다. 일단 포지션을 취한 뒤 두 사람은 해당 펀드의 매니저를 접촉해 펀드를 청산하도록 영향력을 행사했다. 펀드 매니저가 잠자코 따르면 아이칸과 킹슬리는 포지션을 청산해 이익을 냈다. 단순히 매니저가 펀드를 청산할 것이라는 전망만으로도 시장에서 가격차는 전부 혹은 일부나마 좁혀졌다. 이런 전략으로 커다란 이익을 창출하는 것이 가능했지만 문제는 큰 폭으로 할인된 폐쇄형 펀드가 시장에 많지 않다는 것이었다. 아이칸과 킹슬리는 훨씬 많은 유망한 투자 대상이 등장하고 있다는 것을 알았다. 바로 자산가치가 저평가된 상장 기업들이었다. 이것이 바로 1975년 브로드웨이 25번지에서 그들이 구상한 새로운 투자 전략이었다.

10년간 스태그플레이션stagflation·경기불황 속 물가상승, 석유파동, 미국의 경기침체를 거치며 이미 빈사상태에 빠졌던 월스트리트는 대공황 이후 최악의 주식시장 붕괴가 닥친 1974년에 결정타를 맞았다. 1960년대 호황기에 마침표를 찍게 했던 약세장이 끝나고 1973년 초 사상 최고점을 경신한 주식시장은 곧 사정없이 급락해 1974년 10월에 바닥을 찍었다. 1973년 1월 고점 대비 45%나 하락한 수준이었다. 시장은 1982년 11월까지 고통스러운 등락을 반복했다. 심지어 16년 전인 1966년 수준에 거래된 적도 있었다. 1973년부터 시작된 하락세는 1974년에도 이어졌다. 치솟는 인플레이션으로 가격이 급락한 채권은 농담으로 '재산 몰수 증명서'[2]

라고 불릴 정도였다. 투자자들의 충격은 1975년에도 계속됐다. 싸게 살 수 있는 기회라는 인식은 있었지만 대부분 시장에 재진입하기를 주저했다. 주식이 언제라도 다시 하락세에 들어설 수 있다고 믿었기 때문이다. 브로커가 전화를 걸면 "시장에서 나가게만 해달라."고 할 정도였다.[3]

거의 누구도 감지하지 못하는 가운데 조용한 혁명이 막 시작되려는 참이었다. 아이칸과 킹슬리는 다른 많은 사람이 놓친 무언가를 보았다. 지난 10년간 주식시장에서 벌어진 혼란이 낳은 흔하지 않은 기회였다. 9년 동안 횡보했던 시장이 걷잡을 수 없는 인플레이션을 만나자 자산의 장부가치가 실제 가치보다 크게 할인된 주식들이 등장했다. 많은 투자자들은 크게 할인된 주식도 시장에 휩쓸려 더욱 하락할 수 있다는 사실을 최근의 경험으로 알았다. 반면 아이칸과 킹슬리는 자신들만의 포지션을 취했다. 시장이 변덕에 기대지 않고서도 시장가격과 내재가치의 격차를 좁힐 수 있는 방법이 있다는 사실을 알았기 때문이다. 훗날 킹슬리는 이렇게 회상했다.[4]

이렇게 생각했습니다. "저평가된 폐쇄형 뮤추얼펀드를 대상으로 행동주의 투자가 가능하다면 자산이 저평가된 기업을 대상으로 한 행동주의 투자가 불가능할 이유도 없지 않을까?"

아이칸과 킹슬리는 폐쇄형 뮤추얼펀드처럼 상장 기업의 운명도 지휘하려고 했다. 미국 기업에 두 사람이 미치게 될 영향은 실로 엄청난 것이었다.

기업사냥으로 시작된 아이칸의
월스트리트 개혁

폐쇄형 펀드의 차익거래자이자 청산자였던 아이칸은 1976년 예비 투자자들에게 배포한 투자안내서에 자신만의 전략을 소개하고 본격적인 기업사냥꾼으로 나섰다.[5]

현재 경제 상황의 여러 요소가 독특한 방식으로 결합되면서 상대적으로 적은 위험 부담으로 큰 수익을 올릴 기회가 창출되었다고 생각합니다. 지난 몇 년 동안 많은 미국 기업의 실질가치나 청산가치가 눈에 띄게 상승했지만 흥미롭게도 보통주의 시장가격에는 전혀 반영되지 않았습니다. 그 결과 우리는 지금 제대로 대응하기만 한다면 큰 수익을 낼 수 있는 특별한 상황에 직면해 있습니다. 대응 방법은 이렇습니다. 자산이 많은 기업의 경영진은 대개 회사 주식을 거의 보유하고 있지 않고 따라서 회사를 팔 생각이 거의 없습니다. 그들은 국내외 자본의 침략을 물리칠 생각으로 회사 주위에 '만리장성'을 구축해 자신들의 특권을 철저히 보호합니다. 그 '장벽'을 뚫는 것은 가능하지만 대부분의 국내 기업과 거의 모든 외국 기업은 '비우호적' 인수를 시도하는 것을 꺼려합니다. 그러나 경영권 다툼이 시작되면 주주들에게는 거의 언제나 뜻밖의 이익이 주어집니다. 위협이 심각할 경우 인수 표적이 된 기업은 '백기사'를 찾습니다. 더 높은 매수 가격을 제시해 줄 우호적인 세력을 찾는 것입니다. 또는 인수하려는 상대방이 가진 자기 회사 주식을 되살 수도 있고 모든 시도가 실패할 때는 회사 스스로 청산을 제안할 수도 있습니다.

우리의 주장은 '저평가된' 주식에 크게 포지션을 취한 뒤 다음과 같은 방법으로 해당 기업의 운명을 지배해 상당한 이익을 얻을 수 있다는 것입니다.

a) 경영진을 설득해 회사를 청산하거나 '백기사'에게 매각하도록 한다.

b) 대리전proxy war을 벌인다.

c) 공개매수를 제안한다.

d) 보유한 지분을 회사에 되판다.

아이칸의 전기 작가 마크 스티븐스Mark Stevens는 이것을 '아이칸 선언'이라고 불렀다. 아이칸 선언은 1932년 아돌프 벌리Adolf Berle와 가디너 민즈Gardiner Means가 선구적인 논문인 〈현대 기업과 사유재산

(The Modern Corporation and Private Property)〉[6]에서 제기한 주인-대리인principal-agency 문제에 대해 아이칸이 제시한 해결책이었다. 한 당사자(주인)는 다른 당사자(대리인)로 하여금 대리인 자신의 이익보다 주인의 이익을 더 우선순위에 두도록 동기를 부여하기 어렵다. 벌리와 민즈의 주장에 따르면 현대 기업은 대리인(이사회)을 주인(주주)의 감독으로부터 보호한다. 그 결과, 소수에 불과하고 뿔뿔이 흩어져 있으며 정보가 부족해 맞서지 못하는 주주들을 무시한 채 이사들은 자신의 목적에 맞게 회사를 경영한다. 벌리와 민즈는 이렇게 지적했다.[7]

전통적으로 기업은 주인인 주주의 이익을 위해 운영되어야 하고 배분할 이익이 있다면 주주에게 돌아가도록 해야 한다. 그러나 지금은 지배집단이 자기들의 호주머니로 이익을 전용할 힘을 보유하고 있다. 더 이상 주주의 이익이 기업 경영의 우선순위에 있다고 확신할 수 없다. 소유와 지배가 포괄적으로 분리되고 지배집단의 지배력이 더욱 강화되면서 새로운 상황이 발생했다. 주인인 주주의 이익을 중심으로 기업이 운영되도록 사회적·법적 압력을 가할 것인지, 아니면 다른 사람이나 더 큰 다른 집단의 이익을 위해 압력을 가할 것인지 여부를 결정해야 하는 상황이다.

벌리와 민즈는 AT&T를 예로 들었다. AT&T의 보유 자산은 50억 달러, 종업원은 45만 4,000명, 주주는 56만 7,694명에 달했으나 최대주주의 지분은 1% 미만이었다.[8]

이런 상황에서 지배권은 이사들이나 경영자들에게 있다. 이들은 총 발행주식의 극히 일부만을 보유한 명목상의 경영자지만 위임 기구를 동원할 수 있어 자기 영속적self-perpetuating **성격을 갖는다. 과반수 주주 지배**majority control**, 소수 주주 지배**minority control**, 경영자 지배**management control**는 모두 소유와 지배가 분리된 형태다. 즉, 주식을 보유하고도 자신, 그리고 과거에 자신과 같은 위치에 있었던 일반 주주들이 해당 기업에 기여한 부에 대해 사실상 지배권을 전혀 행사하지 않는 커다란 집단이 탄생한 것이다. 경영자 지배의 경우 지배집단인 경영자가 보유한 지분은 극히 일부에 불과하다.**

아이칸은 직장을 잃을까봐 소유주의 부동산 매각을 반대하는 부동산 관리인을 비유로 들어 문제의 핵심을 찔렀다.[9] 아이칸은 선언문에서 주주들의 소유권을 확고히 함으로써 주주들에게 합법적인 지위를 되찾아주겠다고 제안했다. 경영진이 주주로서 하는 그의 권고에 주의를 기울이지 않는다면 위임장 대결proxy contest을 통해 이사회 장악에 나설 것이라고 한 것이다. 위임장 대결은 주주들이 현 경영진을 투표로 몰아내고 새로운 이사들로 그들을 대체하기 위해 이용하는 수단이다. 위임장 대결에서 이사들은 회사의 운영과 주주가치 향상에 자신들이 더 적합한 이유를 피력하며 경쟁을 벌인다. 위임장 대결에서 성공하지 못할 경우 아이칸은 공개매수tender offer를 제안하거나 '그린메일green mail' 관행을 이용해 자신의 지분을 해당 기업에 되팔 수도 있다. '협박'이라는 뜻의 블랙메일blackmail과 '달러'를 뜻하는 그린백greenback에서 유래했다고 알려진 그린메일은 표적 회사의 경영진이 시장가격보다 높은 가격에 주식을 되사서 사냥꾼에게 몸값을 지불하는 관행을 가리키는 용어로 현재는 불법이다. 그린메일을 '혐오스럽고 불쾌한' 관행이라고 언급한 워런 버핏은 1984년 주주서한에서 다채로운 표현으로 이 거래의 성격을 설명했다.[10]

이런 거래에서는 두 당사자가 순진하고 참고할 정보가 없는 제3의 당사자를 착취해 개인적인 목적을 달성합니다. 여기서 당사자는 다음과 같습니다. 주식 증서의 잉크가 채 마르기도 전에 경영자에게 '돈이 아니면 목숨'을 내놓으라고 요구하는 약탈자 주주들①, 다른 사람의 돈으로 얼마가 됐든 값을 치르고 빨리 평화를 되찾으려는 기업 내부자들②, 그리고 ①을 사라지게 할 목적으로 ②가 치르는 돈의 주인인 일반 주주들③입니다. 소란이 가라앉으며, 잠시 스쳐갈 약탈자 주주가 '자유기업'에 대해 연설을 하고, 경영진이 '회사의 최선의 이익'에 대해 연설을 하고, 말없이 서 있던 무고한 주주들이 돈을 댑니다.

아이칸은 불법이 되기 전 그린메일을 여러 차례 성공시켰다. 그린메일 거래 이후 파산한 뉴욕 소재 제지유통업체 색슨 인더스트리Saxon Industries 주주들로부터 집단소송을 당한 적도 있었다. 위임장 대결을 하지 않는 대가로 그린메일을 요구한 사실을 시장에 공개하지 않았다는 혐의였다. 색슨 인더스트리가 그린메일 거래로 주당 10.50달러를 지급했다고 발표하면서 주당 평균 7.21달러에 주식을 매수한 아이칸에게 상당한 차익을 안겨준 사실이 알려졌고 색슨의 주가는 급락했다. 소송 내용에 따르면 아이칸으로부터 주식을 되샀다는 발표 직후 색슨 주가는 6.50달러로 급락했다. 사실 색슨 인더스트리가 파산한 직접적인 원인은 사장이었던 스탠리 루리Stanley Lurie의 분식회계였다. 하지만 이 소송은 두 가지 사실을 드러냈다. 첫째, 그린메일의 불공정성이다. 그린메일을 요구한 측에 지불되는 프리미엄은 다른 모든 주주들이 부담하는 비용이다. 둘째, 주주 행동주의 운동activist campaign이 가진 힘이다. 아이칸은 위임장 대결 위협으로 자신이 보유한 지분의 가치를 6달러대에서 10.50달러로 끌어올렸다. 위임장 대결 가능성이 사라지자 주가는 주주 행동주의 운동을 시작하기 전 평균 가격인 6.50달러로 하락했다.

아이칸은 지배력을 확보함으로써 회사의 경영 및 자본 배분 결정에 대한 재량권을 가질 수 있었다. 또한 폐쇄형 펀드의 경험으로 귀한 교훈을 얻었다. 아직 제대로 개발되지 않은 내재가치에 비해 시장가격이 할인되었다는 사실을 단순히 환기시키는 것만으로도 다른 투자자들의 관심을 끌 수 있다는 교훈이다. 아이칸은 회사가 저평가되었다는 신호를 시장에 보내 차입매수leveraged buy-out 전문 회사나 전략적 인수자들이 지배권 경쟁에 나서게 만들고, 그 과정에서 자신이 보유한 주식의 시장가격이 상승하기를 바랐다. 공개매수가 시작되면 주식을 시장에 팔아도 되었고 회사 인수 희망자에게 넘길 수도 있었다. 아이칸은 바로 이런 상황을 추구했다. 설령 이사회에서 의석을 얻지 못하더라도 위임장 대결을 촉매로 시장에 있는 잠재적 인수 희망자들에게 회사의 저평가 사실과 경영 부실을 알릴 수 있으니 어떻게 되더라도 이익이었다.

이론을 행동으로 옮긴 사례: 타판 스토브 컴퍼니

아이칸의 첫 번째 목표물은 부진에 시달리던 레인지·오븐 제조업체 타판 스토브 컴퍼니Tappan Stove Company였다. 1881년에 설립된 타판은 거의 한 세기가 지난 그때까지도 창업자인 타판 가문의 딕 타판Dick Tappan이 경영을 맡고 있었다. 1974년 주식시장 폭락의 여파로 하락한 타판의 주가는 새로운 시장(냉난방 기기 사업) 진출 실패와 기존 시장인 주택 건설 경기 침체로 40년 만에 첫 적자를 기록하면서 바닥으로 곤두박질쳤다. 타판을 매력적인 후보로 판단했던 킹슬리는 당시 상황을 이렇게 설명했다.[11]

우리가 타판에 포지션을 취한 시점은 모두들 매직셰프Magic Chef에 관심이 높았던 때였습니다. 저는 말했습니다. "매직셰프는 밸류에이션이 너무 높습니다. 여기서 더 어디로 가겠습니까? 매직셰프는 주가 사이클의 고점에 있고 타판은 저점에 있습니다. 진입하기 좋은 지점입니다."

1977년, 킹슬리의 제안을 받아들인 아이칸은 주당 7.50달러에 거래되고 있던 타판 주식을 사들이기 시작했다. 아이칸은 제너럴 일렉트릭General Electric, 웨스팅하우스 일렉트릭Westinghouse Electric 등이 지배하는 시장에서 틈새시장 공략에 주력하는 타판이 업계 거물들에게 전략적으로 매력적인 인수 후보가 될 것이라고 보았다. 타판의 장부가치는 주당 약 20달러로 매수 가격 대비 12.50달러, 약 170% 상승 잠재력이 있었다. 아이칸은 분석을 통해(이 방법은 훗날 그의 대표적인 분석법이 되었다) 이미 주가가 할인되어 하락 위험이 제한적이고, 충분한 미끼를 풀어 인수 시도를 이끌어낼 수 있다면 상당한 이익을 거둘 가능성이 있다고 판단했다. 타판은 아이칸의 새로운 전략을 실행에 옮기기에 이상적인 목표물이었다. 동전의 앞면이 나오면 크게 이길 것이고 뒷면이 나오더라도 그다지 잃을 것이 없었다.

1977년 내내 꾸준히 타판 지분을 늘린 아이칸은 1978년 1월 초 킹슬리와 함께 타판의 사장인 도널드 블래시우스Donald Blasius에게 전화를 걸어 자신들의 존재를 알렸다. 아이칸은 블래시우스에게 지금까지 타판 주식 1만~1만 5,000주를 매수했으며 '상당한 추가 투자'를 고려하고 있다고 밝혔다. 블래시우스가 딕 타판 회장에게 "우리가 회사에 관해 이야기를 나눌 시간을 내준 것에 만족하는 것 같았습니다."라고 써서 보고한 것을 보면 그는 아이칸이 말한 의미를 알아차리지 못한 듯하다. 아이칸과 킹슬리는 타판 주식 총 7만 주를 확보한 2월 말에 다시 블래시우스에게 전화를 걸어 인수 대상으로 타판에 관심이 있다고 알리며 압박했다. 블래시우스는 첫 번째 통화 때처럼 이번에도 딕 타판에게 성실하게 보고했다. "아이칸은 턴어라운드가 진행 중인 저가 주식을 사서 많은 돈을 벌었습니다. 턴어라운드로 주식의 가치가 향상된 경우도 있지만 바이아웃1)buy-out이 완료되고 주가가 두 배로 뛴 경우도 있습니다. 저쪽에서는 우리도 그럴 가능성이 크다고 보고 있고 그 가능성도 그들에게는 투자 유인입니다."12

아이칸은 타판 지분을 계속해서 사들여 수십만 주를 확보했다.

---

1) 경영권을 인수해 기업 가치를 끌어올린 뒤 지분을 매각해 차익을 얻는 투자 방식.

상당한 규모였지만 아직 증권거래위원회가 요구하는 13D 공시 Schedule 13D 요건에 해당할 만큼은 아니었다. 13D 공시는 특정 기업의 지분을 5% 이상 보유한 주주가 인수, 청산 또는 지배권에 변동이 발생하는 기타 사건 등 기업 경영에 중대한 영향을 미치게 될 행동에 착수하려고 할 때 그 의도를 시장에 알리는 역할을 한다. 아이칸은 계속되는 지분 매입이 위험 차익거래자(인수 결과에 베팅한 투자자), 잠재적인 전략적 인수자와 그들의 투자은행가 등 다른 사람들에게 타판에서 전개되는 상황을 알리는 신호가 되기를 바랐다. 1980년대에는 주식에 포지션을 취한 위험 차익거래자들 덕분에 '인수설'이 자기실현적 예언으로 귀결되곤 했다. 아이칸에게는 안타까운 일이지만 당시는 1980년대에 전개된 폭발적인 인수합병이 아직 시작되기 전이었다. 이목을 집중시킬 13D 공시가 없었던 타판의 주가는 그 후 9개월 동안 부진한 흐름을 이어갔다.

아이칸은 직접 문제 해결에 나섰다. 1978년 5월, 타판 주식을 대규모로 보유한 복합기업 월터 키더Walter Kidde&Co.의 회장 프레드 설리번Fred Sullivan과 블래시우스의 점심식사 자리를 마련한 것이다. 아이칸은 설리번이 그들의 주방용품 브랜드 파버웨어Faberware에 타파의 스토브 사업을 추가하기를 원할 수도 있다고 생각했다. 예상은 맞았지만 또 다른 참석자의 존재를 블래시우스에게 알리는 것을 잊고 말았다. 당일 아침에서야 설리번의 참석 사실을 들은 데다 설리번이 타판 인수에 관심이 있다는 사실까지 알게 된 블래시우스는 격분했다. 식사 자리에서 블래시우스는 회사를 매각할 생각이 없음을 분명히 했다. 당황한 설리번은 블래시우스와 아이칸에게 자신도 적대적 인수는 염두에 두고 있지 않다며 그렇다면 타판 인수는 재고할 가치가 없는 문제라고 밝혔다. 블래시우스는 점심 식사를 마친 뒤 설리번에 대해 이렇게 보고했다. "우리가 회사를 매각할 의사가 없다는 사실을 이해했고 따라서 더 이상 일을 진행시키지 않겠다고 말했습니다. 게다가 제가 제안하지도 않았는데 '함께 할 뜻이 없는 상대가 회사를 인수하겠다고 나서거나, 우호적인 세력의 도움이 필요하다면 기꺼이 함께하겠다'고 말했습니다."[13] 더 이상 타판 인수 문제를 진전시키지 않겠다는 설리번의 말에 마음을 놓은 블래시우스와 달리, 아이칸은 적대적 절차를 추진할 인수자를 찾을 수만 있다면 타판 인수가 머지않았다고 이해했다. 블래시우스는 딕 타판에게 이렇게 보고했다. "아이칸은 이것이 바이아웃을 하려는 시도가 아니며 바이아웃의 시작이 아니라고 거듭 강조했습니다. 주가가 8달러 수준으로 저평가되어 있고 회사의 성장 잠재력이 좋다고도 했습니다. 아이칸은 설령 13D 공시를 하게 되더라도 인수를 시도하려는 의도는 아니니 걱정하지 말라는 말도 덧붙였습니다."[14]

아이칸은 더욱 적극적으로 타판의 매수자를 찾았지만 성공하지 못했다. 그는 타판 주식을 계속해서 사들였다. 1978년 11월 말, 충분히 지분을 확보한 아이칸에게 13D 공시 의무가 발생했고 마침내 게임이 시작되었다는 소식이 월스트리트에 도달했다. 타판의 주가가 급등했다. 1979년 1월, 아이칸은 주가가 2~3달러 더 오르면 주식을 처분하겠다는 사실을 블래시우스에게 알렸다. 게다가 익명의 전략적 인수자가 주당 15~17달러에 아이칸의 주식을 사겠다며 접근했다고 말해서 블래시우스의 애를 태웠다. 아이칸은 설리번이 기존 경영진을 유지할 우호적인 '백기사' 역할을 할 준비가 되어 있다는 사실을 블래시우스에게 상기시켰다. 보유한 주식의 규모를 볼 때 자격이 충분하다고 판단한 아이칸은 블래시우스에게 이사회의 열 번째 자리를 요구했다. 블래시우스는 그 요구를 단번에 거절했다. 블래시우스는 이사회에 이렇게 보고했다.[15]

우리 회사의 이사회 구성원 수는 경영진 대표 2인을 포함해 9인으로 제한되었고 1~2년 전에 그 숫자를 이사회에서 고정했다고 설명했습니다. 또한 제가 대표한다고 생각하는 우리 이사회의 강점을 대략적으로 설명했고 우리 이사회가 독립적이고 매우 유능하며 일을 잘 하는 사람들로 효율적으로 꾸려졌다고 믿는 만큼 개인적으로 열 번째 이사가 필요하다고 느끼지 않고 그렇게 할 생각도 없다고 밝혔습니다.

아이칸의 위험을 비로소 제대로 파악한 타판은 우선주를 발행해 적대적 시도를 방어하는 쪽으로 방향을 틀었다. 아이칸은 물론 다른 주주들도 이 같은 움직임을 파악했다. 킹슬리는 이렇게 말했다. "우편으로 위임장 권유 신고서proxy statement를 받고 우선주 전술을 처음 파악하게 됐습니다. 그것을 받자마자 '칼, 뭔가 할 거라면 지금 하는 게 좋겠습니다'라고 말했죠."[16] 킹슬리의 생각대로 우선주는 적대적 공개매수 시도를 무산시키는 데 활용될 수 있어서 위험 요소였다. 자신이 보유한 많은 지분을 매각의 촉매제로 활용하지 못한다면 아이칸의 영향력도 대부분 무효화될 것이었다.

아이칸은 우선주 발행을 좌절시키고 제값에 타판을 매각하기 위해 대대적으로 언론 캠페인을 하며 대응했다. 아이칸의 분노에 이사회는 즉시 뜻을 접고 우선주 발행 제안을 철회하기로 합의했다. 아이칸은 멈추지 않았다. 1979년 4월 타판 주주들에게 보낸 서한에서 그는 이사회 의석을 요청했고 시장가격에 상당한 프리미엄을 붙여 회사를 매각해야 한다고 주장했다.[17]

> 1979년 4월 23일 연례주주총회에서 저를 이사로 선출해줄 것을 요청하며 이 편지를 씁니다. 저는 타판의 최대주주로서 우리 회사가 1978년 12월 31일 기준 장부가치인 20.18달러에 근접한 가격으로 인수되거나 공개매수가 이뤄지기를 희망합니다.

벌리와 민즈를 매개로, 아이칸은 타판의 지나치게 관대한 보상 체계로 인해 경영진이 회사의 실적 부진에 전혀 영향을 받지 않는

다고 주장했다.[18]

현 경영진 아래서 타판은 지난 5년간 매출액 13억 달러에 330만 달러 적자를 기록했습니다. 하지만 같은 기간 딕 타판 회장과 도널드 블래시우스 사장 두 사람이 받은 급여와 보너스는 총 121만 3,710달러에 달합니다.

타판의 실적을 딕 타판, 블래시우스의 연봉과 비교한 도표도 첨부했다. 아이칸은 이렇게 설명했다.[19]

제가 이 정도 영업실적과 순자산 규모를 가진 회사를 개인적으로 소유하고 있다면 저는 틀림없이 매각을 추진할 것입니다. 타판에도 같은 논리가 적용되어야 한다고 믿습니다.

주주들이 경영진의 동기에 대해 품을 수 있는 의심의 여지를 모두 이용하기 위해 아이칸은 철회된 우선주 발행 계획의 망령을 부활시켰다. 아이칸은 이것이 '훗날 현금 공개매수나 기타 방법으로 회사를 인수하려는 시도가 있을 때 이를 좌절시키는' 우선주 발행의 효과를 경영진이 인정한 것이라고 주장하면서 자신이 이사로 선출된다면 '앞으로 유사한 어떤 제안도 구상 단계에서부터 막을 것'이라고 약속했다.[20]

타판의 이사로서 제 첫 번째 임무는 우리 회사를 1978년 12월 31일 장부가인 주당 20.18달러에 근접한 가격에 사겠다는 제3자 인수 제의를 유치하기 위해, (저와 무관한) 투자은행을 확보할 것을 권고하는 것이 될 것입니다.

비록 경영진은 타판이 다른 회사에 인수되는 것을 원하지 않는다고 밝혔지만, 제가 이사로 선출된다면 타판 인수와 관련해 이사회에서 적어도 한 사람은 경영진과 의견을 같이하지 않는다는 사실을 인수 희망자들에게 알리겠다고 확실히 말씀드립니다. 우리 회사의 인수와 관련한 제3자의 실제 제안은 물론 관심의 징후까지도 반드시 주주들이 알도록 하겠습니다.

서한은 기대했던 영향을 미쳤고 아이칸은 이사회 의석을 확보했다.

이사가 된 아이칸은 타판의 자산을 매각하기 위해 빠르게 움직였다. 첫 이사회에서 그는 몬트리올에 값비싼 부동산을 보유한 적자 자회사 타판-거니Tappan-Gurney의 청산과 캘리포니아주 애너하임에 있는 타판의 공장 매각을 추진했다. 동시에 LBOleveraged buy-out·차입매수 전문 회사들과 전략적 인수자들에게 타판을 알리는 등 회사 전체의 매각도 계속해서 추진했다. 아이칸이 이겼으며 머지않아 매수자를 구할 것임을 깨달은 경영진은 백기사를 찾아 나섰다. 타판과 블래시우스는 스웨덴의 거대 가전기업 AB 일렉트로룩스

AB Electrolux를 만나 힘들이지 않고 타판을 넘겼다. 일렉트로룩스가 주당 18달러를 제시하며 제안을 덥석 받아들인 것이다. 총 32만 1,500주를 보유한 아이칸은 270만 달러의 차익을 얻었다. 주당 평균 매입가 9.60달러 대비 90%에 가까운 수익률이었다.

아이칸의 전략에 깊은 인상을 받은 딕 타판은 놀랍게도 나중에 아이칸의 투자조합에 투자자로 참여했다.[21]

최종 이사회를 열었고 이사들이 일렉트로룩스에 회사를 매각하는 것을 승인했습니다. 아이칸이 참석했고 그날 저녁 회의가 진행되는 동안 제가 말했습니다. "아이칸이 우리에게 좋은 일을 해줬어요. 회사의 시장가치에 50% 프리미엄을 붙여 받았고 일렉트로룩스가 타판에 자본투자를 할 겁니다. 앞으로 저를 끼워줄 만한 일이 있다면…"이라고 했더니 아이칸이 이렇게 말했습니다. "지금 진행 중인 일이 한 건 있습니다."

이렇게 해서 딕 타판은 칼 아이칸에 10만 달러를 투자해 유한책임 파트너limited partner가 되었다. 이것은 딕 타판에게 훌륭한 결과를 안겨준 투자가 되었다.

타판은 훗날 아이칸의 출격에 본보기가 되었다. 타판을 통해 '아이칸 선언'에 요약된 다음 이론이 옳았다는 사실이 놀라운 방식으로 입증된 것이다. ① 깊이 저평가된 회사의 주식을 경영에 영향을 미칠 수 있을 만큼 확보한다. ② 시장가격이 내재가치 대비 크게 할인되었다는 사실을 시장이 주목하게 만든다. ③ 회사의 매각이나 청산, 기업의 가치를 향상시킬 행위 등 촉매제가 될 결정을 경영진에게 끈질기게 요구한다.

경영진이 비협조적인 태도로 일관하고 위임장 대결이 인수 희망자들의 관심을 끌지 못할 경우에는 공개매수를 제안해 경기를 계속 진행시킬 수 있고 따라서 어떻게 되더라도 상황은 아이칸에게 유리했다. 한편으로는 이 과정에서 주가의 지지선이 형성되었고 덕분에 아이칸은 다른 재무적 혹은 전략적 매수자가 나타나 더 높은 가격을 제시하며 개입해 자신의 지분을 현금화할 수 있는 유동성 사건이 만들어지는지 여부를 지켜보며 기다릴 수 있었다. 다른 인수희망자가 나타나지 않는다면 아이칸이 직접 회사를 비공개로 전환할 수도 있었다. 다른 주주들에게 주식을 현금화할 수 있는 기회를 주되, 빈사상태에 가까운 회사를 사려는 희망자가 아무도 없다는 것을 보여준 다음 그들이 보유한 주식을 헐값에 현금으로 전환해주는 방식이 가능했을 것이다. 이것은 아이칸이 투자자로서 자신의 운명을 스스로 지휘한 가치투자였다. 나중에 아이칸 투자조합의 비망록에 실린 타판과 다른 초기 활동 사례가 보여주듯 이 전략은 통했다.[22]

[표 1-1] 아이칸 파트너십 메모: 비우호적 작전 기간 동안의 주가 추이

목표 기업	시도 3개월 전 주가 (달러)	시도 후 최고가 (달러)
워너 스와시Warner Swasey	29	80
내셔널 에어라인National Airlines	15	50
와일래인Wylain	13	28.5
플린트코트Flintkote	30	55
페어차일드 카메라Fairchild Camera	29	66
타판Tappan	8	18

그레이엄 추종자들,
주주 행동주의 시대를 열다

아이칸은 타판의 무엇에 끌렸을까? 킹슬리는 보았고 다른 사람들이 놓친 것은 과연 무엇일까? 타판은 40년 만에 첫 적자를 기록한 뒤 주가에 심각한 타격을 입었고 새로운 사업은 실패한 것처럼 보였다. 회사 자체도 제너럴 일렉트릭과 웨스팅하우스가 주도하는 시장의 작은 참가자에 지나지 않았다. 타판을 이해하고, 아이칸과 킹슬리가 '아이칸 선언'에 담아냈으며 강력한 효과를 발휘한 전략을 이해하려면 위대한 가치투자자이자 투자 철학자인 벤저민 그레이엄에서 출발해야 한다. 아이칸과 킹슬리는 그레이엄에게 지적인 빚을 진 셈이다.

그레이엄의 투자 전략은 '월스트리트의 학장'이라는 별칭이 연상시키는 것과는 달리 교수 같다거나 학문적이라기보다는 비정한 쪽에 가까웠다. 그레이엄은 깊이 저평가된 기업들에 변화를 일으키기 위해 주주 행동주의를 활용하는 것을 강력하고 설득력 있게 지지했다. 1934년에 출간된 대표작《증권분석》초판에서 그레이엄은 한 장 전체를 할애해 주주와 경영진의 관계를 다루었다. 그레이엄은 이 둘의 관계를 '미국 금융에서 가장 이상한 현상 중 하나'라고 표현했다.[23] "기업의 전망이 제아무리 나빠 보여도 자원이 소진될 때까지 사업을 계속하도록 주주들이 내버려두는 이유는 무엇일까?" 그는 이렇게 묻고 다음과 같이 답했다. "일반적인 미국의 주주들이 우리 안에 갇힌 한없이 유순하고 무관심한 동물이라는 것은 주지의 사실이다."[24]

주주는 이사회가 지시하는 대로 행동할 뿐, 회사의 주인이자 임원의 고용주로서 자신의 개인적 권리를 주장할 생각은 거의 하지 못한다. 그 결과 많은, 아니 거의 모든 대기업에서 실질적으로 지배력을 행사하는 주체는 주식의 과반을 소유한 집단이 아니라 '경영진'이라는 작은 집단이다.

그레이엄에 따르면, 깊은 저평가 상태는 주주에게 '사업을 계속하는 것이 주주 자신에게 이익이 되는지 질문을 제기'하고, '영업 정책을 재고할 것, 사업을 계속하기로 한 결정에 대해 주주들이 납득할 만한 명백하고 타당한 이유를 밝힐 것 등을 포함해 시장의 호가와 내재가치의 확연한 차이를 바로잡기 위한 모든 적절한 조치'를 취하라고 경영진을 압박하는 계기가 되어야 한다.[25]

그레이엄이 《증권분석》을 발표한 시기는 상장 기업의 주인-대리인 문제를 밝힌 벌리와 민즈의 논문이 나온 지 불과 2년 뒤였다. 그레이엄은 벌리와 민즈의 연구를 인용하며 일부 반박하는 의견을 제기했다. 벌리와 민즈는 소유와 지배가 분리되면서 기업이 더 이상 '사적인 사업 수단private business device'에 머무르지 않고 공공의 '기관Institution'이 되는 효과를 낳았고, 이것은 사려 깊게 관찰했다면 누구라도 분명히 아는 사실이라고 주장했다.[26]

소극적 재산passive property의 소유주들은 적극적 재산active property에 대한 지배와 책임을 포기함으로써 기업이 오로지 그들만의 이익을 위해 운영되도록 할 권리를 포기했다. 엄격한 재산권의 원칙에 따라 충분히 자신들을 보호해야 할 의무에서 기업을 완전히 놓아준 것이다. 이와 동시에 지배집단은 기업 권력을 확장시킴으로써 오로지 소극적 재산의 소유주들의 이익을 위해서만 회사를 운영할 것을 요구하는 전통의 빗장을 자신들의 이익에 따라 부러뜨렸다.

그레이엄은 기업이 '소유주나 지배집단뿐만 아니라 사회 전체를 섬기는' 공동체 재산 같은 것으로 간주된다는 벌리와 민즈의 주장을 일축했다. 그레이엄은 주주들이 '회사가 오로지 주주만의 이익을 위해 운영되도록 할 권리를 고의적으로 포기했다'는 주장에 의문을 제기하며[27] 미국의 주주들은 선택의 여지없이 그 권리를 잃은 것이라고 주장했다. 그레이엄은 "기업은 그것을 소유한 주주들의 단순한 피조물이자 재산이다. 임원들은 주주들의 유급 피고용인일 뿐이다. 이사들은 어떤 방식으로 선출되었든 사실상 신탁관리자로서 오로지 그 기업의 소유주의 이익만을 위해 행동할 법적 의무를 지닌다."라고 주장했다.[28] 그레이엄은 상황을 되돌릴 방법은 오로지 '소유권에 본래부터 부여된 지배권을 재천명하는 것'이라고 강조했다.[29]

《증권분석》에서 기업의 전망을 평가하는 방법 가운데 가장 우울한 청산가치 산출 바로 다음 장에 주주의 권리에 대한 논의가 배치된 것은 우연이 아니다. 청산가치는 기업의 부채를 모두 충당하고 정리 절차를 마친 뒤 남은 가치다. 그레이엄은 청산가치를 가리켜 '소유주들이 회사를 포기하기를 원하면 벗어날 수 있도록 해주는 값'이라고 설명했다.[30] 그레이엄은 주가가 청산가치를 하회한다면 그것은 회사의 경영진이 '잘못된 정책'을 추구하고 있다는 명백한 증거로서, "경영진이 자발적으로 할 수 없다면 주주들의 압력에 의해서라도 문제를 바로잡는 조치가 있어야 한다."

라고 강조했다.[31]

간단히 이렇게 요약해 질문할 수 있다. '이런 경영진이 잘못된 것인가 아니면 시장이 잘못된 것인가? 그처럼 낮은 주가는 단지 불합리한 공포의 산물일 뿐인가 아니면 아직 시간이 있을 때 회사를 청산하라는 엄중한 경고인가?'

《증권분석》이 나오고 2년이 지난 1932년, 그레이엄은 1929년 주식시장 붕괴 이후 3년 내내 청산가치보다 훨씬 낮은 가격에 거래되는 많은 주식들을 집중 조명하는 글을 〈포브스Forbes〉에 연재했다. 그레이엄이 제시한 문제 해결 방법은 투자자들이 '주인의식 ownership conscious'을 갖는 것이었다.[32]

주주들이 회사의 소유주로서 자신들의 권리를 깨달았다면 회사의 금고가 현금으로 비대해지고 주주들이 조건을 따지지 않고 앞을 다투어 주식을 내놓는 정신 나간 광경을 눈앞에서 보는 일은 없었을 것이다. 주주들이 시장에 던진 주식은 아마도 회사가 다시 사들일 것이다. 주주들이 자신의 돈으로 자신에게 형편없는 값을 지불하는 아이러니한 상황이다.

그레이엄은 말과 행동이 일치하는 사람이었다. 그의 투자조합인 그레이엄-뉴먼Graham-Newman 직원들은 스탠더드앤드푸어스Standard and Poor's와 무디스Moody's에서 발행한 주식 편람의 1만여 페이지를 샅샅이 뒤져 순-순 주식net nets을 찾는 것이 주 업무였다. 그 직원들 가운데 그레이엄이 처음부터 달가워하지 않았던 미래의 스타, 젊은 워런 버핏이 있었다. 월스트리트의 백상어White Sharks of Wall Street로 불린 토마스 멜론 에반스Thomas Mellon Evans, 루이스 울프슨Louis Wolfson, 레오폴트 실버스타인Leopold Silberstein을 포함한 1940년대, 1950년대 그리고 1960년대의 일군의 투자자들도 그레이엄의 철학을 적극 수용했다.[33] 이들은 위임장 대결과 언론 활동을 이용해 깊이 뿌리박은 경영진을 자리에서 물러나도록 만들며 두각을 나타냈다.

에반스는 그레이엄의 청산가치 분석을 받아들이고 활용해 1940년대와 1950년대 기존 질서에 대혼란을 주도했다. 그는 현대의 많은 행동주의 투자자들이 채택한 기법의 전신이 되는 전술을 활용해 다양한 인수전을 펼쳤다. 1910년 9월 8일 피츠버그에서 태어난 에반스는 11세에 고아가 되어 가난하게 자랐다. '멜론'이라는 유명한 중간이름에 걸맞지 않게(워런 하딩, 캘빈 쿨리지, 허버트 후버 대통령 아래서 재무부 장관을 지낸 실업가 앤드류 멜론Andrew Mellon이 할머니의 사촌이었다) 에반스는 바닥에서부터 금융계 경력을 시작했다. 대공황으로 직격탄을 맞은 1931년 예일대를 졸업한 그는 걸프오일Gulf Oil에서 월 100달러를 받는 사무직 일자리를 구했다. 친구들이 놀러 나가는 저녁 시간에 에반스는 집에서 재무제표를 검토하며 청산가치 미만에서 살 수 있는 유망한 회사들을 찾았다.

《증권분석》에서 그레이엄은 회사의 청산가치를 구하는 영리한 지름길을 제시했다. 바로 청산가치를 대신할 지표로 대략적이면서 보수적인 운전자본을 검토하는 것이다. 그레이엄은 이것을 NCAVnet current asset value·순유동자산가치라고 일컬었다. 그레이엄의 기법을 도입한 에반스는 순당좌자산net quick asset을 계산해서 청산가치보다 낮은 가격에 거래되는 주식을 찾았다. 순당좌자산은 그레이엄의 순유동자산 가운데 가장 유동성이 뛰어난 자산2)을 가리킨다. 그는 친구들로부터 '넷 퀵' 에반스라고 불릴 정도로 순당좌자산 분석에 매달렸다.34 1939년 에반스는 산업용 기관차 제조업체 H. K. 포터H. K. Porter Co.의 부실채권을 1달러당 10~15센트에 인수해 지배력을 확보했다. 그는 회사를 재정비해 채권을 주식으로 교환했고 28세에 사장이 되었다. 그것을 시작으로 '넷 퀵' 에반스는 부진한 기업의 이사회가 두려워하는 '기름을 발라 빗어 넘긴 짧은 머리에 공격적인'35 1980년대 전형적인 기업사냥꾼이 되었다.

그레이엄의 수제자 워런 버핏도 자신의 투자조합에서 짧게나마 그레이엄식 주주 행동주의로 눈을 돌려 기업의 청산을 시도한 적이 있었다. 1960년대 초, 버핏은 대주주가 되고 이사회 의석을

---

2) 가장 짧은 시간에 현금화가 가능한 자산.

얻어 뎀스터 밀 매뉴팩처링Dempster Mill Manufacturing Company[36]에 대해 지배권을 확보한 뒤 회사를 완전히 청산하려고 했다. 그런데 네브라스카주 베아트리체에 있는 공장을 정리할 것을 제안하는 과정에서 마을의 분노를 샀다. 주민들의 신랄한 비난에 지역 신문까지 가세하자 버핏은 결국 뎀스터를 장부가치(현금, 시장성 있는 유가증권 그리고 베아트리체 공장으로 구성된 완전히 청산된 상태에 가까운 자산 가치였다) 수준에 설립자의 손자와 그 투자자 그룹에 매각했다. 늘 그렇듯 수익을 낸 투자였지만 자신을 향한 적대감에 상처를 입은 버핏은 다시는 그런 일에 손을 대지 않겠다고 다짐했다.[37]

그러나 아이칸에게는 그런 식의 거리낌이 없었다. 아이칸의 전기 작가인 마크 스티븐스는 디스카운트 옵션 브로커였던 아이칸이 '가공할 기업사냥꾼이자 금융 전술가'로 급부상한 과정을 강조하며 이렇게 설명했다. "탁월한 지적 능력과 공격적인 성격을 결합해 미국의 기존 기업들에게서 약점을 찾아냈고 그것을 이용해 타판과 같은 기업들을 공략해 엄청난 수익을 올렸다." 영향력이 절정에 달한 1980년대에 아이칸은 수십억 달러를 운용하며 '미국 고속도로의 커다란 붉은 별'로 불리던 주유소 기업인 텍사코 인수 입찰에 124억 달러를 써내며 참여했다. 또한 세계 최초로 시가총액 10억 달러를 달성하고 당시 시가총액 60억 달러였던 유에스 스틸U.S. Steel을 포함한 공공 부문의 거대 기업들에게도 손을 뻗었다. 다른 투자자들도 주목했고 이른바 기업사냥이라는 코티지 산업3)cottage industry이 탄생했다. 짧은 기간 동안 그들이 이룬 위업은 신문의 경영 지면을 넘어 대중문화의 소재로도 다루어졌다. 특히 영화 〈월스트리트(Wall Street, 1987)〉에서 마이클 더글러스가 분한 고든 게코, 〈귀여운 여인(Pretty Woman, 1990)〉에서 리처드 기어가 분한 에드워드 루이스, 〈타인의 돈(Other People's Money, 1991)〉에서 대니 드비토가 분한 '청산자' 래리가 유명한데 대니 드비토가 NCAV를 구하는 그레이엄의 공식을 칠판에 적는 장면은 특히 인상적이다. 그러나 이들의 영향력은 시장과 함께 점차 시들해졌다. 1987년 주식시장이 폭락한 이후 이들의 존재도 대중의 의식에서 차츰 사라졌다.

2000년대 초, 닷컴 붕괴의 여파로 새로운 유형의 행동주의 투자자들이 등장했다. 이들은 정보기술과 통신주의 활황으로 현금이 풍부해진 불량 기업들의 뒤를 좇았다. 앞서 에반스와 아이칸이 그랬듯 새로운 행동주의 투자자들도 대중 매체 캠페인, 위임장 대결, 공개매수의 힘을 재발견했다. 새로운 행동주의 투자자들 중에는 주주 행동주의의 문명화를 추구하는 사람들이 있었다. 문명화된 주주 행동주의는 인터넷 기반 캠페인과 상장된 사모투자사를 통해 새로운 자본을 유치하는 것과 무수히 많은 혁신의 제도화를 가능하게 했다. 반면 선대 기업사냥꾼들의 약탈적이고 과격한 방

---

3) 가내 수공업. 여기서는 소자본 투자를 말한다.

식을 고수하며 세련된 방식을 거부하고 문명화와 제도화에 저항하는 사람들도 있었다. 시장의 지하세계에서 주식을 둘러싸고 벌어지는 일을 생각할 때 어쩌면 이런 대응이 필요할 수도 있을 것이다. 분석가들의 관심과 언론의 눈부신 조명이 닿지 않는 그 곳에서는 노골적인 사기, 명백한 절도, 소액투자자들에 대한 차별이 만연하다. 이 국경의 경계에 있는 보안관이 바로 행동주의 투자자들과 공매도 세력이다. '끔찍하고 끔찍한(The horror, The horror)' 상황을 목격하고 "야만인들의 씨를 말려라!(Exterminate all the brutes!)"라는 미스타 커츠Mistah Kurtz의 외침[4]을 그대로 받아 적은 다음 헌터 톰슨Hunter S. Thompson의 곤조[5]Gonzo 양식에 따라 악의에 찬 편지를 증권거래위원회에 보낸다고 해도 이들을 비난할 수 있는 사람은 없을 것이다.

청산자에서 기업사냥꾼으로의 진화는 가치투자와 주주 행동주의라는 넓은 세계에서 아이칸의 바탕이 된 철학의 변화를 반영한 것이다. 청산가치 대비 할인된 정도로 목표물을 찾는 그레이엄식 접근은 당시로서는 적절했고 매우 효과적인 방법이었지만 이런 기회는 1980년대 투자지형에서 대부분 사라졌다. 현대 행동주

---

4) 조지프 콘래드Joseph Conrad의 소설《어둠의 심연(Heart of Darkness)》을 인용했다. 콩고 원주민을 무자비하게 수탈한 내륙 주재소 소장으로 문명의 야만성을 대표하는 '미스타 커츠'는 본국으로 송환되기 전 배에서 세상을 떠나며 "끔찍해! 끔찍해!"라는 말을 남겼다.

5) 헌터 톰슨은 '곤조 저널리즘'으로 유명한 저널리스트이자 작가이다. 곤조 저널리즘이란 기자가 스스로 취재 대상 안으로 뛰어들어 체험한 사건을 1인칭 시점으로 기록하는 글쓰기 양식을 가리킨다. 객관성을 고집하지 않고 적극적이고 공격적으로 작가의 목소리를 반영한다.

의 투자자들은 더 넓은 렌즈를 이용해 가치를 평가하고 더 다양한 수단을 활용해 목적을 달성하며 적응했다. 아이칸은 그 어느 때보다도 크고 탄탄한 자본을 갖추고 현대 행동주의 투자자들과 자리를 같이했다. 아이칸은 1980년대에 그랬던 것처럼 새로운 주주 행동주의 시대에 올라탔고 2000년대 주주 행동주의 운동의 선두에 섰다.

Deep Value

2장

문 앞의 역발상 투자자들[1]

그레이엄이 말하는 청산, 행동주의 그리고 평균회귀라는 가치투자의 위대한 미스터리

---

1) 브라이언 버로Briyan Burrough와 존 헬리어John Helyar의 《문 앞의 야만인들(Barbarians at the Gate: The Fall of RJR Nabisco)》을 차용한 제목이다.

의장 : "한 가지 질문만 더 하고 마치겠습니다.
어떤 특수한 상황에서 결정을 내린다고 합시다.
예를 들어 30달러 가치가 있는 주식을 10달러에 살 수 있고 그래서
그걸 샀다고 합시다. 하지만 그 주식이 30달러 가치가 있다고 많은 사람이 판단하기
전까지는 그 가치를 실현할 수 없습니다. 그러려면 어떤 과정을 거칩니까?
광고를 한다거나, 아니면 다른 방법이 있습니까?"
벤저민 그레이엄: "그 점이 바로 우리 사업의 미스터리 중 하나이고 다른 사람들처럼
제게도 풀리지 않는 문제입니다. 경험으로 볼 때 시장은 결국 가치를 따라잡습니다.
결국 어떤 식으로든 그 가치가 실현됩니다."
— 벤지민 그레이엄, 제84차 의회 제1차 회기. 주식 매수와 매도에 영향을 미치는
요인들에 관한 상원 은행 및 통화위원회 청문회(1955년 3월 3일)[1]

1927년, 당시 서른한 살이었던 벤저민 그레이엄은 컬럼비아 대학교에서 '증권분석'이라는 강의명으로 야간에 학생들을 가르쳤다. 그레이엄은 수업에서 새로 개발한 증권분석 방법에 관해 논의했다. 13년 전 철학, 수학, 영문학 등 세 개 학과에서 박사과정 제의를 받았으나 거절했던 젊은 그레이엄은 강사로서 주가와 내재가치가 별개라는 급진적인 아이디어를 제시하고 있었다. 그레이엄은 재무제표와 사업 전망에 관한 세심한 기본적 분석을 통해, 그리고 시장에서 거래되는 가격과 비교해 주식의 '내재가치'

를 추론할 수 있다고 가르쳤다. 주가가 내재가치 대비 충분히 할인되어 안전마진이 확보되었다면 그 주식은 사도 좋다. 시간이 지나면 시장가격은 내재가치로 되돌아가고 그때가 주식을 팔 시점이다. 내재가치가 주가보다 높거나 충분한 안전마진이 확보되지 않았다면 그것은 피해야 할 주식이다. 단순하기 그지없다. 그레이엄은 학창 시절 자신의 첫 강의를 수강했고 나중에는 컬럼비아 경영대학원 교수가 된 데이비드 도드와 함께 강의 내용을 책으로 엮어 1934년《증권분석》을 펴냈다.《증권분석》은 가치투자의 토대를 형성한 자료로 널리 인정받고 있다.

1929년 주식시장이 대폭락하며 거의 파산 위기에 처했던 그레이엄에게 내재가치 추정에서 무엇보다 중요한 것은 보수적인 추정이었다. 내재가치를 가장 보수적으로 추정한 것이 주식의 청산가치였다. 청산가치는 계산이 굉장히 쉬웠고 정량적인 단순한 규칙을 적용하는 것 이상의 분석을 거의 요구하지 않았다. 그레이엄은 (토마스 '넷 퀵' 에반스와 월가의 백상어들이 열렬히 수용한) 이른바 'NCAVnet current asset value·순유동자산가치'를 산출해서 회사의 운전자본을 검토하고, 정확하지는 않지만 청산가치를 대체할 보수적으로 추정한 가치를 구한다. 그레이엄의 목적은 NCAV를 이용해 회사의 청산가치를 정확히 구하는 것이 아니다. 해당 기업에서 회수할 수 있는 금액에 못 미치는 가격에 주식을 매도하는 일이 없도록 청산가치를 대략적으로 파악하려는 것이다.[2]

기업의 재무상태표는 기업이 청산할 때의 가치에 관한 정확한 정보를 전달하지는 않지만 유용하게 쓰일 수 있는 단서나 암시를 포함하고 있다. 청산가치를 계산할 때 유념해야 할 첫 번째 원칙은 재무상태표에 표시된 부채의 가치는 실제 그대로지만 자산의 가치가 실제인지는 불확실하다는 것이다. 따라서 장부에 표시된 모든 부채는 액면가로 차감해야 한다. 반면 자산에 부여하는 가치는 자산의 특성에 따라 달라진다.

그레이엄은 회사의 유동자산에서 당기 및 장기 부채를 모조리 차감해 NCAV를 산출했다. 장기자산(예: 무형자산, 식물과 같은 고정자산)의 가치는 계산에서 완전히 제외했다. 이렇게 구한 NCAV는 대부분 기업에서 음의 값으로, 이는 부채가 유동자산보다 많다는 뜻이다. 일부 기업은 NCAV가 양의 값을 갖는데 이는 현금, 미수채권, 재고자산이 총 부채보다 많다는 뜻이다. 그레이엄은 NCAV가 양의 값을 갖고 시가총액이 NCAV의 3분의 2 이하인 기업이 매수 대상이라고 했다. 그레이엄에 따르면 이 기준을 충족하는 기업(시가총액이 순유동자산가치의 순액이므로 '순-순 주식net-nets'이라고도 일컫는다)은 대개 매각이나 청산으로 주주들에게 돌아올 가치보다 큰 폭으로 할인되어 거래된다.

매수 가격이 NCAV의 3분의 2를 넘어서는 안 된다는 그레이엄의 주장은 그의 추종자들이 지지하는 가치투자에서 중요한 요소인 안전마진margin of safety과 통한다. 그레이엄은《현명한 투자자(The Intelligent Investor)》에서 이렇게 설명했다.[3]

옛 현인들은 인간의 역사를 "이것 또한 지나가리라."라는 단 한 문장에 담아냈다. 건전한 투자의 비법을 이처럼 한마디로 추출해야 한다면 우리는 감히 안전마진이라는 교훈을 제시할 것이다. 안전마진은 앞서 이루어진 투자 신조에 관한 모든 논의를 (대개는 명시적으로, 때로는 덜 직접적인 방식으로) 관통하는 일관된 주제다.

안전마진은 추정한 내재가치 대비 시장가격의 할인 폭을 가리킨다. 그레이엄은 매수가격이 NCAV의 3분의 2 이하여야 한다고 주장했다. 이는 전형적인 순-순 주식의 안전마진이 매수 가격의 3분의 1 이상이며, NCAV가 자신의 추정치에서 3분의 1 하락하면 영구적인 자본잠식이 발생한다는 뜻이다. 안전마진은 현재 내재가치가 거의 혹은 전혀 없다고 가정한 기업이 설령 청산되더라도 큰 영구적 손실로부터 투자자를 보호하는 장치다. 또한 안전마진을 확보해두면 나중에 NCAV 대비 시장가격의 할인 폭이 줄어들때 주가 상승을 누릴 기회가 있다. 내재가치 대비 시장가격의 할인 폭이 클수록 더욱 큰 안전마진을 확보할 수 있고 투자로 수익을 거둘 가능성도 커진다. 즉, 내재가치 대비 할인 폭인 안전마진이 확대될수록 영구적인 자본잠식 위험은 줄어들고 수익을 거둘 가능성은 커진다는 뜻이다. '적은 위험이 곧 큰 수익'이라는 이원적 원칙은 가치투자에서는 자명한 명제지만 정통 금융 이론상으로는 불가능한 일이다.

기업이 청산가치에도 못 미치는 가격에 거래되는 이유는 무엇일까? 1929년 주식시장 폭락 이후 많은 기업들이 오랫동안 청산가치를 훨씬 밑도는 가격에 거래되었다. 그레이엄은《증권분석》을 출판하기 2년 전인 1932년 이러한 현상에 관한 기고문을 〈포브스〉에 연재했다. 그레이엄은 1932년 컬럼비아 경영대학원의 의뢰를 받아 수행한 연구를 특별히 언급했다. 당시 뉴욕증권거래소에 상장된 600개 기업 가운데 200개 기업, 즉 셋 중 한 곳은 NCAV 미만에 거래된다고 추정되었다. 50개가 넘는 기업의 주가가 현금과 시장성 있는 유가증권을 합한 가치보다 낮았고 수십 곳 이상이 은행에 보유한 현금보다 싸게 거래되었다. 그레이엄은 이런 기업들의 경우 '살아남는 것보다 사라지는 편이 더 가치가 있다는 것이 월스트리트가 내린 최선의 판단'이라는 뜻이라고 강조했다.[4] 그레이엄은 이처럼 무분별하게 매도가 이루어지는 이유 중 하나로 투자자들이 회사의 자산, 심지어 현금 보유량에도 관심을 기울이지 않는다는 점을 지적했다. 가치는 오로지 이익 창출 능력earnings power, 그리고 '일시적이거나 심지어 기만적일 수도 있는 보고이익reported earnings'에 좌우되었다.[5] 그레이엄은 이처럼 심하게 저평가된 주식을 매도하는 사람들이 자신이 회사의 '잔존

가액scrap value'에 훨씬 못 미치는 가격에 처분하고 있다는 사실을 알고 있는지 궁금했다. 그레이엄은 투자자들이 그 사실을 알았지만 회사가 청산할 의지가 없다는 것을 이유로 과도하게 낮은 주가를 스스로 정당화했을 것이라고 결론을 내렸다. 청산하지도 않을 회사에 대해 청산가치를 논해야 하는 이유는 무엇일까? 주주들에게 사업의 수익성을 키울 권한은 없지만 회사를 청산할 권한은 있다는 것이 그레이엄의 대답이다. 그레이엄은 주장했다. "한마디로 이것은 이론적인 문제가 절대 아니다. 매우 실제적이고 시급한 문제다."[6] "미국 기업 세 곳 중 한 곳은 자기자본이 완전히 잠식될 때까지 계속해서 손실을 감수할 수밖에 없다는 것이 사실이란 말인가?"[7]

물론 지급불능 상태가 된 뒤 청산하는 일은 상대적으로 흔하다. 반면 법이 개입하기 전에 먼저 사업을 접는다는 발상에 월스트리트의 규범은 반감을 갖는 듯하다.

그레이엄은 주주들이 재무상태표를 보는 것도 잊었을 뿐만 아니라 자신들이 '단순히 주식시세표상 호가의 주인이 아니라 그 회사의 주인이라는 사실'도 잊은 것 같다고 지적했다. 수백만 명에 이르는 미국의 주주 자신들도 '자금이 절실히 필요한 상황에서, 과도하게 현금을 쌓아두는 비생산적인 목적에 주주들의 돈을 묶어 두는 것이 옳은지' 물어야 할 때라는 것이었다. 그레이엄은 이 것이 '경영의 문제가 아니라 소유권의 문제'라고 주장하며 해결책 은 주인의식을 갖는 것이라고 말했다.[8]

그레이엄은 기업이 계속해서 청산가치 대비 할인되어 거래되 는 것이 근본적으로 논리에 맞지 않다고 생각했다. 그것은 주가 가 너무 낮다는 것을 알려주거나 회사를 접어야 한다고 시장이 보 내는 신호였다. 결국 그 가격은 그 주식을 분석할 유인이 있을 만 큼 매력적인 영역에 있으며 따라서 잠재적인 매수 대상이라는 뜻 이었다. 그레이엄은 이런 주식을 다음과 같은 조건이 붙은 금화에 비유했다.[9]

아무런 조건도 없이 50센트에 살 수 있는 금화가 있다면 금화를 싸게 살 수 있는 기회를 놓치지 않으려고 입소문과 매수세가 신 속하게 결집될 것이다. 이 '금화' 기업의 주식을 현재 50센트 이 하에 다량으로 매수할 수 있다. 하지만 실제로는 조건이 붙어 있 다. 주주로서 회사를 소유하지만 회사를 지배하지는 않는다는 조건이다. 주주는 뒤로 물러나 앉아 금화의 가치가 줄어들다가 영업 손실로 큰 타격을 입고 소멸하는 것을 지켜보아야 할지도 모른다. 시장이 기업의 보유 현금조차 액면 그대로 평가하지 않 는 이유가 바로 여기에 있다.

그러면서도 그레이엄은 청산가치 대비 할인되어 거래되는 주식들은 '거의 예외 없이 실적 추세가 만족스럽지 못하다'며 그것도 할인의 이유라고 인정했다.[10]

이익이 꾸준히 증가하는 추세였다면 분명히 그처럼 낮은 가격에 팔리지는 않았을 것이다. 이러한 종목을 매수하는 데 반대하는 이유는 이익이 감소하거나 손실이 지속되어 자원을 소진하고 결국 지불한 가격보다 내재가치가 하락할 것이 유력하고, 적어도 그럴 가능성이 있기 때문이다.

그러나 그레이엄은 이런 결과는 개별적인 사건이며, 주가를 끌어올릴 수 있는 변화는 더욱 광범위하다고 강조했다. 그레이엄이 언급한 이 변화는 현대 행동주의 투자자들의 요구와도 유사하다.[11]

1. 회사의 자산 규모에 상응하는 이익 창출 능력을 키우는 변화
    a. 산업 전반의 개선
    b. 경영진의 변화와는 무관한 회사 영업 정책의 긍정적 변화: 효율화, 신제품 출시, 손실 사업부 정리 등
2. 매각이나 합병: 다른 기업이 자원을 더욱 유용하게 활용할 수 있고 따라서 보유한 자산에 대해 최소한 청산가치만큼은 대가를

지불할 수 있음.

3. 완전 청산 또는 부분 청산

그레이엄은 분별력이 있는 분석가라면 이처럼 광범위한 긍정적 변화 가운데 어느 하나라도 나타날 가능성이 상당히 임박했다고 보이는 주식을 찾거나 현재 이익, 배당금, 과거의 강력한 이익 창출 능력 등 통계로 입증되는 다른 매력적인 요소가 있는 주식을 찾아야 한다고 강조했다. 반면 유동자산이 빠르게 소진되고, 그 흐름을 멈출 어떤 뚜렷한 징후도 보이지 않는 주식은 피해야 한다고 했다. 그럼에도 불구하고 그레이엄은 이렇게 말했다. "청산가치를 훨씬 밑도는 가격에 거래되는 보통주가 대표적으로 저평가된 유가증권이라는 데는 의심의 여지가 없다."[12]

한편 청산가치 주식을 보는 다른 투자자들의 시각은 그레이엄만큼 뜨겁지는 않았다. 바우포스트 그룹Baupost Group 회장 세스 클라먼Seth Klarman은 지금은 절판된 유명한 저서 《안전마진(Margin of Safety)》에서 다음과 같이 언급했다. 이것은 그레이엄의 방법으로 대략적인 청산가치를 계산할 때 그 판단은 불완전한 정보를 바탕으로 할 수밖에 없는 만큼 여러 요소를 가정해야 한다는 것을 상기시킨다.[13]

운전자본이 과대 계상되지 않고 영업에서 현금을 빠르게 소비하

지 않는 한 기업은 자산을 처분하고 모든 부채를 소멸시킨 뒤에

도 시장가격을 초과하는 수익금을 투자자에게 분배할 수 있다. 그

러나 영업에서 손실이 지속되면 순순운전자본[1]이 빠르게 잠식

될 수 있다. 따라서 투자자는 주식을 매수하기 전에 항상 회사의

현재 영업 상태를 고려해야 한다. 공장 폐쇄나 환경법 등 실제

청산 과정에서 발생할 수 있는 부외off-balance sheet 혹은 우발 부채

contingent liability 역시 반드시 고려해야 한다.

가치투자 전문 자산운용사 서드 애비뉴 매니지먼트Third Avenue

Management 설립자이자 다수의 책을 집필한 전설적인 투자가 마티 휘

트먼Marty Whitman이 언급한 내용도 클라먼이 지적한 어려움 가운데

하나다.[14]

우리의 순순 전략은 상식에 기초한다. 예를 들어 A급 사무실이

라는 자산이 있다. 소구 금융[2]recourse finance으로 자금을 조달했고,

신용할 수 있는 세입자가 임차했다. 이 자산은 회계상 고정자산

으로 분류되지만 일단 매각하려고 전화기를 들면 유동자산으로

분류되는 K-마트의 재고보다 실제로 훨씬 더 유동성이 높은 자

---

1) 순순유동자산.

2) 일반적인 대출. 채권자(은행)는 채무가 변제될 때까지 계속해서 상환을 요구할 수 있다. 비소구 금융은 채무자와 채권자가 공동으로 책임을 부담한다.

산이 될 것이다.

워런 버핏은 저서에서 전문 청산인이 아닌 사람이 순-순 기업을 인수하는 것은 '어리석은 짓'이라고 지적하며 청산가치 미만에 거래되는 주식을 '담배꽁초'에 비유했다.[15]

충분히 낮은 가격에 주식을 사면 설령 그 회사의 장기적인 실적이 형편없더라도 일시적인 상황 변화에 따라 상당한 이익에 팔 기회가 있을 수 있다. 나는 이것을 '담배꽁초' 투자라고 부른다. 거리에서 주운 한 모금밖에 남지 않은 담배꽁초는 더 피울 것은 없어도 오로지 '싸게 산' 덕분에 그 한 모금에서 이익을 얻을 수 있다.
전문 청산인이 아니라면 기업을 사는 데 그런 식으로 접근하는 것은 어리석은 일이다. 첫째, 애초에 '싸게' 샀더라도 사실 그다지 싼 가격은 아니었을 가능성이 높다. 어려운 회사에서는 문제가 하나 해결되면 곧 또 다른 문제가 나타난다. 주방에 바퀴벌레가 한 마리만 있는 법은 없다. 둘째, 처음에는 장점이 있더라도 결국 낮은 영업 이익률로 인해 그 장점이 빠르게 상쇄될 것이다. 예를 들어 1,000만 달러에 매각이나 청산이 가능한 회사를 800만 달러에 사서 신속하게 매각이나 청산을 이행한다면 높은 투자 수익률을 실현할 수 있다. 그러나 회사가 10년이 지난 후에야

1,000만 달러에 팔리고 그 사이 영업으로 달성하는 이익과 주주 환원이 비용 대비 미미하다면 그것은 실망스러운 투자가 될 것이다. 시간은 훌륭한 기업에게는 친구지만 보잘것없는 기업에게는 적이다.

클라먼, 휘트먼, 버핏은 한 발 물러섰지만 순-순 주식의 실적에 대한 연구 결과는 "청산가치를 훨씬 밑도는 가격에 거래되는 보통주가 대표적으로 저평가된 유가증권이라는 데는 의심의 여지가 없다."는 그레이엄의 주장을 뒷받침하는 것으로 보인다. 청산가치를 대체하는 그레이엄의 NCAV 기준을 충족하는 주식을 사는 전략은 상당히 좋은 성과를 냈다. 1976년 인터뷰에서 그레이엄은 자신이 설립한 투자운용사 그레이엄 뉴먼이 순-순 전략을 이용해 30년간 연평균 20% 수익률을 달성했다고 밝혔다.[16]

우리는 투자금을 운용하는 데 이 접근 방식을 광범위하게 사용했으며, 30년이 넘는 기간 동안 이 방법으로 약 20%에 달하는 연평균수익률을 올렸다고 추정합니다. 그러나 1950년대 중반 이후 강세장이 만연하면서 이런 주식을 매수할 기회는 상당히 드물었습니다. 그러다 1973~1974년 시장이 하락하고 그 후 상당히 많은 기회가 다시 등장했습니다. 1976년 1월 S&P가 제공하는 미국 주식편람에 실린 전체 종목의 약 10%에 해당하는

300여 개 종목이 바로 이런 종목이었습니다.

당시 뉴욕주립대 빙엄턴대학교 재무학과 부교수였던 헨리 오펜하이머Henry Oppenheimer는 1970년 12월 31일부터 1983년 12월 31일까지 13년 기간을 대상으로 그레이엄의 NCAV 전략의 수익률을 조사했다.[17] 오펜하이머는 투자 기준을 충족하는 종목 전부를 매년 12월 31일에 매수해 1년간 보유하고 이듬해 12월 31일에 같은 기준을 충족하는 주식으로 대체한다고 가정했다. 총 표본의 크기는 순-순 기업 645개였다. 표본의 크기가 가장 작았던 해에는 연간 18개 종목을 매수했고 가장 많을 때는 연간 89개 종목을 매수했다. 그레이엄이 1932년에 찾은 개수보다 훨씬 적은 수준이었다. 이 전략의 수익률을 검토한 오펜하이머의 결론은 예사롭지 않았다. 조사 대상 기간인 13년 동안 연평균수익률은 29.4%에 달했다. 같은 기간 시장은 11.5% 상승했다. 수익률의 복리 효과를 한눈에 볼 수 있도록 오펜하이머는 다음과 같이 결과를 정리했다. '1970년 12월 31일(시작 시점)에 NCAV 포트폴리오에 투자한 100만 달러는 1983년 12월 31일(종료 시점) 2,549만 7,300달러로 불어났을 것이다. 반면 시장 지수에 투자한 100만 달러는 372만 9,600달러로 불어나는 데 그쳤을 것이다.'

나는 제프리 옥스먼Jeffrey Oxman, 수닐 모한티Sunil Mohanty와 함께 오펜하이머가 검토한 기간의 마지막 날인 1983년 12월 31일부터

2008년 12월 31일까지 25년 기간을 대상으로 그레이엄의 NCAV 전략의 수익률을 시험했다.[18] 그 결과 NCAV 전략은 전체 기간 동안 연평균 35.3% 수익률을 기록해 시장 수익률 22.4%, 소형 기업 지수 포트폴리오의 수익률 16.9%를 앞질렀다. 가장 적은 수의 종목이 선택된 해는 1984년으로 단 13개 종목만이 기준을 충족했다. 최다 종목이 선택된 해는 2002년으로 152개 종목이 그레이엄의 기준을 충족했다. 이처럼 놀라운 수익률은 미국 시장에만 국한되지 않았다.

다른 연구에서도 그레이엄의 NCAV 전략은 세계 주요 시장에서 시장 수익률을 앞질렀다. 1975~1988년 일본 시장을 대상으로 한 연구에서 그레이엄의 법칙을 적용한 투자는 시장 대비 연평균 13% 초과 수익률을 기록했다.[19] 1981년부터 2005년까지 런던 증권거래소에 상장된 순-순 주식을 대상으로 한 연구에서도 이 전략은 시장 대비 연평균 19.7% 높은 수익률을 기록했다.[20] 영국 샐퍼드 대학 경영대학원의 논문에 따르면 그레이엄의 전략을 이용해 선택한 주식들은 최대 5년간의 보유 기간 동안 런던 증권거래소 주거래시장을 크게 앞서는 수익률을 기록했다. 논문의 저자는 오펜하이머의 비교법을 차용해, 1981년 7월 1일 NCAV 포트폴리오에 100만 파운드를 투자했다면 2005년 6월에는 4억 3,200만 파운드로 불어났을 것이라고 정리했다. 연평균 29%에 달하는 놀라운 수익률이다. 반면 같은 기간 영국 주식시장 지수에 투자한

100만 파운드는 2005년 6월 말 3,400만 파운드로 불어나는 데 그쳤을 것이다.

행동 금융 전문가이자 가치투자자인 제임스 몬티어James Montier는 1985~2007년 전 세계 모든 선진 시장을 대상으로 순-순 주식 포트폴리오를 매수하는 전략을 세우고 수익률을 조사했다.[21] 연구 결과, 이 전략은 연평균 35% 수익률을 기록해 시장 수익률 17%를 앞섰다. 23년간 연평균 35% 수익률이라면 정예 그룹에 포함시키기에 충분한 전략이다. 몬티어의 연구 결과 순-순 포트폴리오에는 몇 가지 공통적인 특징이 있었다. 첫째, 수익률 중윗값에 해당하는 포트폴리오는 65개 종목으로 이루어졌다. 전 세계적으로 순-순 기준을 충족하는 종목 수가 상대적으로 적다는 뜻이다. 둘째, 순-순 주식들의 시가총액 중윗값은 2,100만 달러였다. 소형 또는 초소형주가 대부분이라는 뜻이다. 물론 모든 순-순 주식이 소형주는 아니다. 애플Apple, Inc.은 2002년 순-순 상태였고 주식분할 영향 조정 후 기준으로 그해 10월에 주당 7달러에 거래되어 시가총액 25억 달러를 약간 넘겼다. 당시 애플은 모든 부채를 감안한 후 주당 7.80달러 순현금 상태였고 흑자를 내고 있었다. 10년 후인 2012년 10월 애플의 주가는 100배 상승해 주당 700달러에 거래되며 사상 최고점을 향해 가고 있었다. 그레이엄의 NCAV 전략은 이례적으로 싼값에 거래되는 주식을 찾아내는 전략으로 이것이 놀라운 수익률의 원천이 된다.

안전마진에 대한 그레이엄의 직감은 옳았다. NCAV 대비 할인 폭이 클수록 투자 수익도 컸다. 오펜하이머는 각 종목마다 NCAV 대비 매수 가격의 비율을 계산하고, 안전마진이 제일 작은 종목부터 제일 큰 것 순서로 다섯 개 포트폴리오에 나누어 담았다. 결론은 분명했다. 안전마진이 가장 큰 종목, 즉 가장 저평가된 종목으로 구성한 포트폴리오의 수익률은 두 번째로 저평가된 종목의 포트폴리오를 능가했다. 안전마진이 가장 작은 종목으로 구성한 포트폴리오는 수익률이 제일 낮았다. 안전마진의 크기, 즉 저평가 정도는 중요하게 고려해야 할 요소였다. 가장 심하게 저평가된 순-순 주식은 가장 덜 저평가된 순-순 주식에 비해 연간 10% 넘는 수익률을 추가로 달성했다. 우리는 오펜하이머의 방법을 복제해 그대로 적용했다. 그 결과, 결론은 같았지만 중요한 특이 사항을 발견했다. 우리의 연구 결과는 NCAV 대비 할인 폭이 큰 종목의 수익률이 더 높다는 오펜하이머의 결론을 대체로 뒷받침했다. 하지만 NCAV 대비 할인 폭이 가장 큰 종목의 포트폴리오는 오히려 수익률이 가장 저조했다. 이것은 비정상적으로 분포를 벗어난 값, 아웃라이어outlier일 수도 있고 염두에 둘 만한 결과일 수도 있지만 어쨌든 할인 폭과 수익률 사이에 양의 상관관계가 있다는 사실은 달라지지 않았다.

그레이엄은 '분별력 있는 분석가'라면 행동주의자의 관심을 끌 가능성이 있는 주식, 또는 현재 이익이나 배당금 등 통계로 입증되는 다른 매력적인 요소가 있는 NCAV 주식을 찾아야 한다고 했다. 이 조언은 오펜하이머의 연구 결과와 충돌한다. 오펜하이머는 실험을 통해 이익과 배당금에 대한 그레이엄의 예리한 직관이 틀린 것처럼 보일 만큼 상반된 결과를 얻었다. 오펜하이머는 NCAV 주식들로 두 개의 포트폴리오를 구성해 그레이엄의 조언을 검증했다. 각각의 포트폴리오는 전년도에 영업이익을 낸 종목과 영업손실을 낸 종목으로 구성했다. 검증 결과, 영업손실 포트폴리오의 수익률이 영업이익 포트폴리오를 앞서는 경향을 보였다. 또한 영업이익을 내고 배당금을 지급한 종목들은 배당금을 지급하지 않은 종목들보다 수익률이 낮았다. 이 결과를 바탕으로 오펜하이머가 내린 결론은 영업이익을 낸 종목, 또는 영업이익을 내고 배당금을 지급하는 종목만을 선택하면 수익률이 낮아진다는 것이다. 우리의 연구 결과도 오펜하이머의 결론을 뒷받침했다. 순-순주식들 가운데 영업이익을 낸 종목의 수익률은 영업손실을 낸 종목을 크게 하회했다. 또한 영업이익을 낸 배당주의 수익률은 영업이익을 냈지만 배당을 실시하지 않은 주식의 수익률을 크게 하회했다.

그레이엄은 말했다. "이러한 종목을 매수하는 데 반대하는 이유는 이익이 감소하거나 손실이 지속되어 자원을 소진하고 결국 지불한 가격보다 내재가치가 하락할 것이 유력하고, 적어도 그럴 가능성이 있기 때문이다."[22] 개별 기업 차원에서 이러한 우려는 타당성이 있어 보인다. 몬티어는 NCAV 전략으로 선택한 개별 종목에서 일반 종목에 비해 영구적 자본 손실이 발생할 가능성이 더 높다는 것을 발견했다. NCAV 주식의 약 5%가 1년 동안 90% 이상 주가 하락을 경험한 반면 전체 시장에서 같은 수준으로 주가가 하락한 종목은 단 2%에 그쳤다. 그런데 개별 종목이 아닌 포트폴리오 수준에서는 다른 결과가 나타났다. 순-순 주식으로 구성한 포트폴리오는 손실을 기록한 해가 시장보다 적었다. 순-순 포트폴리오는 몬티어가 검증한 23년 기간 중 총 3년 동안 마이너스 수익률을 기록했다. 반면 시장이 손실을 기록한 해는 총 6년이었다.[23] 순-순 전략은 전체 기간 동안 시장을 능가했다. 게다가 개별 종목 기준으로 일반 주식보다 2.5배나 더 높은 주가 하락 가능성에도 불구하고, 마이너스 수익률을 기록한 햇수는 순-순 주식의 포트폴리오가 더 적었다. 이 흥미로운 결과는 (딥 밸류 투자의 특징인) 반(反) 직관적 현상에 해당하는데 이 내용은 뒤에서 자세히 다룰 것이다.

저평가 주식은 어떻게 적정 가치를 찾아가는가

그레이엄은 1955년 미국 상원 은행·통화위원회에 출석해 '주식의 매매에 영향을 미치는 요인'에 대한 상원 조사에서 증언을 하고 있었다. 의장은 저평가된 주식이 어떻게 적정 가치를 회복하는지에 관해 물었다. 이것은 가치투자의 핵심 질문이었다.[24]

어떤 특수한 상황에서 결정을 내린다고 합시다. 예를 들어 30달러 가치가 있는 주식을 10달러에 살 수 있고 그래서 그걸 샀다고 합시다. 하지만 그 주식이 30달러 가치가 있다고 많은 사람이 판단하기 전까지는 그 가치를 실현할 수 없습니다. 그러려면 어떤 과정을 거칩니까? 광고를 한다거나, 아니면 다른 방법이 있습니까?

의장으로서는 만족스럽지 않았겠지만 이 질문에 대한 답은 그레이엄의 최고 명언으로 꼽힌다. "그 점이 바로 우리 사업의 미스터리 중 하나이고 다른 사람들처럼 제게도 풀리지 않는 문제입니다. 경험으로 볼 때 시장은 결국 가치를 따라잡습니다. 결국 어떤 식으로든 그 가치가 실현됩니다."[25] 가치투자자들에게 의장의 질문은 어쩌면 가장 중요한 질문일 것이다. 저평가된 주식은 어떤 식으로 적정 가치를 찾아가는가? 전설적인 투자자 세스 클라먼은 지금은 절판되었지만 널리 읽힌 자신의 저서 《안전마진》에서 이렇게 말했다.[26]

기업의 청산은 보통 사업 실패를 의미한다. 그러나 아이러니하게도 이것은 성공적인 투자를 의미할 수 있다. 기업의 청산이나

해체가 사업의 기저 가치를 실현하는 촉매 역할을 하기 때문이다. 자산의 가치 대비 큰 폭으로 할인된 가격에 거래되는 주식을 사려는 가치투자자에게 청산은 이익을 실현하는 한 가지 방법이다.

결국 청산이나 합병을 비롯한 어떤 촉매 요인이 투자 수익의 원천인 것일까? 클라먼은 투자자들에게 수익을 창출하고 위험도 줄이는 촉매제를 찾을 것을 조언한다.[27]

가치투자자는 언제나 촉매를 찾는다. 기저 가치보다 할인된 가격에 자산을 매수하는 것은 가치투자의 본질을 정의하는 특징이다. 그리고 촉매를 통해 기저 가치의 일부나 전체를 실현하는 것은 수익을 창출하는 중요한 수단이다. 또한 촉매의 존재는 위험을 완화한다. 가격과 기저 가치의 격차가 빠르게 해소될 가능성이 있다면 시장의 변동이나 불리한 사업 전개로 투자 손실이 발생할 가능성이 줄어든다. 촉매가 없다면 기저 가치가 훼손될 수 있고 예측 불가능한 시장의 변동을 겪으면서 가격과 가치의 격차가 커질 수 있다. 가치를 실현할 촉매가 존재하는 주식을 소유하는 것은 투자자로서 포트폴리오의 위험을 줄이는 중요한 방법이다. 기저 가치보다 할인된 가격에 투자해 확보되는 안전마진이 더욱 확대되기 때문이다.

이 전략으로 수익을 내려면 버핏의 말처럼 청산인이 되어야 할까? 그레이엄 전략의 이론적 근거는 회사를 해산하고 자본을 회수할 수 있는 궁극적인 권리가 주주들에게 있다는 것이다. 이때 청산가치 미만에 주식을 사는 것이 합리적일 수 있는 이유는 투자하는 것보다 더 많은 현금을 회수할 수 있는 법적 메커니즘이 존재하기 때문이다. 그러나 대부분의 투자자가 가진 지분은 이러한 법적 메커니즘을 촉발하기에는 규모가 너무 작고, 따라서 의도나 목적과 상관없이 그들의 권리가 힘을 발휘하지 못한다. 그렇다면 청산인이 아니고 법적 메커니즘을 작동시킬 힘이 없는 투자자도 순-순 전략으로 이익을 얻는 것이 가능할까? 《안전마진》에서 클라먼은 이렇게 말했다. "어떤 의미에서 청산은 주식시장의 정수를 드러내는 몇 안 되는 장치 중 하나다."[28]

주식은 무한히 거래되는 증서일까? 아니면 기업에 대한 일정 부분의 지분일까? 청산은 이 논쟁을 끝낸다. 기업의 자산을 최고가 입찰자에게 매각해 발생하는 실제 현금 수익을 증서를 가진 사람에게 나눠주는 것이 청산이다. 청산은 저평가 혹은 고평가된 주가를 실제 내재가치에 수렴하게 함으로써 주식시장을 현실과 연결하는 밧줄 역할을 한다.

클라먼이 말한 '현실과 연결하는 밧줄' 없이도 저평가된 주식이 실제 내재가치에 수렴하는 것이 가능할까? 그렇다고 보인다. 사실 대부분의 순-순 종목은 청산이나 합병을 겪지 않는다.

그레이엄과 클라먼이 지적했듯이 청산가치, 그리고 청산가치를 대체하는 NCAV 분석은 이론상의 가치평가다. 일반적으로 청산은 가치를 실현하는 접근 방식이 아니다. 자산은 회사가 청산할 때보다 계속기업going concern일 때 더욱 가치가 있으므로 청산가치를 구한다는 것은 최악의 시나리오로 간주된다. 그레이엄이 청산 이외에도 다양한 변화가 주가를 끌어올리는 잠재적 요인이 될 수 있다고 했던 것을 떠올려보자. 제프리 옥스먼, 수닐 모한티와 함께 한 연구에서 우리는 순-순 주식의 성과 범위를 구체적으로 살펴보았다. 그 가운데 청산이나 합병된 회사는 극히 일부에 불과했다. 실제로 표본에 포함된 1,362개 종목 가운데 청산이나 합병으로 인해 상장 폐지된 회사는 각각 9개(표본의 0.66%), 5개(0.37%)에 불과했다. 따라서 이런 회사들을 제외하더라도 추정 수익률에는 거의 차이가 없을 것이었다. 즉, 청산인의 관심이 아니어도 순-순 주식은 상승한다고 볼 수 있다. 그렇다면 순-순 주식의 수익률을 높이는 요인은 무엇일까?

내재가치와 시장가격 사이의 할인 폭을 좁히는 정확한 메커니즘은 그레이엄의 시대와 마찬가지로 지금도 여전히 미스터리다. 합병처럼 청산도 가치를 실현하는 잠재적 촉매 가운데 하나지만 우리는 청산이 매우 드문 사례라는 것을 확인했다. 이것은 '자산에 상응하는 이익 창출'이 할인율을 축소하는 가장 유력한 요인이라는 뜻이다. 중요한 사실은 이런 이익 창출이 그레이엄이 거의 예외 없이 이익 추세가 만족스럽지 못하다고 했던 순-순 기업에서 일어나는 변화라는 점이다. 그레이엄은 말했다. "이익이 꾸준히 증가하는 추세였다면 분명히 그렇게 낮은 가격에 팔리지는 않았을 것이다."[29] 실적이 부진한 회사가 그런대로 괜찮은 이익을 내기 시작하고 그 과정에서 내재가치 대비 시장가격의 할인 폭이 줄어들기까지 어떤 요인이 작용하는 것일까? 그레이엄은 경영진의 변화와 무관한 업황 개선이나 회사 영업 정책의 변화 때문일 수도 있다고 했지만 완전히 만족스러운 답은 아니다. 그레이엄 스스로도 그것을 알았으므로 이 문제를 '사업의 미스터리'라고 표현한 것이다. 분명한 원인이 무엇이든 간에 가격과 가치 사이의 할인 폭이 좁아지는 것은 평균회귀mean reversion 현상이다. 이것이 딥 밸류 투자의 근본 원리다.

평균회귀로 이끄는 정성적 요소

그레이엄은 《증권분석》에서 평균회귀를 감안하지 않은 채 특정한 정성적 요소들을 가치평가에 반영하면 과대평가 혹은 드물게는 과소평가의 분석 오류가 발생할 수 있다고 경고했다. 그레이엄은 증권분석의 요소를 정량적 요소와 정성적 요소로 구분했다. 그레이엄이 주식의 '통계적 표시'라고 일컬은 정량적 요소는 간단히 말해 회사의 재무제표, 생산 및 수주 상황에 관한 정보를 가리킨다. 정성적 요소에는 사업의 성격, 산업 내에서 개별 기업의 상대적 지위, 물리적, 지리적, 영업적 특성, 경영진의 특성 및 사업부와 해당 산업, 회사 전반에 대한 전망이 포함된다.[30] 그레이엄은 정성적 요소가 '단순한 의견들의 집합'을 포함하고 따라서 '피상적이거나 간략한 방식'으로 취급하는 것이 옳기 때문에 노력을 집중할 요소는 '숫자'라고 강조했다.[31]

정성적 요소를 고려할 때 가장 중요한 것은 사업의 성격과 경영진의 자질이지만 이는 현명하게 판단하기가 극도로 어려운 요소다.[32] 그레이엄은 그 이유로, 대부분의 사람들이 '좋은' 회사를 만드는 요소에 관해 단순한 추측이나 편견을 근거로 한 확실하지만 잘못된 개념을 갖고 있기 때문이라고 지적했다.[33] 사람들은 대개 최근의 실적을 바탕으로 기업의 본질을 평가한다.[34]

평소보다 나쁜 실적을 낸 산업을 보며 현재 업계 상황이 '불리하고' 따라서 그 산업을 피해야 한다고 가정하는 것은 자연스럽다. 물론 실적이 평소보다 좋은 산업에 대해서는 반대로 가정할 수 있을 것이다. 그러나 이런 결론은 대개 크게 잘못된 것으로 판명된다. 비정상적으로 좋거나 비정상적으로 나쁜 상황은 영원히 지속되지 않는다. 이것은 일반 기업은 물론 특정 산업에도 해당된다. 이익이 줄어들 때는 이익을 회복하려는 방향으로, 이익이 자본 대비 상대적으로 과도할 때는 이익을 줄이는 방향으로 교정력corrective forces이 작동한다.

실적이 좋은 기업은 우호적인 업황의 수혜를 누렸을 가능성이 높고, 따라서 '교정력'이 작동하면 부진을 겪을 가능성이 높다. 마찬가지로 불리한 업황을 견뎌낸 기업은 앞으로 호황을 누릴 가능성이 높다. 현재 상황이 지속될 것이라고 가정하고 기업을 분석한다면 업황과 자본 이익률의 평균회귀 가능성을 놓친다는 뜻이다. 경영진의 능력을 분석할 때는 어떨까? 그레이엄은 경영 능력을 객관적, 체계적으로 평가하는 수단이 거의 없기 때문에 이 경우에도 어려움이 있다고 말했다.[35]

대부분의 경우 경영진에 대한 투자자의 판단은 평판에 의존할 수밖에 없다. 평판은 정당할 수도 있고 아닐 수도 있다. 경영진이 유능하다는 가장 설득력 있는 증거는 일정 기간 동안 상대적으로 우수한 실적을 달성했다는 사실이다. 하지만 이렇게 되면 다시 정량적 데이터로 돌아간다.

주식시장에서는 경영진 요소를 이중으로 계산에 반영하는 경향이 강하다. 주가는 좋은 경영진이 달성한 우수한 실적을 반영하는데,

이익 증가분에서도 좋은 경영진의 기여도를 별도로 감안한다.

그레이엄은 이것을 '카드 게임에서 같은 카드를 이중으로 점수에 포함해 계산하는 것과 같다'며 과대평가의 흔한 원인으로 지적했다. 마지막 정성적 요소는 실적 추세를 가정하는 것이다. 당시로서는 비교적 새로운 현상이었고 지금은 흔한 일이지만 분석가들은 이익이나 매출을 비롯한 펀더멘털 지표의 과거 추세를 미래에 투영하고 그렇게 예측한 미래를 근거로 증권의 가치를 평가한다. 그레이엄은 그 과정에서 숫자를 다룬다는 사실 때문에 이런 분석이 일견 수학적으로 타당한 것으로 보이지만 '과거 추세는 실적 개선이나 악화를 예측하는 수단일 뿐이고, 그 예측은 미래에 맞을 수도 있고 틀릴 수도 있다'고 강조했다.[36]

비정상적인 활황이나 불황이 지속되지 않도록 만드는 앞서 언급한 요인들은 주가의 상승이나 하락 추세가 무한히 지속되는 것도 허락하지 않는다. 추세가 눈에 띌 때쯤이면 이미 변화의 여건이 무르익었을 가능성이 있다.

따라서 과거 추세에 너무 많은 비중을 두면 과대평가나 과소평가의 오류가 발생할 수 있다.[37]

왜냐하면 추세를 이용해 미래 어느 시점까지 예측해야 하는지 그 한계가 정해져 있지 않기 때문이다. 따라서 과거 추세를 이용한 가치평가는 수학적인 행위처럼 보이지만 실제로는 심리적이고 매우 자의적이다.

그레이엄은 추세를 가리켜 '정밀한 예측의 모습을 한' 미래에 대한 가정일 뿐이라고 경고했다. 사업의 성격이나 경영진의 능력과 마찬가지로 실적 추세가 예측 수단으로서 유의미한 경우는 그 시점의 업황을 과거와 분리해서 보기 어려운 경우로 제한된다. 앞서 제시한 정성적 요소에는 모두 같은 문제가 있다. 특정 유가증권의 가격에 그 요인이 어느 정도나 반영되었는지 판단하기가 불가능하다는 점이다.[38]

정성적 요소를 조금이라도 인식하면 대부분 지나치게 큰 의미를 부여하는 경향이 있다. 이런 영향력이 시장 전반에서 일상적으로 작용한다. 시장이 과도한 상승이나 하락을 반복하는 근본적인 원인은 주로 전망을 근거로 가치를 평가하고 그것이 수학적으로 통제된 판단이 아니기 때문에 가치판단이 거의 필연적으로 극단에 치우치기 때문이다.

그레이엄은 분석가가 정량적 요소와 정성적 요소를 다루고,

따라서 '반드시 숫자, 확립된 검증법, 표준 원칙에 근거해' 결론을 내려야 하지만 이 요소들은 '반대 방향으로 중요성을 갖는 정성적 고려 사항으로 인해 완전히 무효화'될 수 있다고 주장했다.[39] 정성적 요소가 중요하기는 하지만 '주가가 오로지 정량적 요소만으로 정당화되는 수준보다 상당히 높다거나 하는 이유로 분석의 책무를 정성적 요소에 크게 의존할 때는 그 분석이 옳다고 지지할 근거가 부족할 수밖에 없다'는 것이 그레이엄의 주장이다.[40] 분석가는 예상이 아니라 사실에 의해 뒷받침되는 가치를 무엇보다 중시해야 한다. 이것이 미래 예측 능력에 따라 성패가 좌우되는 투기꾼과 증권 분석가의 차이다. 분석가는 미래에서 이익을 얻으려는 것이 아니라 미래에 대비하려고 한다. 그레이엄에 따르면 분석가에게 있어 미래는 '자신의 논리가 정당했다고 입증하는 수단이 아니라 자신의 결론이 맞닥뜨려야만 하는 위험'이다.[41] 이것은 1929년 주식시장 폭락이 그레이엄에게 끼친 영향을 짐작하게 하는 확실한 조언이다. 이 조언에 반박하려면 그레이엄의 수제자인 워런 버핏의 이야기를 해야 한다.

DEEP
VALUE

Deep Value

3장

워런 버핏: 청산인에서 경영자로

버핏을 그레이엄의 영역 너머로 이끈
찰리 멍거와 필립 피셔의 '사실수집'

"달을 가리키는 손가락과 같은 거야. 손가락에 집중해선 안 돼.
그랬다가는 찬란한 밤하늘을 못 보고 지나치게 되지."
— 브루스 리Bruce Lee, '용쟁호투(Enter the Dragon)'(1973)

워런 버핏이 찰리 멍거에 대해 처음 들은 것은 1957년 어느 일요일 오후였다. 버핏은 이제 막 시작한 자신의 투자조합에 참여할 수도 있는 에드워드 데이비스 박사와 도로시 데이비스 부부를 집으로 찾아가 만났다. 당시 스물여섯 살이었던(에드워드는 열여덟 살 정도로 보인다고 말했다) 젊은 버핏은 거실에 앉아 투자조합의 기본 원칙을 설명했다. 돈을 운용하는 자신의 철학과 투자를 위한 특별한 조건을 한 시간 넘게 이야기했다. 원칙은 다음과 같았다. 투자금의 운용 권한은 전적으로 버핏에게 있으며 조합원들에게 투자 방법을 별도로 설명하지 않는다. 조합원들은 연간으로 요약해 수익을 보고받으며, 자금 인출은 연 1회, 12월 31일에만 가능하다. 설명하는 내내 에드워드 데이비스는 거실 한쪽에 가만히 앉아 있었다. 버핏은 그가 관심이 없다고 생각했다. 버핏이 빠른 속도로 설명을 마치자 진지하게 듣고 있던 아내 도로시가 남편을 향해 몸을 돌려 물었다. "어떻게 생각해요?"[1] 데이비스가 말했다. "10만 달러를 맡깁시다." 버핏은 정중히 대답했다. "데이비스 박사님, 돈을 맡겨 주셔서 기쁩니다. 그런데 설명을 드리는 동안 그다지 신경 써서 듣지 않으셨던 것 같습니다. 어떻게 결정을 내리신 겁니까?" 데이비스가 버핏을 돌아보며 말했다. "글쎄, 자네를 보니 찰리 멍거가 떠오르는군." "아, 찰리 멍거가 누구인지는 모르지만 그 사람이 꽤 마음에 드네요." 데이비스 부부는 버핏에게 투자했고 버핏은 그 후 2년이 지나도록 멍거를 만날 기회가 없었다. 마침내 두 사람이 만났을 때 미국 역사에서 손꼽힐 만큼 오랫동안 성공적으로 유지될 동업자 관계가 탄생했다.

1956년 5월 1일, 버핏은 자신의 첫 번째 투자조합인 버핏 파트너십Buffett Partnership을 설립했다. 스승이자 멘토인 벤저민 그레이엄이 버핏이 일하던 그레이엄-뉴먼을 해체하기로 결정한 뒤의 일이었다. 그레이엄이 은퇴를 결정했을 때에도 버핏은 그레이엄-뉴먼에서 했던 것처럼 버핏 파트너십에서 여전히 S&P와 무디스의 주식 편람을 한 장씩 넘겨가며 순-순 주식을 찾았다. 버핏은 스스로를 그레이엄의 지적 후계자로 여기고 그레이엄의 방식대로 버핏 파트너십을 운영했지만 자신만의 방식을 개발하기로 방향을 잡으면서 그레이엄의 원칙을 엄격히 적용하는 방식에서 점차 벗어났다. **그레이엄이 작은 포지션을 여럿 취해 투자를 분산한 반면 버핏은 최선의 전략 하나에 집중했다.** 그레이엄은 길에서 주운 담배꽁초의 품질을 검증하느라 쓸데없이 시간을 쓰지 말라고 조언했다. 안전마진은 청산가치 대비 할인 폭에 있기 때문이라는 주장이었다. 그레이엄은 수많은 '담배꽁초' 기업들이 결국 파산으로 끝나지만 담배꽁초 전략이 포트폴리오 차원에서는 대체로 효과적이라고 보았다. 버핏은 편람의 숫자들을 엄청난 능력으로 흡수해서 순-순 주식들 가운데 거저나 마찬가지인 가격에 거래되는 몇 안 되는 주식들을 찾아냈다. 버핏은 전기 작가 앨리스 슈뢰더Alice Schroeder에게 이렇게 말했다. "무수히 많은 기업들을 샅샅이 뒤져서 1만~1만 5,000달러를 투자할 만한 터무니없이 싼 주식들을 한두 개 찾아내는 겁니다."[2] 그레이엄은 경영진을 방문하기를 좋아하지 않았던 데 반해(그레이엄은 투자자가 경영진과 가까이 어울리기보다는 외부인으로서 경영진에 맞서야 한다고 생각했다. 그레이엄은 이것을 '자력구제'라고 표현했다.[3]) 버핏은 경영진과 우호적인 관계를 맺는 것을 좋아했다. 버핏은 기업이 옳은 일을 하도록 자신의 장점을 활용해 영향력을 행사할 수 있기를 바랐다. 그러나 마침내 찰리 멍거를 만났을 때에도 버핏은 그레이엄의 담배꽁초 투자 철학에서 그다지 벗어나 있지 않았다.

버핏과 멍거는 1959년 여름, 어느 무더웠던 금요일에 오마하 클럽에서 만났다. 버핏보다 여섯 살 위인 찰스 멍거Charles T. Munger는 당시 스물여덟 살이었던 버핏에 관해 아는 것이 별로 없었다. 그러나 두 사람은 오래지 않아 의견이 일치했고 서로를 완벽하게 이해했다. 버핏은 그레이엄과 가치투자에 관해 이야기했다. 자신의 투자조합과 수익률을 설명했다. 1957년에는 시장이 8% 하락하는 동안 10% 수익률을 올렸고, 1958년에는 다우지수가 38.5% 상승할 때 40% 수익률을 기록했으며 1959년에는 25.9% 수익률로 다우지수의 19.9%를 앞질렀다고 말했다.[4] 깊은 인상을 받은 멍거가 물었다. "캘리포니아에서도 가능할까요?"[5] 버핏이 대답했다. "그럼요. 당신도 할 수 있다고 확신합니다."[6]

1959년에 버핏이 가장 크게 투자한 회사는 샌본 맵Sanborn Map으로 버핏 파트너십 자본의 3분의 1이 이곳에 투자되었다. 샌본 맵은 미국 모든 도시의 전력선, 수도관, 도로, 건물 및 지붕 구조, 비상계단 등을 상세히 표시한 지도를 제작했다. 화재보험사들은 샌본이 제작한 지도를 다량으로 사들였고 이 지도를 활용해 전국 건물에 대해 보험 계약을 체결했다. 샌본은 75년간 이 사업을 사실상 독점했고 따로 힘들여 영업을 하지 않아도 해마다 이익을 냈다. 버핏은 1961년 파트너십 투자자들에게 보낸 서한에서 샌본을 가리켜 최고의 그레이엄 주식이라고 칭하며 이렇게 설명했다. "보험사 간의 합병으로 사업이 위축되고 있었지만(연간 매출 250만 달러에서 발생하는 이익이 1930년대 50만 달러 수준에서 1958년 10만 달러로 감소했다) 샌본은 700만 달러(주당 65달러) 규모의 투자 포트폴리오를 보유하고 있었습니다."[7] 당시 주가는 45달러였다. 1938년 샌본이 주당 110달러에 매각되었을 때 샌본이 보유한 투자 포트폴리오의 가치는 주당 20달러였다. 샌본의 사업가치가 주당 90달러였다는 뜻이다. 그 후 20여 년이 지난 1958년에도 샌본의 주가는 45달러였다. 투자 포트폴리오의 가치가 주당 65달러이니 지도 사업의 가치는 주당 마이너스 20달러로 반영되었다는 뜻이었다. 또는 주가가 투자 포트폴리오의 가치만을 반영했다면 투자 포트폴리오의 가치는 1달러당 69센트로 반영되었고 지도 사업은 거저나 마찬가지라는 뜻이었다.

버핏 파트너십은 샌본의 발행주식 10만 5,000주 가운데 4만 6,000주를 사들였다. 버핏이 이사회에 진출하기에 충분한 규모였다. 버핏이 이사가 되기 전, 샌본은 8년간 다섯 차례나 배당금을 삭감했지만 버핏에 따르면 급여나 이사, 위원회 활동비 삭감과 관련된 안건에 대한 어떤 기록도 찾을 수 없었다.[8] 1959년 3월, 버핏은 처음 참석한 샌본의 이사회에서 주가가 그토록 싼 이유를 알게 되었다. 이사회 구성원들은 샌본의 최대 고객인 보험사들을 대표했고 이사들이 소유한 주식은 모두 합해 46주로 버핏이 소유한 주식의 1,000분의 1에 불과했다. 버핏은 샌본의 투자 포트폴리오를 현금화해 주주들에게 나눠줄 것을 제안했다. 다른 이사들의 반대로 버핏의 제안은 즉시 배제되었다. 이어서 버핏은 샌본을 팔고 나가기를 원하는 모든 주주들의 지분을 적정 가치에 인수해줄 것을 회사에 제의했다. 버핏이 이길 것이 확실한 위임장 대결을 피하기 위해 이사회는 버핏의 제안에 동의했다. 총 1,600명 주주 가운데 약 50%, 즉 샌본 주식 72%를 보유한 주주들이 회사의 주식 인수 제의를 수락했다. 이후 버핏은 파트너십 주주들에게 보낸 서한에서 이러한 '컨트롤 시추에이션control situations', 즉 경영지배형 투자1)는 이례적인 것이었다고 언급했다. 버핏은 '저평가된 증권을 매수한 뒤 저평가가 해소되면 매도하는 것', 특히 시장보다는 기업의 대처가 중요한 '스페셜 시추에이션2)special situations'에 처한 저평가 기업에 대한 투자가 파트너십의 '주 수입원'이라고 강조했다.9

멍거가 캘리포니아로 돌아간 뒤에도 두 사람은 매일 한 시간 이상 전화로 이야기를 나누었다. 버핏은 멍거를 설득해 1962년 그의 첫 번째 투자 파트너십 회사인 휠러, 멍거 앤드 컴퍼니Wheeler, Munger&Company를 설립하도록 했다. 로스앤젤레스 빈민가 부근 스프링 스트리트Spring Street에 위치한 건물에 마련했던 기존의 작은 사무실을 뛰쳐나온 멍거와 휠러는 그레이엄의 투자 원칙을 철저히 따

---

1) 충분한 지분을 매입해 경영에 직접 영향력을 행사하는 투자.

2) 인수나 합병과 같은 특수한 상황.

를 것을 약속하고 자금을 조달했다. 처음에는 그레이엄의 전략(즉, 담배꽁초 기업을 사고 특수한 상황에 처한 기업에 투자하는 전략)을 엄격히 추종했지만 멍거와 그레이엄의 투자 철학의 차이는 머지않아 분명해졌다. 버핏과 달리 멍거는 그레이엄의 모든 원칙에 깊은 인상을 받지는 않았다. "그레이엄도 놓친 부분이 있습니다. 상당한 프리미엄을 지불할 가치가 있는 기업도 존재한다는 사실을 너무 낮게 평가했습니다."[10] 멍거는 그레이엄의 가장 근본적인 가르침, 즉 비상장 회사의 소유주처럼 주식을 평가하고[3] 내재가치를 참고하여 매매하라는 조언은 계속해서 따랐지만 담배꽁초 주식에는 관심이 없었다. 멍거는 헐값 자체에는 관심이 없었다. 멍거는 말했다. "장기적 이익을 위해서라면 다소 비용을 지불할 가치가 있는 기업이 있습니다."[11] 투자 대상을 분석할 때 멍거는 퀄리티quality와 가격을 모두 고려했다. "지불하는 가격 이상으로 우수한 양질의 기업을 찾는 것이 요령입니다. 아주 간단하죠." 간단하지만 혁명적이었다.

멍거는 순전히 정량적 측면에서 안전마진을 고려하는 그레이엄의 관행에서 벗어나도록 버핏을 설득하려고 했다. 멍거는 청산가치 대비 할인된 가격에 매수하는 것보다 우량high-quality 기업을 매수할 때 더 큰 안전마진이 확보된다고 주장했다. 청산가치 대

---

3) 그레이엄은 《증권분석》에서 비상장 회사의 소유주는 기업가치의 단기적 등락에 몰두하지 않는다고 했다.

비 할인된 가격에 거래되는 회사는 대개 사업이 부진했다. 비우량low-quality 기업에 대한 멍거의 의견은 확고했다. 멍거는 캘리포니아 베이커스필드에서 농기계 회사인 인터내셔널 하비스터International Harvester 대리점 책임자로 일하며 고전하는 사업을 제대로 되돌려놓는 것이 얼마나 어려운 일인지 배웠다. 대리점의 관리가 어려웠던 것만큼 멍거는 우량 기업과 비우량 기업의 차이에 관한 중요한 통찰을 얻었다. 인터내셔널 하비스터는 자본을 소비했다. 판매를 하려면 새 기계를 사야 했고 자금은 부지에 둔 낡은 기계에 묶여 있었다. 멍거는 자본을 빨아들이지 않고 성장할 뿐만 아니라 현금흐름을 창출하는 회사를 찾고 싶었다. 그런 기업들은 어떤 자질을 갖추었는지 알고 싶었다. 멍거는 사람들에게 "들어본 중에 제일 좋은 회사는 어디였나요?"라고 계속해서 질문했다.[12] 멍거는 그레이엄의 투자 방법론이 지닌 한계를 발견했다. 멍거가 보기에 그레이엄은 지나치게 보수적이었다. 그레이엄은 '기회가 아닌 위험'이 미래에 충만하다고 보았다.[13] 버핏의 타고난 낙관론과 극명히 대비되는 시각이었다. 멍거는 버핏에게 우량 기업의 장점을 자세히 설명했지만 그레이엄에 대한 존경심이 앞섰던 버핏은 그 의견을 받아들이지 않았다. 전환의 계기를 제공한 것은 아메리칸 익스프레스였다.

아메리칸 익스프레스에 닥친 위기

1963년 말, 아메리칸 익스프레스는 고객이자 상품 트레이더인 앤서니 드 앤젤리스Anthony De Angelis가 저지른 악명 높은 샐러드 오일 사기 사건에 휘말렸다. 대두유를 취급하던 앤서니 드 앤젤리스는 뉴저지 창고에 있는 저장고에 대두유를 보관했다. 아메리칸 익스프레스의 본업은 여행자수표와 신용카드 사업이었지만 작은 규모로 창고증권 발행도 병행하고 있었다. 창고증권은 창고에 보관된 상품의 소유권을 증빙하는 서류다. 아메리칸 익스프레스는 드 앤젤리스의 저장고에 있는 대두유의 양을 보증하는 창고증권을 발행했고 앤젤리스는 그 증권을 판매하거나 담보로 이용해 대출을 받았다. 이 과정에서 그는 실제보다 더 많은 대두유를 보관 중인 것처럼 검사관을 속일 수 있다는 것을 알았다. 그는 저장고에 대두유 대신 바닷물을 채우기 시작했고 실제보다 더 많은 대두유를 관리하고 있는 것처럼 어렵지 않게 꾸밀 수 있었다.[14] 그러나 시장이 급격히 불리하게 움직이면서 상품 중개인의 추가 증거금 요구를 이행할 수 없게 되자 모든 것이 탄로 났다. 드 앤젤리스는 곧바로 파산했다. 그가 취한 포지션이 너무 커서 그의 중개인 역시 파산했다. 드 앤젤리스의 사기와 중개인의 파산을 알게 된 대출기관들은 당연히 소송을 제기할 돈이 있는 상대를 찾았다. 대두유가 실제로 있다는 사실을 증명하는 창고증권을 발행한 아메리칸 익스프레스가 그들의 눈에 들어왔다. 소송 금액은 총 1억 7,500만 달러로 1964년 아메리칸 익스프레스의 이익의 10배가 넘었다. 아메리칸 익스프레스의 생존을 장담할 수 없는 배상액이었다. 주가는 반토막이 났다.

홍미가 생긴 버핏은 브로커인 헨리 브랜트Henry Brandt를 통해 아메리칸 익스프레스에 관한 '사실수집scuttlebutt'에 나섰다. 사실수집이란 용어는 샌프란시스코를 기반으로 활동한 저명한 성장주 투자자 필립 피셔Philip Fisher가 1958년 그의 저서《위대한 기업에 투자하라(Common Stocks and Uncommon Profits)》에서 처음으로 사용했다.[15] 피셔는 잠재적 투자 대상의 정성적 요소를 확인하는 방법으로 사실수집을 활용할 것을 권했다. 경쟁사, 고객, 공급업체로부터 얻는 정성적 정보에는 경영진의 능력, 연구·개발 노력 및 기술의 유용성, 서비스 능력 및 고객 지향성[4]customer orientation, 마케팅 효과 등이 있다. 피셔는 사실수집으로 얻은 정보를 총체적으로 이용해 해당 기업이 기술적 우위나 뛰어난 서비스, 소비자 프랜차이즈[5]consumer franchise를 통해 성장하며 경쟁자로부터 시장을 방어할 능력이 있는지 판단했다.[16] 버핏은 드 앤젤리스 사기 사건과 아메리칸 익스프레스가 부담해야 할 책임 때문에 여행자수표와 아메리칸 익스프

---

4) 고객의 욕구를 충족하려는 활동 및 경영 철학.

5) 소비자가 필요로 하고 대체제가 없으며 가격 규제의 영향을 받지 않는 제품이나 서비스를 제공함으로써 확보되는 독점적 지위.

레스의 신용카드가 거부당할 것을 우려했다. 그것은 소비자 프랜차이즈를 파괴하는 일이었다. 버핏은 브랜트에게 식당이나 다른 장소에서 아메리칸 익스프레스를 여전히 취급하는지 알아오도록 했다.

버핏으로서는 흔치 않은 지시였다. 버핏은 대개 회사의 자산이나 부채에 관한 정량적 정보에 관심이 많았다. 브랜트는 평소와 다름없이 열의를 갖고 임무에 착수했다. 브랜트는 은행, 식당, 호텔 그리고 아메리칸 익스프레스 카드 소지자들까지 조사해 작성한 30센티미터 두께의 자료를 버핏에게 전달했다.[17] 버핏도 오마하의 식당 여러 곳을 방문해 아메리칸 익스프레스 카드가 여전히 취급되고 있다는 사실을 확인했다. 버핏은 수집한 사실을 바탕으로 아메리칸 익스프레스가 재정적 타격에 일시적으로 휘청거리고 있지만 회사의 뛰어난 경제적 실질underlying economics은 파괴되지 않을 것으로 판단했다. 버핏은 아메리칸 익스프레스가 '국소적이고 절제 가능한 암에 걸린 뛰어난 프랜차이즈 기업'이며 결국 살아남을 것이라고 보았다.[18] 버핏은 파트너십 자본의 약 40%를 아메리칸 익스프레스 주식에 투자했다. 버핏의 파트너십 역사상 가장 큰 투자였다. 버핏은 1,300만 달러를 투자해 아메리칸 익스프레스의 주식 5% 이상을 확보했다. 1965년, 아메리칸 익스프레스가 6,000만 달러를 책임지기로 대출기관들과 합의하자 35달러 미만으로 급락했던 주가는 이내 49달러로 반등했다.[19]

아메리칸 익스프레스는 완전히 정량적인 그레이엄의 방식에서 크게 벗어난 투자였다. 그레이엄은 기업의 본질을 감안하지 말라고 분명히 경고했지만 버핏은 평가에 반영했다. 하지만 그레이엄의 방식을 완전히 저버린 것도 아니었다. 담배꽁초 두 개, 즉 텍사스 걸프 프로듀싱Texas Gulf Producing과 퓨어 오일Pure Oil로 포트폴리오의 3분의 1씩을 채웠다. 두 기업에 투자한 근거는 그레이엄의 추종자답게 통계상의 저평가였다. 버핏은 정량적 접근법이 여전히 '주 수입원'[20]이라고 밝히면서도 한계를 인정했다. 1966년에는 정량적 분석에 따라 헐값이라고 판단할 수 있는 주식을 찾기가 어려웠고 설령 있다 해도 소수에 불과했다. 그의 자본처럼 버핏 자신도 그레이엄을 넘어서기 시작했다. 아메리칸 익스프레스에 대한 버핏의 투자는 전적으로 통계에 의존하는 그레이엄식 전략의 또 다른 한계도 드러냈다. 아메리칸 익스프레스의 가치는 재무상태표가 아니라 사업에서 찾을 수 있었다. 청산 가능한 경질자산[6]hard assets이라고 할 만한 것은 거의 없었지만 소비자 프랜차이즈의 가치가 상당해서 '죽는 것보다 살아있을 때' 더 가치가 있었다. 버핏은 소비자 프랜차이즈가 담배꽁초보다 우위에 있다고 생각했다. 소비자 프랜차이즈는 계속해서 커나가지만 담배꽁초는 단 한 모금을 피울 수 있을 뿐이다. 더 나은 기회를 제시하는 소비자 프랜

---

6) 원자재나 부동산처럼 내재가치를 지닌 유형 자산.

차이즈는 그레이엄의 엄격한 기준에 맞지 않았다. 스스로 이 문제를 충분히 고민하고 해결한 버핏은 1967년 파트너십 투자자들에게 보낸 서한에서 이렇게 말했다.[21]

투자를 목적으로 한 유가증권과 사업 평가에는 언제나 정성적 요인과 정량적 요인이 함께 관여합니다. 분석을 할 때 극단적으로 정성적 요인에 치중하는 사람은 '가격은 어련히 알아서 따라올 테니 (전망, 산업 고유의 여건, 경영진 등이) 좋은 기업을 사야 한다.'고 말합니다. 반면 정량적 분석을 지향하는 사람은 '회사는(주식은) 어련히 알아서 잘 풀릴 테니 좋은 가격에 사야 한다.'고 말합니다.

. . .

저는 스스로 정량적 학파에 속한다고 여기지만 (그리고 이 글을 쓰는 지금, 쉬는 시간이 끝나도록 아무도 돌아오지 않았습니다. 교실에 남은 사람은 아마 저 혼자일 겁니다) 흥미롭게도 지난 수년간 해왔던 구상 중에 정말로 인상적인 것들은 정성적인 쪽에 크게 치우쳐 있었고 정성적 측면에서 제 '통찰력'은 성공 확률이 높았습니다. 금전등록기가 벨소리를 울리며 열리게 만든 것도 정성적 판단이었습니다. 그러나 대개 그렇듯 이런 통찰력은 드물게 발휘됩니다. 물론 정량적 판단은 통찰력을 요구하지 않습니다. 야구방망이로 숫자들을 머리에 때려 넣으면 됩니다. 올바른 정성적 판단을 내리는 투자자들이 정말로 큰돈을 버는 경향이 있습니다. 하지만 적어도 제가 생각하기에 더 확실하게 돈을 버는 쪽은 명백히 정량적인 판단을 하는 투자자입니다.

멍거의 논리는 설득력을 발휘한 듯하다. 버핏은 1969년 〈포브스 매거진Forbes Magazine〉과의 인터뷰에서 자신을 '15%는 필립 피셔, 85%는 벤저민 그레이엄'[22]이라고 설명했다. 버핏은 피셔가 쓴 《위대한 기업에 투자하라》를 가리켜, '진지한 투자자를 위한 시대를 초월하는 최고의 책의 순위를 매긴다면 《현명한 투자자》와 1940년판 《증권분석》의 바로 뒤를 이을 책'이라고 표현했다.[23] 버핏은 말했다. "찰리는 그레이엄의 가르침, 그러니까 단순히 싸다는 이유로 매수에 나서지 않도록 저를 강하게 밀어냈습니다. 이것이 찰리가 제게 미친 진정한 영향입니다. 그레이엄의 시각 안에 갇혀있던 저를 움직이는 데는 강력한 힘이 필요했습니다. 바로 찰리의 정신이 가진 힘이었습니다."[24] 이 철학적 도약과 함께 버핏은 1972년 씨즈캔디See's Candies를 인수하며 가치투자자로 진화하는 마지막 발걸음을 내딛었다.

소비자 프랜차이즈의 가치, 씨즈캔디

씨즈캔디가 매물로 나왔다는 전화를 받은 버핏은 즉각 지시했다. "찰리에게 전화해줘요."[25] 씨즈캔디에 관한 온갖 사실을 수집해둔 멍거는 버핏에게 설명을 쏟아냈다. "씨즈는 캘리포니아에서 대적할 상대가 없는 이름이지. 타당한 가격에 인수할 수 있을 거야. 씨즈캔디와 경쟁하려면 누가 됐든 어마어마한 돈을 써야 할 거야."[26] 버핏은 숫자들을 살펴본 뒤 상당한 가격을 지불하고서라도 씨즈를 사겠다고 동의했다.[27] 정말로 상당한 가격이 제시되었다. 해리 시Harry See는 자산 규모가 800만 달러에 불과한 회사를 3,000만 달러에 팔려고 했다. 경질자산 가치를 초과하는 2,200만 달러는 씨즈의 브랜드, 상표, 영업권 그리고 1971년 기준으로 세후 200만 달러에 약간 못 미치는 이익을 달성하는 사업을 사는 대가였다. 버핏은 머뭇거렸다. 어쨌든 버핏의 15%는 여전히 피셔였고, 해리 시가 요구한 가격은 엄청나게 비쌌다. 씨즈에 그만한 가치가 있다는 멍거의 강력한 주장에 버핏은 2,500만 달러를 제시했다. P/E 12.5배, P/B 4배에 해당하는, 그레이엄이 당황할 만한 가격이었다. 해리 시는 가격을 낮추는 것이 달갑지 않았지만 그것이 버핏과 멍거가 '기꺼이 지불할 용의가 있는 정확한 최대 금액'이었다.[28] 그 가격보다 조금이라도 높으면 버핏은 포기할 생각이었다. 마침내 해리 시가 요구에 응하면서 1972년 1월 31일, 버핏과 멍거는 2,500만 달러에 씨즈캔디를 인수했다. 버크셔 해서웨이 주식회사의 부분 자회사이자 멍거가 운영하던 블루칩 스탬프 Blue Chip Stamps를 통해 인수가 이루어진 것도 적절했다.

씨즈캔디의 밸류에이션에 대한 버핏의 통찰력, 누가 봐도 터무니없는 가격을 기꺼이 지불하겠다는 그의 의지가 곧 씨즈캔디의 소비자 프랜차이즈 가치였다. 버핏은 씨즈캔디의 초콜릿이 특히 뛰어난 품질을 자랑하며, 두세 배 더 비싼 사탕보다 초콜릿을 좋아하는 사람들이 특히 선호한다는 것을 파악했다.[29] 버핏이 직접 관찰한 결과, 씨즈가 자체적으로 운영하는 매장에서 고객들에게 제공하는 서비스의 질은 모든 면에서 제품만큼이나 우수했고 씨즈의 상자에 인쇄된 상표 이미지 못지않게 그 서비스 자체가 씨즈를 대표하는 또 다른 트레이드 마크였다.[30] 이러한 정성적 요소들이 누적되어 씨즈는 설탕, 코코아 생두, 우유 등 일반적인 원재료를 가져와 특별히 수익성이 높은 제품으로 바꾸는 소비자 프랜차이즈가 될 수 있었다. 씨즈가 캘리포니아 사람들에게 전통의 일부로 자리를 잡으면서 씨즈의 소비자 프랜차이즈도 계속해서 성장했다.

그레이엄이라면 인수 가격이 충분히 낮다는 것을(즉, 인수 가격이 장부가치 대비 할인된 가격이어서 안전마진이 확보되는지를) 확실히 하기 위해 유형자산을 정량적으로 평가했을 것이다. 반면 버핏은 '높은 확률로 맞을' 또 다른 통찰력을 활용했다. 버핏은 적은 자본을 투자해 높은 이익을 창출하는 씨즈의 능력이 회사의 유형자산에 장부가치 대비 상당한 프리미엄을 부여한다는 것을 알았다. 씨즈는 적은 자본을 이용해 높은 이익을 거두고 많은 현금흐름을 창출하며 빠르게 성장할 수 있었다. 이것은 멍거가 우량 기업의 전형적인 특징이라고 평가했던 자질과 정확히 일치한다. 그런데 씨즈의 가치는 얼마였을까? 1971년 씨즈캔디의 세전이익은 500만 달러에 약간 못 미쳤다. 800만 달러 상당의 유형자산으로 60%라는 놀라운 이익률을 달성한 것이다. 10~12% 할인율을 가정했을 때 (참고로 1972년 1월, 10년 만기 국고채 금리는 5.95%였다) 씨즈캔디의 가치는 투하자본의 5~6배, 즉 4,000만~4,800만 달러였다. 버핏의 85%는 여전히 그레이엄이었고 인수 가격 2,500만 달러라면 내재가치의 2분의 1, 혹은 3분의 2에 불과한 수준이었다. 하지만 애초제시된 가격 전액을 지불했더라도 씨즈캔디는 여전히 놀라운 수익을 안겨준 투자였을 것이다.

2007년 주주서한에서 버핏은 씨즈캔디를 '꿈의 기업의 원형'이라고 표현했다.[31] 그해에 씨즈캔디는 투하자본 단 4,000만 달러로 8,200만 달러의 이익을 올려 ROIC가 무려 195%에 달했다. 이익이 500만 달러에서 8,200만 달러로 16배 넘게 성장하는 동안 투하자본은 5배 늘었을 뿐이다. 이를 통해 씨즈는 1972~2007년 창출한 누적 이익 13억 5,000만 달러 가운데 씨즈의 유기적 성장에 필요한 3,200만 달러를 제외한 나머지를 모두 버크셔 해서웨이에 돌려주었다. 버핏은 일반 기업이 같은 규모로 이익을 성장시키려면 운전자본과 고정자산에 4억 달러를 더 투자해야 했을 것이고 그러고도 씨즈보다 가치가 덜 나갔을 것이라고 추정했다. 버핏과 멍거는 씨즈가 벌어들인 초과이익 대부분을 다른 고품질 기업 인수에 활용했고 그렇게 해서 버크셔 해서웨이는 거대 금융제국이 되었다.

1989년, 버핏은 그레이엄, 멍거, 피셔 그리고 씨즈로부터 얻은 투자 교훈을 한 문장으로 요약했다. "괜찮은 기업을 훌륭한 가격에 사는 것보다 훌륭한 기업을 괜찮은 가격에 사는 것이 훨씬 낫다."[32] 이것은 훗날 널리 알려진 문장이 되었다. 그레이엄은 가격과 구별되는 정량적 내재가치 개념과 안전마진의 중요성이라는 가치투자 철학을 수립했다. 또한 내재가치를 평가하는 다양한 방식을 구상했다. 그의 가르침은 미래의 가치투자자들을 위한 거의 모든 영역을 다루었을 정도로 광범위하다. 필립 피셔와 그레이엄의 철학을 결합하여 그레이엄의 체계 안에서 새로운 지평을 여는 사람만이 그레이엄의 수업에서 A+를 받는 제자가 된다. 버핏의 방식은 그레이엄과 달랐지만 그레이엄의 철학을 거부한 것이 아니라 오히려 확장했다. 굴려야 하는 자본이 점점 늘어난 데다 멍거도 계기가 되었다. 멍거는 사업의 질과 같은 유의미한 사실을 무시했다는 점에서 그레이엄의 시각에 한계가 있다고 주장했다. 버핏은 '훌륭한 기업을 괜찮은 가격에' 사는 자신의 투자 과정에 멍거가 끼친 영향을 자주 인정했다. 1989년 버핏은 말했다. "찰리는 일찌감치 이해했습니다. 반면 저는 느리게 배웠죠. 하지만 이제는 기업이나 보통주를 살 때 일류 경영진을 동반한 일류 기업을 찾습니다."[33]

씨즈캔디를 통해 버핏이 배운 기업평가

버핏은 씨즈캔디를 통해 기업의 내재가치는 투자된 자본이 창출하는 이익의 함수라는 교훈을 얻었다. 투자한 자본 대비 이익이 클수록 기업의 내재가치도 크다. 이것은 독특한 발상이었다. 1934년 그레이엄이 《증권분석》을 발표하고 얼마 지나지 않은 1938년, 존 버 윌리엄스John Burr Williams는 자신의 명저《투자 가치 이론(The Theory of Investment Value)》에서 대표적인 'NPVnet present value-순현재가치'이론을 설명했다.[34] 위대한 경제학자 조지프 슘페터Joseph Schumpeter(자본주의를 '창조적 파괴'[35]로 묘사한 것으로 특히 유명하다)가 제시한 주제에 대한 윌리엄스의 논지는 '유가증권의 가격과 그 내재가치는 완전히 별개'라는 그레이엄의 세계관을 거의 그대로 반영한 것이었다. 반면 미래 현금흐름의 현재가치를 이용해 내재가치를 구할 수 있다는 주장은 혁신적이었다. 버핏은 1992년 주주서한에서 윌리엄스의 이론이 기업, 주식 그리고 채권에 어떻게 적용되는

지 설명했다.[36]

50년 전에 나온《투자 가치 이론》에서 존 버 윌리엄스가 제시한 가치 산출 방정식을 요약하면 다음과 같습니다.

오늘날 모든 주식과 채권, 기업의 가치는 그 자산의 남은 수명 동안 발생할 것으로 예상되는 (그리고 적절한 이자율로 할인한) 현금 유입 및 유출에 의해 결정된다. 가치를 구하는 공식은 주식과 채권이 동일하다. 그럼에도 불구하고 둘 사이에는 중요하면서도 까다로운 차이가 있다. 채권에는 미래 현금흐름을 정의하는 표면금리(쿠폰)과 만기일이 정해져 있다. 반면 주식은 미래 '쿠폰'을 직접 추정해야 한다. 더욱이 경영진의 자질은 채권의 쿠폰에 아주 드물게 영향을 미칠 뿐이다(주로 경영진이 대단히 무능하거나 정직하지 못해서 이자 지급이 중단되는 경우다). 반면 주식의 '쿠폰'에 경영진의 능력이 미치는 영향은 상당하다. 할인된 현금흐름을 기준으로 가장 싼 것을 사야 한다. 사업의 성장 여부, 이익의 변동성이나 안정성, 현재 이익과 장부가치 대비 가격 수준은 상관없다. 가치 방정식의 결과 대개 주식이 채권보다 싸지만 필연적인 결과는 아니다. 채권이 더 매력적인 투자라는 계산이 나올 때는 채권을 사야 한다.

내재가치를 측정하는 윌리엄스의 DCF discounted cash flow·할인현금흐름 이론은 현대 금융의 기초이자 다양한 평가 모델의 지적 기반이 되었다. 버핏은 윌리엄스의 DCF 이론을 받아들이고 확장해 기업의 성장을 적절히 평가했다. 버핏에 따르면 장부가치, 이익, 성장 등 기업 평가에 전통적으로 사용되는 지표에는 결함이 있었다. 버핏은 1983년 주주서한에서 기업의 내재가치가 '정말로 중요한 척도'라고 강조했다.

> 평가 척도로서 장부가치의 장점은 계산하기 쉽고, 기업의 내재가치 계산에 필요한 주관적인 (하지만 중요한) 판단이 개입되지 않는 숫자로 된 지표라는 점입니다. 하지만 장부가치와 기업의 내재가치라는 두 용어는 의미가 크게 다르다는 점을 이해하는 것이 중요합니다. 장부가치는 회계적 개념으로, 납입자본금 contributed capital과 유보이익 retained earnings에서 발생한 누적된 재무적 투입분 financial input을 보여줍니다. 기업의 내재가치는 경제적 개념으로, 현재 가치로 할인한 미래 현금흐름의 추정치입니다. 즉, 장부가치는 얼마나 투입되었는지를 알려주고 기업의 내재가치는 얼마나 산출할 수 있는지를 추정할 수 있게 합니다.

이익(윌리엄스의 NPV 이론의 핵심)은 투하자본과 관련된 맥락에서만 유용했다. 윌리엄스의 이론을 고려한 것은 분명하지만 버핏은 두 기업이 같은 크기의 이익을 창출하더라도 그 이익을 만든 전체 투하자본의 크기가 다르다면 두 기업의 내재가치가 크게 다를 수 있다는 것을 보여주었다. 무엇보다 버핏의 관찰 결과, 성장 자체가 좋은 것은 아니며 실제로 성장이 가치를 잠식할 수도 있다는 것이었다. 시장의 요구수익률 이상으로 ROIC를 창출하는 기업만이 진정으로 성장한다. ROIC가 시장의 요구수익률에 못 미치는 경우에는 이익이 기업가치에 제대로 반영되지 않았다.

버핏의 방법을 이용한 기업 가치평가는 예술과 부정확한 과학의 중간쯤에 있는 주관적 과정이다. 그러나 몇 가지 대략적인 지침을 도출할 수 있다. 기업을 평가할 때는 두 가지, 즉 정성적 요인과 정량적 요인을 같이 고려해야 하고 두 요인은 서로 영향을 미친다. 버핏의 통찰력을 이용한 이론적 가치평가에서 정량적 평가는 상대적으로 간단하다.[37]

종합적으로, 경제적 측면에서 주식 투자를 정당화하는 근거는 소극적 투자 수익(고정수익증권fixed-income securities에 대한 이자) 이상의 추가 수익은 자기자본에 경영 및 기업가적 능력을 적용함으로써 도출된다. 그뿐만 아니라 소극적인 형태의 투자에 비해 더 큰 위험에 자기자본을 노출시키는 대가로 더 높은 수익을 누릴 '자격'이 주어진다. 자기자본의 '부가 가치'가 보너스로 주어지는 것은 당연하고 분명해 보인다.

다른 모든 조건이 동일하다면 ROIC가 높을수록 기업가치도 크다. 예를 들어, 모든 이익을 전부 배당으로 지급한다고 가정하고 세금 요인을 무시하면 투하자본의 20%를 영구적으로 돌려주는 '좋은' 기업은 5%를 돌려주는 '나쁜' 기업보다 4배 더 큰 가치를 지닌다. 한편, 과세 대상 국채의 장기 수익률이 10%라면 ROIC가 20%인 좋은 기업의 가치는 투하자본의 2배(20%÷10%=2x)를 넘지 못한다. ROIC가 5%인 나쁜 기업의 가치는 투하자본의 절반(5%÷10%=0.5x)에 그친다. 좋은 기업과 나쁜 기업 모두 내재가치는 '추산한 가치'에 지나지 않는다. 정량적 가치는 상한선이다. 이 상한선을 기준으로 ROIC의 지속가능성과 국채 대비 상대적인 위험의 크기를 고려하여 할인율을 적용해 가치를 구해야 한다.

과세 대상 장기 국채 수익률이 달라지면 기업의 내재가치도 달라진다. 국채 수익률이 5%로 하락하면 나쁜 기업의 가치는 투하자본과 같은 수준(5%÷5%=1x)으로 상승하고, 좋은 기업의 가치는 투하자본의 4배(20%÷5%=4x) 수준으로 상승한다. 국채 수익률이 20%로 상승하면 나쁜 기업의 가치는 투하자본의 4분의 1로(5%÷20%=0.25x) 하락하고 좋은 기업의 가치는 투하자본의 1배(20%÷20%=1x) 수준으로 하락한다. 1999년 버핏은 "모든 형태의 투자에서 투자자의 요구수익률은 정부가 발행한 유가증권의 무위험 수익률과 직접적으로 연결되어 있다."고 설명했다.[38]

기본 명제는 이렇다. "내일 1달러 수익을 올리기 위해 오늘 얼마를 투자해야 할지는 먼저 무위험수익률을 살펴보아야만 판단할 수 있다."

결과적으로, 무위험수익률이 0.01%p, 즉 1bp 변동할 때마다 해당 국가의 모든 투자 자산의 가치가 달라진다. 이 사실은 대개 금리에 의해서만 가치에 영향을 받는 채권에서 쉽게 확인할 수 있다. 주식, 부동산, 농산물 등 다른 자산의 경우는 매우 중요한 다른 변수들이 거의 언제나 영향을 미치고 따라서 금리 변동의 영향력이 잘 드러나지 않는다. 그럼에도 불구하고, 금리의 영향력은 보이지 않는 중력의 힘과 같이 언제나 존재한다.

앞에서는 모든 이익을 전부 배당으로 지급한다고 단순하게 가정했지만 실제로는 이익에서 재투자된 비율과 배당으로 지급된 비율이 가치평가에 큰 영향을 미친다. 여기서는 목적에 부합하기 위해 세금의 영향을 무시하겠다. 장기 채권 수익률이 10%일 때 ROIC가 20%인 좋은 기업에 이익을 재투자하면 1달러당 최대 2달러(20%÷10%)의 가치를 즉시 돌려준다. 이는 매우 좋은 수익률이다. 반면 ROIC가 5%인 나쁜 기업의 소유주에게 돌아오는 수익과 비교해보자. 해당 기업에 재투자된 이익 1달러는 50센트(5%÷10%)의 가치를 돌려주어 투자된 금액의 절반을 잠식한다. ROIC가 20%인 좋은 기업의 소유주는 회사가 이익을 재투자해서 성장하기를 원한다. 그것이 수익성 있는 성장이기 때문이다. ROIC가 5%인 나쁜 기업의 소유주는 모든 이익이 배당으로 지급되기를 원한다. '성장'이 오히려 가치를 파괴하기 때문이다. 역설적이고 잔인한 현실이지만 ROIC가 높은 좋은 기업 대부분은 ROIC를 낮추지 않으면 안 될 정도로 자본이 증가한다. ROIC가 낮은 나쁜 기업 대부분은 모든 이익을 재투자해야 물가상승률이라도 따라잡을 정도다. 보통 수준 이하의 수익을 거두는 나쁜 기업은 청산될 때까지 자본이 잠식된다. 청산이 빠르면 빠를수록 더 많은 가치를 회수할 수 있다. 좋은 기업의 경우 높은 ROIC를 오랫동안 유지할수록 가치는 더욱 커진다. 그렇다면 일류 기업과 평범한 기업의 차이는 무엇일까? 그레이엄이 지적했듯이 둘의 차이는 단순히 높은 ROIC가 아니다. 평범한 기업이라도 경기 순환주기의 어느 시점에서는 높은 ROIC를 달성할 수 있다. 둘의 차이는 높은 ROIC를 경기 순환주기에 걸쳐 지속할 수 있는지 여부에 있다. 그 지속가능성은 기업이 지속적인 경쟁 우위에 의해 보호되는 좋은 경제성을 가졌는지, 다시 말해 버핏이 말한 '건널 수 없는 해자로 둘러싸인 경제적 성곽'[39]인지 여부에 달려 있다.

일류 사업의 중요성

기업의 내재가치를 좌우하는 것은 높은 ROIC를 유지하고 평균회귀에 저항할 수 있는 능력이다. 투하자본보다 더 큰 가치가 있으려면 요구수익률 이상의 수익률을 내고, 경기 순환주기에 걸쳐 정상 이상의 수익을 보호해주는 경제성이 있어야 한다. 대부분의 기업은 높은 ROIC를 지속하기 어렵다. 이유는 단순하다. ROIC가 높으면 경쟁자가 모여들고, 경쟁은 높은 이익률을(그리고 나아가 내재가치를) 잠식하기 때문이다. 높은 ROIC는 평균으로 회귀한다. 이것이 성곽에 해자가 매우 중요한 이유다.[40]

> 진정으로 위대한 기업이라면 우수한 ROIC를 보호할 영속적인 '해자'가 있어야 합니다. 자본주의의 역동성은 높은 이익을 내는 모든 '성곽', 즉 기업에 대한 공격을 반복할 수 있는 기회를 경쟁자에게 보장합니다. 따라서 기업이 저비용 생산자(가이코GEICO, 코스트코Costco)가 되거나 강력한 세계적 브랜드(코카콜라Coca-Cola, 질레트Gillette, 아메리칸 익스프레스)를 보유해 막강한 장벽을 세우는 것은 지속가능한 성공을 위해 필수입니다. 경영의 역사를 돌아보면 해자가 허상에 불과했고 쉽사리 침범을 당하면서 '폭죽'처럼 사라진 회사들로 넘쳐납니다.

버핏은 버크셔 해서웨이 주주들에게 보낸 서한에서 경쟁우위의 생리에 대한 고찰에 많은 분량을 할애해 자신의 투자 철학의 핵심인 해자를 설명했다. 기업이 평균회귀에 저항하고 정상 이상의 ROIC를 지속할 수 있는지 여부는 경쟁우위에 달려 있다. 대부분의 기업은 경쟁에 굴복한다. 이것이 바로 버핏이 자신이 지배하는 기업의 경영진에게 '해자를 넓힐 기회를 찾는 데 끊임없이 집중할 것'을 지시하는 이유다.[41] 버핏은 평균회귀에 저항할 수 있는 특수한 경우, 즉 '경제적 프랜차이즈'를 찾는다. 버핏은 평범한 '일반 기업'과 경제적 프랜차이즈를 갖춘 기업을 다음과 같이 구분한다.[42]

'경제적 프랜차이즈'는 다음 조건을 충족하는 상품 또는 서비스에서 발생합니다. ① 고객이 필요로 하거나 원한다. ② 고객이 대체품이 없다고 생각한다. ③ 가격 규제 대상이 아니다. 기업이 자사 제품이나 서비스의 가격을 꽤 자주 공격적으로 책정하고 그 결과 높은 ROIC를 달성한다면 세 가지 조건을 모두 갖추었다고 볼 수 있습니다. 또한 프랜차이즈는 부실한 경영진을 견뎌내는 능력이 있습니다. 무능한 경영진은 수익성을 떨어뜨릴 수는 있어도 치명적인 피해를 입히지는 못합니다.

반면, '일반 기업'은 저비용 사업자일 때, 또는 제품이나 서비스의 공급이 빠듯할 경우에만 이례적으로 높은 이익을 달성합니다. 공급 부족은 대개 오래 지속되지 않습니다. 뛰어난 경영진이 있다면 저비용 사업자로서의 지위를 좀 더 오래 유지할 수는 있겠지만 그렇더라도 경쟁자의 공격에 끊임없이 직면할 것입니다.

그리고 프랜차이즈 기업과 달리 일반 기업은 부실한 경영진으로 인해 사라질 수도 있습니다.

따라서 이른바 경제적 프랜차이즈는 이례적이고 자연적으로 경제성이 발생하는 특별한 기업이다. 이들은 ① 경기 순환주기에 걸쳐 자연적으로 높은 ROIC를 달성하고, ② 경쟁자의 침입에도 불구하고 그 이익을 유지한다. 경쟁 우위가 없거나 약한 일반 기업은 경쟁으로 인해 평균으로 회귀하는 반면, 프랜차이즈 기업과 일류 기업은 평균회귀에 저항한다.

대부분의 기업은 경기 순환주기를 완전히 한 바퀴 거치는 동안 요구수익률 이상의 이익을 지속적으로 내지 못한다. 이익이 정점을 기록한 해에는 요구수익률 이상을 달성하는 좋은 기업으로 보이지만 이익이 저점을 기록한 해에는 정상 수준보다 못한 이익을 내는 나쁜 기업으로 보일 것이다. 이론상으로는 경기 순환주기 전체에 걸쳐 요구수익률 수준의 이익을 내는 기업이라면 이익을 유보하든 배당을 지급하든 그 결정이 내재가치에 영향을 미치지 않는다고 보일 수도 있다. 지극히 중요한 이 결정은 직관적으로 생각하는 것과 다를 수 있다. 이익을 재투자하는 결정은 최고 이익을 내는 시기에 가장 매력적으로 보이고 이익이 바닥을 칠 때 가장 어리석은 판단으로 보이겠지만 실제로는 대개 그 반대다. 일반적으로 이익은 정점을 찍은 뒤 바닥을 치고, 바닥을 다진 뒤 다시 올라와 정점에 이르기 때문이다. 이익이 정점을 기록하는 시기에 재투자된 자본은 정상 수준 미만의 수익을 낸다. 경기 순환주기가 저점을 향해 이동하기 때문이다. 따라서 이 시기에는 이익을 주주에게 돌려주는 것이 더 가치 있다. 이익이 바닥을 치는 시기에 재투자한 자본은 경기 순환주기가 정점을 향해 이동하므로 정상 수준 이상의 이익을 낼 기회가 있지만 이익이 저점에 있으므로 투하자본의 증가분에서 유기적으로 수확할 수 있는 자본의 증가분은 거의 없는 경우가 많다. 잔인한 역설이지만 기업은 자본을 필요로 하지 않을 때 유보이익이든 외부 투자 형태든 자본이 풍족하고, 자본이 가장 절실할 때 자본이 부족하다. 따라서 경영진은 경기 순환주기의 정점과 저점 모두에서 평균회귀를 예상하고 순환주기에 전체에 걸쳐 자본을 신중하게 관리함으로써 기업을 차별화할 수 있다. 버핏이 일류 기업은 일류 경영진을 동반해야 한다고 강조하는 것은 바로 이 때문이다.

일류 경영진의 중요성

노련한 경영자는 ROIC를 극대화해 기업의 내재가치를 극대화한다. 이것은 경기 순환주기 전체에 걸쳐 분자(이익)와 분모(투하자본)를 관리한다는 의미다. 현실에서 이것은 가능한 한 많은 이익과 쉬고 있는 자본을 배당으로 지급해 투하자본을 최소화하는 것을 뜻한다. 이렇게 함으로써 투하자본, 즉 분모의 크기를 줄여서 ROIC를 높일 수 있다. 한편 이것은 점진적으로 이익을 증가시킬 수 있는 투자를 하지 않고 시장 요구수익률 미만의 ROIC에 만족한다는 뜻이기도 하다. 경영자 대부분은 고용 계약, 상여금, 스톡옵션 등의 보상으로 사실상 ROIC가 아니라 분자인 이익만을 극대화하도록 동기를 부여받는다. 1985년, 버핏은 이런 기이한 현상을 주주들에게 설명하기 위해 하나의 사례를 가정했다. 이자율이 연 8%인 10만 달러 예금계좌가 있고 매년 이자 가운데 현금으로 지급할 비율을 신탁관리자가 결정한다.[43] 현금으로 지급되지 않은 이자는 유보하여 계좌에 복리로 예치한다. 신탁관리자는 연간 이자 수입의 4분의 1을 현금으로 지급하기로 결정한다. 이렇게 하면 10년 후 예금계좌 잔고는 17만 9,084달러로 불어난다. 신탁관리자에 의해 연간 이자 수입은 8,000달러에서 1만 3,515달러로 약 70% 증가한다. 배당금도 비례하여 증가해서 첫 해 2,000달러에서 10년째 되는 해에는 3,378달러로 증가한다. 버핏은 지적했다. "매년 경영진의 홍보 대행사가 여러분에게 보여주기 위해 작성한 연례보고서 기준으로 모든 차트의 선은 하늘 높이 상승하고 있을 것입니다."[44] 그러나 '주주들이 흔들의자에 앉아 회사를 경영해도 같은 결과를 얻을 수 있다면'[45] 그것이 대단한 경영 성과가 아닌 것은 분명하다.

계좌에 예금액을 4배로 늘리면 이자 수입도 4배로 늘어납니다. 이것은 찬양을 받을 만한 업적이 아닙니다. 그런데도 CEO 퇴임이 발표될 때면 재임 기간 중 회사의 이익을 4배로 키웠다고 칭송하곤 합니다. 그 이익이 단순히 오랫동안 적립한 유보이익과 복리 이자 덕분인지 여부는 누구도 확인하지 않습니다. 해당 CEO 재임 기간 내내 지속적으로 뛰어난 ROIC를 달성했거나 투입한 자본이 단 2배 늘었는데도 이익이 4배로 늘었다면 찬사를 받아 마땅합니다. 그러나 자본이익률이 저조하고 이익이 늘어난 만큼 투입한 자본도 늘었다면 박수를 멈춰야 합니다.

버핏의 정의에 따르면, 일류 경영진은 기업의 경제성을 이해하고 분모(투하자본)를 관리하여 투하자본 대비 이익을 극대화하고 따라서 내재가치를 극대화한다. 그러나 버핏은 경영진의 성취에는 한계가 있음을 인정했다.[46]

좋은 기수가 좋은 말을 타면 좋은 성적을 내겠지만 쇠약한 말을 타면 별 수 없을 것입니다.
…
이들은 경제성이 좋은 기업을 맡았다면 좋은 성과를 냈을 경영자입니다. 그러나 늪에 빠진 기업을 맡았고 단 한 발짝도 구해내지 못했습니다.

저는 평판이 뛰어난 경영진이 경제성 측면에서 평판이 나쁜 기업을 맡으면 결국 남는 것은 나쁜 기업의 평판이라고 거듭 강조해 왔습니다.

이제 우리는 버핏이 말한 '훌륭한 기업'의 전체적인 윤곽을 파악했다. 훌륭한 기업은 일류 사업을 보유하고 일류 경영진이 이끄는 기업이다. 일류 사업은 우수한 경제성, 경쟁에 저항하는 강력한 힘으로 지속가능한 높은 ROIC를 달성한다. 프랜차이즈는 특수한 경우로, 자연스럽게 경쟁을 물리칠 수 있고 뛰어난 경제성으로 정상 이상의 ROIC 달성이 가능하다. 일류 경영자는 투입되는 자본의 규모를 조절하고 해자를 지속적으로 넓혀 높은 ROIC를 유지하며 ROIC를 더욱 끌어올린다. 이러한 조건이 갖춰질 때 기업의 내재가치는 최적화된다. 이것이 바로 버핏이 말하는 훌륭한 기업의 요소다. 전형적인 훌륭한 기업인 씨즈캔디는 최소한의 자본 증가분만을 재투자해 성장하고, 동시에 이익의 대부분을 배당으로 지급해 높은 이율의 복리로 내재가치를 키운다. 요구수익률 이상의 이익이 지속되고 경쟁 우위를 유지할 경우, 투자자는 훌륭한 기업을 장기간 보유한 데 대한 보상을 받는다. 또는 버핏의 조언을 따를 수도 있다. "뛰어난 경영진을 보유한 뛰어난 기업의 지분을 갖고 있을 때 우리가 가장 선호하는 보유 기간은 '영원히'입니다."[47] 이것은 양도소득세를 내지 않고 복리로 투자 수익을 불리는 방법이며 훌륭한 기업이 투자 대상으로서 매력적인 주된 이유 중 하나다.

이것으로 버핏은 그레이엄을 넘어 도약했다. 그레이엄은 정성적 요인에 의존하지 말 것을 경고했고 버핏은 이를 수용했다. 뿐만 아니라 버핏은 사업의 성격과 경영진의 능력을 평가에 반영하는 것을 경계하라는 그레이엄의 명시적인 경고도 받아들였다. 그레이엄은 업황이 우호적인 주식이라면 이례적으로 높은 ROIC를 달성하거나 드물게 노련한 경영진이 있는 것은 당연하다고 보았다. 그레이엄은 "이익이 사라진 상황에서는 이익을 회복하는 방향으로, 이익이 자본에 비해 상대적으로 과도할 때는 이익을 줄이는 방향으로 교정력이 작동한다."고 경고했다.[48] 버핏은 그레이엄의 경고를 인정하면서도, 뛰어난 경제성 덕분에 그레이엄의 교정력에 저항하고 높은 ROIC를 달성하는 기업이 있다고 믿었다. 아무리 경영진이 유능해도 사업 자체가 우량하지 않다면 성공하지 못할 것이다. 그러나 사업에 묶인 자본을 관리하고 경쟁 우위를 유지하려면 유능한 경영진이 반드시 필요하다. 여기에 대해서는 할 이야기가 더 있다.

Deep Value

4장

기업인수배수

괜찮은 기업을 훌륭한 가격에 발견하는 방법

"통계를 이용한 우리의 선별법은 단순히 찾기 쉽고 강력한 재무상태표와 높은 자산 가치에 의해 추가로 보호를 받는 일군의 저평가된 주식을 활용하기 위한 것이다. 우리의 검증 기준에 부합하는 기업들은 그 특성상 사업이 침체되어 있고 현금화가 쉬워 인수 대상이 되는 경우가 많다."
― 조엘 그린블라트Joel Greenblatt,
〈소액투자자는 어떻게 시장을 이기는가(How The Small Investor Beats The Market)〉(1981)

2002년, 조엘 그린블라트는 컴퓨터를 학습시켜 워런 버핏처럼 투자하게 할 수 있는지 알아보는 실험을 했다. 저명한 가치투자자이자 컬럼비아대학교 경영대학원 겸임교수인 그린블라트는 오랫동안 가치투자 전략을 연구하고 글을 써왔다. 그는 와튼 경영대학원에 다니던 열아홉 살 때 〈포브스〉에 실린 '벤 그레이엄의 유언장(Ben Graham's Last Will and Testament)'[1]이라는 제목의 기사에서 벤저민 그레이엄에 대해 읽었다. 1976년 그레이엄이 사망하기 몇 달 전 〈파이낸셜 애널리스트 저널Financial Analysts Journal〉과 했던 인터뷰를 옮긴 기사였는데, 인터뷰에서 그레이엄은 "나는 뛰어난 가치 투자 기회를 찾기 위한 정교한 증권분석에 더 이상 매달리지 않습니다. 몇 가지 기법과 간단한 원칙만 있으면 충분합니다."라고 말했다.[2] 그레이엄은 무엇보다 '업종에 관계없이, 개별 기업에 거의 관심을 두지 않고 저평가라는 단순한 기준을 충족하는 주식을 사는 것이 중요하다'고 강조했다.[3] 그레이엄은 청산가치 대용으로 자신의 NCAV를 활용할 것을 제안하며 '실패할 염려가 없는 체계적인 투자 방법'이자 '변함없이 신뢰할 수 있고 만족스러운 방법'이라고 말했다.[4] 이것이 그린블라트의 호기심을 자극했다. 그린블라트는 그레이엄의 통계적 기준을 청산가치 미만에 거래되는 주식에 적용해 검증해 보기로 했다.

그린블라트는 와튼스쿨 동급생인 리치 페냐Rich Pzena, 브루스 뉴버그Bruce Newberg와 함께 S&P의 과거 주식편람을 뒤져 손으로 수익률을 옮겨 적었다. 그린블라트는 시장 환경이 극단적이었던 시기의 성과를 보기 위해 변동성이 컸던 1972년 4월부터 1978년 4월까지 6년을 검증 기간으로 택했다. 1974년 말에는 시장이 급락해 거의 반 토막이 났고, 그 후 강력한 회복세가 뒤따르며 주가가 두 배 급등하기도 했다. 수작업으로 개별 기업의 가치를 평가하고 수익을 추적했기 때문에 검증 대상은 시가총액 300만 달러 이상인 기업 가운데 이름이 알파벳 A나 B로 시작하는 회사로 제한했다. 이렇게 만든 표본에는 약 750개 회사가 포함되었는데 이는 S&P

주식편람에 등재된 전체 주식의 약 15%에 해당했다. 그레이엄의 기준을 네 가지로 변형해 수개월간 고된 검증 과정을 거친 세 사람은 마침내 결론을 얻었다. 그레이엄의 공식을 변형해 구성한 포트폴리오는 연간 시장 대비 10% 이상 초과수익률을 기록했고, 그 중에는 전체 기간 동안 연평균 42.2% 수익률을 기록한 포트폴리오도 있었다(같은 기간 동안 시장의 연평균수익률은 1.3%였다). 그린블라트는 이 결과를 정리해서 1981년 〈저널 오브 포트폴리오 매니지먼트Journal of Portfolio Management〉에 '소액 투자자는 어떻게 시장을 이기는가'라는 제목의 논문을 발표했다.[5]

논문에서 그린블라트와 공동 저자는 이렇게 질문한다. "어째서 효과가 있을까?" 그린블라트의 대답은 훗날 진행될 버핏의 전략에 대한 그의 연구를 예고하는 듯했다. "청산가치 미만으로 거래되는 주식에서 어떤 '마법'같은 특징은 발견하지 못했다."[6]

간단히 말해서 주식 가치평가의 펀더멘털 개념을 기준으로 심각하게 침체된 종목으로 투자 대상을 제한한 결과 가격이 비효율적으로 형성되고 저평가된 주식을 좀 더 많이 찾아낼 수 있었다. 다시 말해, 주가가 청산가치 미만은 아니지만 그래도 저평가 상태인 많은 주식이 있을 것이다.

그레이엄의 NCAV를 이미 20년도 더 전에 검증했고 고담 캐피델의 공동 포트폴리오 매니저로서 연평균수익률 50%를 기록하며[7] 뛰어난 경력을 이어온 그린블라트는 이제 버핏에게 관심을 돌렸다. 1981년에 그린블라트가 추측했듯 주가가 청산가치보다 높은 저평가 주식이 실제로 많다면 그런 주식을 찾아내는 능력은 버핏이 단연 최고일 것이다.

'훌륭한 회사를 괜찮은 가격에' 사는 버핏의 전략을 검증하겠다고 나선 그린블라트는 그레이엄의 통계적 기준을 적용하는 것보다 더 큰 난제에 직면했다. 그레이엄과 달리, 버핏의 전략은 알고리즘화하여 포트폴리오 종목 선정에 적용할 수 있도록 설계되지 않았고 기업을 분석하는 버핏의 초자연적인 능력에 의존하는 것처럼 보였다. 버핏의 전략을 어떻게 체계화할 것인가. 그리고 일류 경영진, 영속적인 해자와 좋은 경제성을 갖춘 일류 사업이라는 정성적 요소를 평가하는 버핏의 탁월한 통찰력 없이 정량적 요소들을 적용했을 때 이 전략은 얼마나 성과가 있을 것인가? 그린블라트는 버크셔 해서웨이 연례보고서에 실린 버핏의 '주주서한'을 꼼꼼히 읽으며 버핏의 전략을 훌륭한 회사와 괜찮은 가격이라는 두 가지 요소로 세분화한 다음 각각의 요소를 계량화할 수 있는 정의를 찾았다.

버핏의 훌륭한 기업은 정량적 기준에 따른 분류가 불가능해 보였다. 그린블라트는 일류 경영진을 보유한 일류 기업을 어떤 식으로 간단히 확인할 수 있었을까? 1977년 주주서한에 그 방법이 있었다.[8]

특별한 경우(예: 자본 대비 부채비율이 비정상적인 회사, 재무상태표상 중
요 자산의 가치가 비현실적인 회사)를 제외하면, 경영진의 경제적 성
과를 측정하는 더욱 적절한 척도는 ROE라고 생각합니다.

그린블라트는 버핏의 ROE_{return on equity·자기자본이익률}를 ROC[1]_{return on capital·투하자본이익률}로 재해석했다. 그는 ROC를 투입유형자본(순운전자본+순고정자산) 대비 EBT_{earnings before tax·세전이익}(이자 및 법인세 전 이익)의 비율로 간주했다. ROC는 다음과 같이 정의된다.[9]

$$ROC = EBIT ÷ (순운전자본+순고정자산)$$

세전영업이익_{pre-tax operating earnings} 대신 EBIT를 사용하면 자본 구조가 다른 기업의 ROC를 비교할 수 있다. 기업의 부채와 자본의 특정한 조합은 이자비용과 세율에 영향을 미친다(그린블라트는 유지·보수를 위한 자본적 지출, 즉 유지보수 자본비용이 감가상각비와 동일하고, 따라서 영업이익을 구할 때 반영하지 않아도 된다고 가정을 단순화했다). 그러나 EBIT를 이용하면 동일한 조건에서 비교가 가능하다. 유형자본을 구할 때 그린블라트는 총자산 대신 순운전자본과 순고정자

---

1) ROC와 ROIC 모두 투하자본이익률을 가리킨다. 그린블라트는 마법공식에서 ROC를 이용했다. 이 책에서 저자는 ROC, ROIC를 모두 사용하고 있는데, 편의상 그린블라트의 마법공식의 경우 ROC로 표기하고 그 외는 모두 ROIC로 통일해 표기했다.

산의 합을 이용해 회사가 실제로 사업을 수행하는 데 필요한 자본 규모를 파악한다. 따라서 그린블라트의 순운전자본 비율은 초과 현금(미수금 및 재고 관련 자금 조달에 필요한 금액을 초과하는 현금)을 보유한 기업에 벌점을 주지 않는다. 순고정자산(고정자산의 감가비용)은 회사가 부동산, 공장, 장비를 구입하려면 자금을 조달해야 하므로 유형자본 계산에 반영된다. 이 계산으로 산출한 비율의 해석은 간단하다. 더 좋은 사업일수록, 그리고 회사에 묶인 유형자본을 경영진이 더 열심히 운용할수록 유형자본 대비 영업이익도 더 커진다. 다시 말해, ROC가 높을수록 더 훌륭한 기업이다.

다음으로, 그린블라트는 EY earnings yield·이익수익률를 이용해 괜찮은 가격 fair price을 구했다. EY의 정의는 다음과 같다.

$$EY = EBIT \div EV$$

그린블라트의 EY는 좀 더 익숙한 P/E의 역수로 보이지만 중요한 차이가 있다. 첫째, 그린블라트는 시가총액(P/E에서 P, 즉 주가)을 EV enterprise value·기업가치로 대체했다. 기업가치는 회사 전체를 인수할 때 지불해야 하는 비용이다. 기업가치에는 우선주를 포함한 전체 시가총액, 인수자가 상환해야 하는 모든 부채, 소수주주 지분이 포함되는데 여기에 인수자가 재배치할 수도 있는 초과현금을 반영해 조정한다. 기업가치를 이용하면 시가총액만 따졌을 때보다 인수자가 지불해야 하는 실제 가격을 더 잘 파악할 수 있다.

둘째, 그린블라트는 ROC를 구할 때와 같은 이유로 영업이익의 자리에 EBIT를 이용했다. 영업이익은 기업의 자본 구조에 영향을 받지만 EBIT는 종속적이지 않아서 같은 기준으로 대등한 비교가 가능하다. ROC와 마찬가지로 EY도 해석하기 쉽다. EV 대비 영업이익이 클수록 EY가 높고 더 가치가 있는 주식이다.

훌륭한 기업을 괜찮은 가격에 사는 버핏의 전략이 계량화되고 따라서 체계화가 가능해지면서 2005년 그린블라트는 컴퓨터 프로그래밍 경험이 있는 와튼스쿨의 젊은 지인에게 검증을 요청했다. 1970년대처럼 번거로운 수작업은 없었다. 프로그래머는 1988년으로 거슬러 올라가 주가를 비롯한 기본 자료가 담긴 과거 데이터베이스에서 특정 금융주와 유틸리티 주식을 제외하고 시가총액이 가장 큰 3,500개 종목을 조사했다. 이 프로그램은 유니버스(후보군) 안에 있는 개별 주식에 연간 EY 기준 순위와 ROC 기준 순위를 따로 매긴다. 그런 다음 각 주식의 EY 순위와 ROC 순위를 합산하여 새로운 통합 순위를 생성한다. 프로그램은 매년 통합 순위 상위 30개 종목으로 동일 가중 포트폴리오를 만들었다. 즉, 포트폴리오를 구성하는 모든 주식에 이론적으로 동일하게 자본을 배분했다. 그런 다음 이 포트폴리오의 이후 12개월 성과를 추적했다. 매년 이 과정을 반복했다. 모든 검증 절차가 끝나고 그린블라트는 결과를 검토했다. 그레이엄의 표현대로 그린블라

트는 '꽤 만족스러운' 결과를 얻었다.[10]

1988년부터 2004년까지 17년의 검증 대상 기간 동안 EY와 ROC 순위의 합이 가장 좋은 30개 종목으로 구성한 포트폴리오의 연평균수익률은 30.8%였다. 그린블라트의 설명은 다음과 같다. 17년 동안 연평균 30.8% 수익률로 1만 1,000달러를 투자했다면 17년 후에는 100만 달러 이상으로 불어났을 것이다. 같은 기간 시장의 연평균수익률은 12.4%로 시장에 투자한 1만 1,000달러는 17년 후 7만 9,000달러가 되었을 것이다. 그린블라트는 자신의 포트폴리오가 높은 수익률을 창출하면서도 시장보다 훨씬 적은 위험을 감수했다는 사실을 발견했다. 그린블라트의 유니버스를 구성하는 3,500개 종목 가운데 가장 작은 종목은 시가총액이 5,000만 달러에 불과했다. 유니버스 안의 종목 수를 시가총액 상위 2,500개로 제한한다면 가장 작은 주식의 시가총액은 2억 달러에 달할 것이다. 이렇게 했을 때 마법공식의 연평균수익률은 23.7%로 하락하지만 여전히 시장 수익률의 거의 2배 수준으로 꽤 인상적이다. 유니버스 구성 종목 수를 시가총액 상위 1,000개로 제한할 경우, 가장 작은 종목의 시가총액은 10억 달러 이상이 되고 마법공식은 22.9% 수익률을 기록했다. 컴퓨터를 이용해 세 가지 방식에 대해 모의실험을 수행한 결과, 훌륭한 기업을 괜찮은 가격에 산다는 버핏의 투자전략을 계량화하고 단순화한 그린블라트의 전략은 위험 부담은 줄이면서도 시장 수익률을 크게 앞서는 것으로 나타났다. 이 결과에 깊은 인상을 받은 그린블라트는 단순화한 자신의 전략에 '마법공식Magic Formula'이라는 이름을 붙여 2006년《시장을 이기는 작은 책(The Little Book That Beats The Market)》에 소개했다.[11] 자신만의 기계화된 버핏을 만든 것이다. 다양한 투자 대상에 마법공식을 체계적으로 적용하기 위해 그린블라트는 로버트 골드스타인Robert Goldstein과 함께 투자회사인 고담 애셋 매니지먼트Gotham Asset Management를 설립했다.

마법공식을 접한 많은 투자자들의 반응은 회의적이었다. 그처럼 단순한 기준이 평균적으로 시장을 이기고, 게다가 큰 폭으로 이기는 종목을 높은 신뢰 수준으로 찾을 수 있을지 의심했다. 비판은 크게 두 가지 반론을 중심으로 정리된다. 첫째, 비평가들은 마법공식이 데이터 마이닝의 산물이므로 실제로는 검증 대상 기간과는 다르게 작동할 것이라고 주장했다. 데이터 마이닝은 전적으로 우연에 불과한 관계를 파악하기 위해 데이터 세트를 반복적으로 검토하므로 그 데이터 세트를 벗어나서는 같은 결과를 얻을 가능성이 낮다. 비평가들은 그린블라트가 시장을 이기는 조합을 발견하기까지 수많은 요소와 요소들의 조합을 시험했을 것이라고 보았다. 그런 다음 그럴듯하게 들리는 설명을 역으로 만들어냈고 그 결과 마법공식이 탄생했다고 주장했다. 두 번째 비판은 마법공식이 시장을 이기는 것처럼 보이는 종목을 찾아내지만 너무 소형주이거나 유동성이 낮아서 투자자가 이 공식을 활용해 시장을 이기기는 불가능하다는 것이었다. 나는 호기심이 생겨서 2010년 시카고대학교 부스 경영대학원에서 재무 프로그램으로 박사학위를 받은 웨스 그레이Wes Gray와 함께 그린블라트의 마법공식을 분석해 우리 책《퀀트로 가치투자하라(Quantitative Value, 2012)》에 그 결과를 제시했다.[12] 우리는 마법공식을 학문적 절대표준gold standard에 따라 검증했다. 즉, 그린블라트의 검증 기간 밖에서, 소형주 변수를 통제하고 과거 데이터를 검토했다는 뜻이다. 결과는 놀라웠고 섣불리 버핏을 모방할 때 놓치기 쉬운 가치투자의 심오한 진실이 드러났다.

그린블라트의 마법공식 검증하기

우리의 독자적인 조사 결과, 마법공식은 실제로 시장을 이겼고 그것도 큰 차이로 이겼지만 그린블라트가 주장한 만큼은 아니었다. 또한 수익은 주로 소형주에 집중되어 있었지만 아주 큰 기관투자가만 아니라면 투자가 불가능할 정도로 시가총액이 작은 종목은 아니었다. 우리는 1964년부터 2011년에 걸쳐 마법공식의 성과를 검증했다. 이것은 그린블라트의 검증 기간보다 길고 그의 검증 기간을 포함한다. S&P500 지수에 포함되지 않은 모든 종목은 소형주로 분류해 제외했다. 2014년 1월 기준으로 S&P500 지수를 구성하는 종목 가운데 가장 작은 종목은 시가총액이 34억 달러였고, 중간 종목은 165억 달러, 평균은 350억 달러였다. 상당히 큰 기업들이다. 나머지 종목도 시가총액에 따라 가중치를 적용해서, 시가총액에 따라 가중치를 둔 S&P500 지수와 비교가 가능하도록 했고 소형주 편향을 조정했다. 이처럼 복잡한 조건에서도 마법공식의 연평균수익률은 13.9%를 기록해 같은 기간 S&P500의 10.5%(마법공식과 마찬가지로 배당금을 포함한다) 수익률을 앞질렀다. [그림 4-1]은 시가총액으로 가중한 마법공식 포트폴리오와 S&P500의 수익률 로그 차트다.

[그림 4-1] 마법공식과 S&P500 TR[2] 지수 로그차트(1964~2011년)

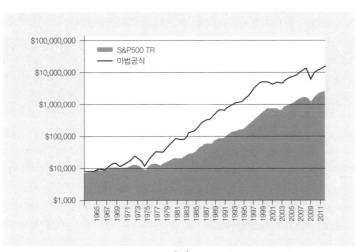

출처: Eyquem Investment Management LLC.

---

2) 주가 변동과 배당금 재투자 효과까지 반영한 수익률(주가수익+배당수익) 지수.

이 마법공식은 거의 동일한 수준의 위험을 부담하면서(학문적 정의에 따라 계산한 표준편차는 마법공식 16.5%, 시장 15.2%였다) 시장을 연평균 3.3%p 앞서는 수익률을 달성했다. 연평균 3.3%p, 즉 330bp 초과수익이 그다지 크게 보이지 않을지 모르지만, 복리 효과를 감안하면 마법공식은 전체 기간 동안 시장 대비 6배에 가까운 수익을 올린 셈이다. 마법공식으로 구성한 포트폴리오에 1만 달러를 투자했다면 전체 기간 동안 투자금은 1,220만 달러로 불어났을 것이다. 반면 시장 지수에 1만 달러를 투자했다면 210만 달러로 증가하는 데 그쳤을 것이다. 마법공식의 성적은 전체 기간 동안 상당히 안정적이어서, 5년 롤링[3]rolling·연속기간 수익률 85%, 10년 롤링 수익률 97%를 기록하며 시장을 앞섰다.

우리는 다음과 같은 결론을 내렸다. 과거에 그린블라트가 주장한 동일 가중 포트폴리오만큼 인상적이지는 않았지만 시가총액 가중 방식으로 구성한 우리의 초대형주 포트폴리오는 검증 기간 전체에 걸쳐 시장과 같은 수준의 위험을 부담하면서 상당히 큰 폭으로, 그리고 빈번하게 S&P500 지수보다 나은 수익률을 기록했다. 우리는 그레이엄의 표현을 빌어 마법공식이 '꽤 만족스럽다'고 했던 그린블라트의 평가에 동의했다.

미국 이외의 시장을 대상으로 한 연구에서도 마법공식은 여전

---

3) 매년 1월 1일이 아니라 각 시점마다 특정 기간 동안 투자한다고 가정한다.

히 시장을 이겼다. 2006년 제임스 몬티어James Montier는 1993~2005년의 데이터를 활용해 유럽, 영국, 일본 시장에서 마법공식의 수익률을 검증했다.[13] 몬티어는 대형주 중심의 FTSE와 MSCI 지수 편입 종목들로 투자 유니버스를 제한했다. 몬티어는 수익률을 높이는 효과가 있는 동일 가중 방법으로 포트폴리오를 구성하고, 정확한 비교를 위해 FTSE와 MSCI 지수 수익률도 동일 가중 기준으로 조정해 계산했다. 몬티어의 시험 결과, 마법공식의 수익률은 유럽(영국 제외)에서 8.8%p, 영국에서 7.3%p, 일본에서 10.8%p 시장을 앞섰다.

이 모두 시장에 비해 위험을 덜 감수하면서 달성한 수익률이었다. 몬티어는 결론을 내렸다. "그린블라트가 '작은 책'에서 제시한 개념들을 확실히 뒷받침하는 결과였다. '작은 책' 전략은 검토 대상 지역 전체에서 시장보다 위험을 덜 감수하고도 시장을 크게 이겼다."[14] 이 표본 밖 분석은 마법공식이 시장 지수와 비슷하거나 지수 대비 위험을 덜 부담하며 지속적으로 시장을 이겨왔다는 점에서 주목할 만하다. 시가총액을 달리 하고 지리적, 시기적으로 시장을 달리 했을 때도 마법공식은 시장을 이겼다.

그렇다면 마법공식의 수익률을 이끈 요인은 무엇일까? 훌륭한 회사를 괜찮은 가격에 산다는 버핏의 전략을 모방해서 일류 경영진이 이끄는 일류 사업을 찾은 것이 요인일까? 또 다른 요인이 있을까? 답을 찾기 위해 우리는 마법공식을 구성하는 요소인 ROC

와 EY를 각각 독립적으로 시험했다. 결과는 꽤 놀라웠다.

1974~2011년 미국 시장에서 마법공식의 연평균수익률은 13.94%였고 같은 기간 시장의 수익률은 10.46%였다.[15] 마법공식의 연평균수익률은 EY만 적용했을 때 15.95%에 달한 반면 ROC만 적용했을 때는 10.37%에 그쳤다. 그렇다. 단독으로 적용한 EY는 마법공식보다 높은 수익률을 기록했고, 단독으로 적용한 ROC 기준 수익률은 시장보다 낮아서 마법공식의 전체 수익률을 끌어 내렸다. [그림 4-2]는 시가총액 가중 방식 포트폴리오의 마법공식 수익률, EY와 ROC를 단독으로 적용했을 때의 수익률 그리고 S&P500 TR 지수의 로그차트다.

[그림 4-2] 마법공식(시가총액 가중)과 EY, ROC, S&P500 TR
지수 로그 차트(1974~2011년)

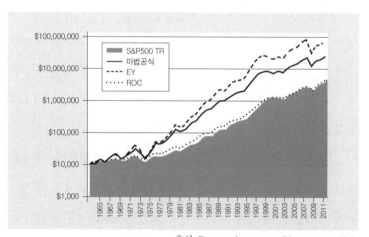

출처: Eyquem Investment Management LLC.

[표 4-1] 마법공식(시가총액 가중)과 EY, ROC, S&P500 TR
지수 수익률 통계(1974~2011년)

	마법공식	EY	ROC	S&P500 TR
CAGR(%)	13.94	15.95	10.37	10.46
표준편차(%)	16.93	17.28	17.04	15.84
하방편차(%)	12.02	11.88	11.35	11.16
샤프비율	0.55	0.64	0.35	0.37
소르티노비율(MAR[4]=5)	0.80	0.96	0.56	0.56
5년 롤링 초과수익률(%p)	-	15.11	84.38	80.10
10년 롤링 초과수익률(%p)	-	11.28	89.91	96.44
상관계수	-	0.927	0.806	0.872

출처: 웨슬리 그레이, 토비아스 칼라일 《퀀트로 가치투자하라》

그렇다면 ROC는 위험을 줄이거나 일관성을 향상시키는 방식
으로 마법공식에 영향을 미치는 것은 아닐까? [표 4-1]을 보자.
전체 기간 동안 마법공식 수익률의 표준편차는 16.93%, EY 기
준 표준편차는 17.28%, ROC 기준 표준편차는 17.04%였다. 마
법공식의 표준편차가 EY나 ROC보다 약간 작은 것처럼 보이지
만 포트폴리오가 평균수익률 미만으로 얼마나 벗어났는지를 측
정하는 하방편차만 보면 오히려 마법공식의 하방편차가 12.02%
로 EY 단독 기준 11.88%, ROC 기준 11.35%보다 약간 컸다. 또
한 표준편차와 하방편차를 비교하면 EY의 표준편차가 ROC보다

---

4) 최소 수용가능 수익률minimum acceptable return.

더 위쪽으로 치우쳤다는 것을 알 수 있다. 한편 검증 대상 기간 동안 변동성을 조정한 수익률은 EY가 가장 높았다. EY의 샤프비율은 0.64로 마법공식 0.55, ROC 0.35보다 높았고, 소르티노비율은 EY 0.96, 마법공식 0.80, ROC 0.56 순이었다. 수익률과 변동성을 측정하는 어떤 척도를 적용해도 EY는 마법공식을 이겼다. 이는 ROC가 마법공식의 변동성을 완화하지 못했다는 뜻이다. ROC는 마법공식의 일관성을 향상시키지도 못했다. EY의 수익률과 마법공식의 수익률은 서로 밀접하게 연관되어 있었지만(EY가 마법공식의 구성 요소이므로 당연하다) 5년 롤링 기준으로 EY는 전체 기간 중 15.1%에 해당하는 기간에 마법공식을 이겼고, 10년 연속 기준으로는 11.3%에 해당하는 기간을 앞섰다. ROC는 어떨까? 놀랍게도 ROC는 마법공식의 변동성을 높였을 뿐 수익률에는 그다지 기여를 하지 못한 것으로 보인다.

몬티어도 유럽(영국 제외), 영국, 일본에서 마법공식과 마법공식을 구성하는 요소들의 성과를 검토해 비슷한 결론을 얻었다(표 4-2).[16] 일본을 제외한 모든 시장에서 EY는 마법공식을 이겼다. EY의 연평균수익률은 유럽 22.2%(vs. 마법공식 22%), 영국 22.6%(vs. 17%), 일본 14.5%(vs. 18.1%)였고 변동성도 마법공식에 비해 크게 낮았다. EY와 마법공식의 수익률 격차는 영국에서 특히 컸다. 유럽에서 ROC는 그다지 기여를 하지 못했고 EY는 마법공식의 수익률을 약간 앞섰지만 변동성도 약간 더 높았다. 일본에서는

ROC가 수익률을 끌어올렸지만 변동성도 더 높았다. 몬티어는 EY 하나만으로도 '매우 강력한 수단'이라는 결론을 내렸고 '나쁜 회사를 아주 싼 가격에 사는 것도 그 회사가 파산하지만 않는다면 전적으로 성공 가능한 전략'이라는 믿음을 입증했다.[17]

마법공식이 시장을 능가한다는 주장을 뒷받침하는 증거에는 설득력이 있다. 하지만 마법공식이 시장을 이기는 것은 괜찮은 가격의 훌륭한 회사를 찾아내는 데 유용해서가 아니다. 'ROC가 높은' 훌륭한 회사는 오히려 포트폴리오의 수익률을 끌어내린다. 과거 데이터는 훌륭한 가격에 거래되는 괜찮은 회사가 투자 대상으

[표 4-2] 마법공식(시가총액 가중)과 EY 수익률, 미국, 유럽(영국 제외),
영국, 일본 시장 수익률 요약(1993~2005년)

	마법공식	EY	시장
CAGR(%)			
영국	17.1	19.7	13.5
유럽(영국 제외)	22.0	22.2	13.3
영국	17.0	22.6	9.7
일본	18.1	14.5	7.3
표준편차(시장 대비)			
영국	0.92	0.66	-
유럽(영국 제외)	0.95	1.12	-
영국	0.91	0.78	-
일본	0.87	0.70	-

출처: 제임스 몬티어 '시장을 이기는 법에 관한 작은 기록(The Little Note that Beats the Market)' DrKW Macro Research, March 9, 2006

로 더 낫다고 가리킨다. 그 '이유'가 가치투자에 관한 다음 두 가지 진실을 드러낸다. 첫째, 그린블라트의 EY는 저평가된 주식을 식별하는 매우 좋은 지표다. 둘째, 평균회귀는 강력한 현상이다. 이제 EY가 막강한 수익률을 낼 수 있었던 '이유'를 알아보고, 버핏을 본받으려는 가치투자자들을 위해 평균회귀를 살펴보자.

저평가 주식을 찾아내는 핵심, 기업배수

그린블라트의 EY(일반적으로 기업배수enterprise multiple, 인수자의 배수 acquirer's multiple라고 알려져 있다)는 예측력이 상당히 높은 상대 가치 평가 척도다. 업계와 학계의 여러 연구에서 실제로 기업배수는 주가와 펀더멘털 지표를 비교하는 어떤 비율(예: P/B·주가순자산비율, P/E·주가이익비율, P/CF·주가영업현금흐름 비율, P/FCR·주가잉여현금흐름 비율)보다 저평가된 주식을 더욱 잘 찾아냈다.

저평가된 주식을 찾는 전통적인 방법은 P/B를 이용하는 것이다. P/B는 학계 연구에서 널리 사용되는데, 영향력 있는 금융경제학자 유진 파마Eugene Fama와 케네스 프렌치Kenneth French의 자산 가격 산정 연구가 중요한 계기가 되었다. 1992년, 두 사람은 전통적인 가격 결정 모형이 적용되지 않고 시장 대비 초과수익률을 내는 경향이 있는 이례적인 두 종류의 주식을 찾아냈다. 소형주와 저 P/B

주식이었다. 이 주식들을 이용해 두 사람은 시가총액과 P/B를 명시적으로 계산에 포함한 새로운 자산 가격 결정 모형인 이른바 '3요인 모델three-factor model'을 제안했다. 파마와 프렌치는 주가 대비 어떤 펀더멘털 지표의 비율을 사용해도 큰 차이는 없지만 특히 P/B를 선호한다고 밝혔다.[18]

주식의 가격은 미래에 예상되는 배당금의 현재가치일 뿐이고 예상 배당금은 (대략적으로 말하면) 기대수익률로 할인된다. 기대수익률이 높다는 것은 주가가 싸다는 뜻이다. 우리가 늘 강조하듯이 다양한 주가-가치비율은 주식의 가격을 가늠하고 주가의 횡단면에서 기대수익률에 대한 정보를 추출하는 다양한 수단일 뿐이다. 이 목적을 위해 어떤 펀더멘털 지표(장부가치, 순이익, 현금흐름 등)를 이용해도 결과는 비슷하게 좋은 편이고, 평균수익률 차이도 비슷해서 통계적 차원에서 각 비율을 구별하기는 어렵다. 우리는 P/B를 선호하는데, 분자에 있는 장부가치가 순이익이나 현금흐름보다 시간이 지나도 훨씬 안정적이기 때문이다. 이것은 가치주 포트폴리오의 회전율turnover을 낮게 유지하는 데 중요하다.

그럼에도 불구하고 모든 회계 변수에는 문제가 있고 장부가치도 예외는 아니므로 P/B를 다른 비율로 보완하면 이론상으로 기대수익률 정보를 개선할 수 있다. 정기적으로 이 명제를 시험하고 있지만 아직까지 별다른 성과는 없다.

뉴욕대학교 스턴경영대학원 재무학 교수 애스워드 다모다란 Aswath Damodaran은 기업배수가 P/E 및 P/Sprice-to-sales·주가매출액비율와 함께 증권 애널리스트들이 가장 일반적으로 활용하는 상대 평가 비율이라는 사실을 확인했다.[19] 업계에서 기업배수가 널리 활용됨에 따라, 투자자들이 불가지론자로 남을 수 있다거나 P/B가 최고의 지표라는 파마와 프렌치의 주장에 이의를 제기하는 연구자들도 있었다. 2009년, 노트르담대학교 재무학 교수 팀 로런Tim Loughran과 코넬대학교 방문조교수 제이 웰먼Jay W. Wellman은 P/B의 심각한 결함을 강조하고, 여러 이유를 제시하며 기업배수가 더 나은 지표라고 주장했다.[20] 로런과 웰먼이 검토한 1963~2008년 전체 기간 동안 기업배수는 저평가된 주식을 더 잘 찾아냈고, 무능했던 P/B와 달리 저평가된 대형주도 잘 찾았다. 한편, 로런과 웰먼은 그린블라트와는 약간 다른 방식으로 기업배수를 정의한다. 그린블라트의 EBIT 대신 EBITDA(법인세, 이자, 감가상각비 차감 전 영업이익)를 도입한 것이다.

$$기업배수 = EV \div EBITDA$$

앞으로 살펴보겠지만, EBIT를 사용하든 EBITDA를 사용하든

별 차이는 없다. P/B의 가장 큰 문제는 이른바 '1월 효과'의(일반적으로 1월에 주가가 상승하는 현상을 가리킨다. 12월 과세상각매도[5]tax-loss selling 효과 때문일 것이다) 수혜를 입는 아주 작은 초소형주를 찾는 데 효과가 있다는 것이다. 로런과 웰먼에 따르면, 주식시장 전체 시가총액의 약 94%를 차지하는 대형주의 경우, 1월 효과를 통제했을 때는 P/B을 이용해 저평가된 주식을 찾을 수 없었다. 이들은 세계 최대 주식시장(미국)의 역사에서 가장 중요한 기간(1963년 이후)에 시가총액의 크기를 막론하고 P/B를 이용해서는 저평가된 주식을 찾지 못했다. 또한 P/B는 시가총액 하위 6% 주식을 대상으로 할 때도 효과를 보지 못할 수 있다. 초소형주는 매수 호가와 매도 호가의 차이로 시장가격이 왜곡될 수 있기 때문이다. 로런과 웰먼은 집중 보유를 제한하는 규정 때문에 많은 펀드매니저들이 소형주를 사는 데 제약이 있고, 저가주식(5달러 미만)을 사는 것도 '투기적 성격'을 이유로 금지된다는 사실에 주목했다. 실질적으로 P/B는 소형주 중에서도 저평가된 주식을 찾아내지 못했다. 두 사람은 P/B가 실패한 일을 기업배수가 해낸다고 주장했다.

시장 전체 시가총액의 약 94%를 차지하는 대형주의 경우, 기업배수는 검증 기간인 1963~2008년 사이 상대적으로 저평가된 주식을 식별하는 데 매우 뛰어났다. 수익률을 높이는 경향이 있는

---

5) 손실을 실현시켜 과세 소득을 줄이기 위해 그 해 주가가 하락한 주식을 12월에 매도하는 현상.

1월 효과를 통제하고 저가 주식을 제거한 뒤에도 마찬가지였다. 로런과 웰먼의 연구 결과, 영국과 일본에서는 저평가된 주식을 찾아내는 데 기업배수가 P/B보다 유용했다. 기업배수는 '데이터의 모호한 산물'(시가총액 기준으로 시장에서 하위 6%에 해당하는 주식)과 1월 효과에 영향을 받지 않으며, 미국 주식 전체에서 저평가된 주식을 찾아냈다. 우리의 자체 연구 결과에서도 기업배수는 다른 어떤 주가-가치비율보다 더 일관성 있게 저평가된 주식을 찾아냈다. 그런데 엄밀히 말하면 주가-가치비율이라는 표현은 옳지 않다. 이에 관해 버핏은 이렇게 지적했다.[21]

> 적절하든 그렇지 않든 '가치투자'라는 용어가 널리 사용됩니다. 일반적으로 가치투자는 저 P/B, 저 P/E, 혹은 높은 배당수익률 등의 특징이 있는 주식을 매수하는 것을 의미합니다. 이러한 특징이 아무리 많이 확인된다고 하더라도, 그것으로 투자자의 매수 가격이 적절하다거나 따라서 투자 대상에서 가치를 획득한다는 원칙에 진정으로 부합한 매수였는지 여부를 판단하지는 못합니다. 마찬가지로, 고 P/B, 고 P/E, 낮은 배당수익률 등 반대되는 특징을 지녔다고 해서 '가치' 매수에 부합하지 않는 것이 결코 아닙니다.

> 좀 더 정직하게 표현하면 '펀더멘털 대비 주가'의 비율이라는

표현이 맞지만 이것은 그 의미를 설명하는 것이 아니라 오히려 모호하게 만든다. '가치 대비 주가'의 비율(주가가치비율)이라고 하면 좀 더 직관적이다. 이 비율이 낮으면 가치주와 관련이 있고 비율이 높으면 인기주나 성장주와 관련이 있다(엄밀히 말해 이런 명칭들이 옳은 것은 아니다). 버핏의 설명에는 논란의 여지가 없지만 그래도 펀더멘털 척도 대비 주가가 낮은 주식이 같은 척도 대비 주가가 높은 주식에 비해 저평가된 주식과 관련이 있을 '가능성이 높은' 것도 사실이다. 버핏이 특히 좋아하는 문구를 빌리자면, 우리는 완벽한 오답을 찾아 피하기보다는 적당한 정답을 찾는 데 더 관심이 있었다. 전도서에 쓰였듯이 발이 빠르다고 경주에서 이기는 것이 아니고 강하다고 전투에서 이기는 것도 아니지만 저널리스트 데이먼 러니언Damon Runyon이 말했듯이 베팅을 할 때는 그런 것들이 필요하다.

우리는 1964~2011년의 데이터를 이용해 널리 쓰이는 주가가치비율의 성적을 시험했다(표 4-3, 표 4-4).

- 기업배수(EV/EBIT, EV/EBITDA)
- P/E
- P/B
- EV/FCF, FCF=순이익+감가상각-운전자본 변동
  -자본적 지출

■ EV/GP~gross profit·매출총이익~, GP=매출-매출원가

■ 미래추정이익 대비 주가, 미래추정이익= I/B/E/S

~Institutional Brokers' Estimate System~ 해당 회계연도 EPS 컨센서스(1982~2010
년 데이터만 이용 가능)

이번에도 우리는 학문적 연구에서 절대표준인 뉴욕증권거래소
시가총액 40분위 이상의 회사들만 추린 다음(참고로 2011년 12월 31
일 기준 가장 작은 주식의 시가총액은 14억 달러였다) 시가총액에 따라 가
중치를 부여했다. 이 주식들에 위의 주가가치비율을 각각 적용해,
그 값에 따라 하위 10%부터 상위 10%까지 10개 분위로 나누어
포트폴리오를 구성했다(주가가치비율이 낮으면 가치주, 높으면 인기주
다). 미래이익추정치를 제외한 다른 모든 가치 지표는 12개월 후
행 데이터를 활용한다. 매해, 즉 기준 연도(t) 6월 30일에 직전 연
도(t-1) 12월 31일의 펀더멘털 지표 데이터를 이용해 포트폴리오
의 자산 배분 비중을 다시 조절한다(리밸런싱).

검증 결과, 저평가된 주식을 가장 잘 찾아낸 지표는 기업배수
비율(EBIT, EBITDA)이었다. 전체 기간 동안 EBIT 가치주 포트폴
리오의 연평균수익률은 14.6%, EBITDA 가치주는 13.7%였다(참
고로 같은 기간 S&P500 지수는 9.5% 상승했다). 월스트리트가 가장 선호
하는 지표인 미래추정이익은 시장 수준에도 못 미치는 8.6% 수익
률로 최악의 성적을 기록했다.

[표 4-3] 과거 지표를 이용한 주가가치비율의 연평균수익률(1964~2011년)

	기업배수					
	EBITDA	EBIT	P/E	EV/FCF	EV/GP	P/B
S&P500(후행)	9.5%					
가치주	13.7%	14.6%	12.4%	11.7%	13.5%	13.1%
인기주	7.6%	7.1%	7.8%	9.1%	7.4%	8.6%
가치 프리미엄	6.2%	7.5%	4.7%	2.6%	6.1%	4.5%

출처:《퀀트로 가치투자하라》

[표 4-4] 가치 10분위 포트폴리오의 역사적 주가가치비율별 상대적 변동성
및 변동성 조정 수익률(1964~2011년)

	기업배수					
	EBITDA	EBIT	P/E	EV/FCF	EV/GP	P/B
S&P500(후행) 대비 표준편차	1.14	1.13	1.16	1.08	1.21	1.14
S&P500(후행) 대비 하방편차	1.08	1.06	1.14	1.03	1.21	1.04
샤프비율	0.53	0.58	0.46	0.44	0.50	0.50
소르티노비율 (MAR=5%)	0.82	0.89	0.68	0.68	0.73	0.80

출처:《퀀트로 가치투자하라》

가치 프리미엄은 주가가치비율로 구분한 가치주 포트폴리오(가장 저평가된 10%)와 성장주 포트폴리오(가장 고평가된 10%)의 수익률 차이를 가리킨다. 가치 프리미엄이 클수록 해당 주가가치비율이 저평가된 주식과 고평가된 주식을 더 잘 구분한다는 뜻이다.

이 시험은 단순히 저평가된 주식의 성과를 측정하는 것보다 더 의미가 있다. 이번에도 EBIT와 EBITDA의 성과가 두드러졌다. EBIT의 가치 프리미엄이 평균 7.5%로 가장 컸고 EBITDA의 가치 프리미엄은 6.2%였다. 역사적 지표를 이용한 주가가치비율 가운데서는 EV/FCF의 가치 프리미엄이 가장 작았는데 이는 저평가 주식과 고평가 주식을 구분하는 능력이 가장 뒤떨어진다는 뜻이다.

기업배수(EBIT 및 EBITDA)는 변동성을 조정한 후에도 여전히 뛰어난 능력을 보였다. 둘 다 시장보다 상대적으로 변동성이 약간 높았으나 주로 상승 방향의 변동성이었다. 따라서 변동성 조정 수익률[6]은 EBIT 및 EBITDA 기준 포트폴리오가 가장 좋았다. 경험적 연구 결과, 기업배수(특히 그린블라트의 EBIT)가 저평가된 주식을 찾는 데 가장 효과적이었다.

기업배수가 저평가된 주식을 이처럼 잘 찾아내는 이유는 무엇일까? EV는 인수하는 사람이 지불해야 하는 전체 가격을 시가총액보다 더 잘 보여준다. EV는 시가총액 외에도 부채, 현금, 우선주 등 재무상태표를 구성하는 정보를 포함하기 때문에(소수 지분, 미수금 대비 미지급금의 순비율 정보를 포함하는 경우도 있다) 실제로 지불해야 하는 비용에 더 가깝다. 이것은 회사 전체를 인수하려는 사람

---

6) 소르티노비율 기준 위험 단위당 초과수익률.

에게 중요한 정보이고, 그것은 결국 가치투자자가 개별 주식을 평가하는 방식이다. 따라서 EV는 기업의 이론적 인수 가격으로 볼 수 있다. 거래를 마치면 인수자는 해당 기업의 부채를 포함한 차입금을 떠안고 현금 및 현금 등가물에 대한 사용권을 얻는다. 그래서 부채를 포함하는 것이 중요하다. 시가총액만으로는 오해의 소지가 있다.

로런과 웰먼은 다모다란의 연구를 인용해 GM General Motors 사례를 제시했다. GM은 2005년 기준 시가총액이 170억 달러였고 부채가 2,870억 달러였다. 시가총액은 인수 비용을 실제보다 축소해 반영하지만 EV는 GM의 막대한 부채 부담을 포착하고, 그것이 수익에 미칠 영향을 좀 더 제대로 설명했다(막대한 부채의 위험은 2009년 6월 GM이 파산 보호를 신청하면서 이론이 아닌 현실이 되었다). P/B 기준으로 저평가 상태인 듯 보였던 주식도 부채 부담이 계산에 반영되면 제값이거나 고평가 상태로 드러나는 경우는 흔하다. 다른 학자들의 연구도 EV가 시가총액보다 유용하고, 부채 규모가 다른 기업을 비교할 때는 더욱 그렇다는 것을 뒷받침한다.[22] EV는 자본구조가 다른 기업끼리도 비교가 용이하다는 점에서 더욱 효과적이다.

기업배수 계산에서 이익에 해당하는 EBIT와 EBITDA는 모두 영업이익이다. 영업이익은 순이익보다 더 많은 정보를 담고 있으므로 기업의 이익을 좀 더 전체적으로 볼 수 있다. EBIT와 EBITDA

는 영업외이익이나 손실의 영향을 받지 않는 반면 순이익은 영업외손실의 영향을 받는다. 영업외손실은 영업주기 전체로 보면 중요하지만 특정 연도의 이익을 왜곡한다. 로런과 웰먼은 영업이익(EBIT, EBITDA)이 좀 더 투명하며 조작이 쉽지 않은 단기 수익성의 척도로서, 동종 업계는 물론 다른 업종의 기업과의 비교를 가능하게 한다고 보았다. EBIT와 EBITDA는 회계적인 이익 지표이며 현금흐름을 대체하는 것이 아니라고 지적하는 사람들이 있는데 바로 여기서 기업배수의 진가가 발휘된다. 기업배수 분석에서 비롯된 모든 가치평가는 기업의 영업현금흐름, 그리고 회계적 이익이 현금 창출로 이어지는 정도를 고려하는 것이 합리적이다.

기업배수는 마치 신중한 가치투자자처럼 현금을 보유한 회사를 선호하고 부채 수준이 높은 회사를 혐오한다. 이런 경향은 양날의 검이 될 수 있다. 기업배수는 시가총액은 작고 상대적으로 많은 현금을 보유한 이른바 '현금보관함cash box' 회사들을 찾아낸다. 대개 주요 사업이 매각되었거나 과거의 유산이 되어버린 기업들이다. 이런 기업의 주식은 상승 여력이 제한적이지만 다행히 단점은 거의 없다. 이런 기업들은 P/B가 선호하는 차입금 의존도가 높은 기업보다 우수하다. P/B는 할인된 자기자본 가치 대비 차입금 의존도가 높은 기업을 잘 찾아내는 경향이 있다. 기업배수는 학계에서 특히 선호하는 P/B나 다른 일반적인 주가가치비율에 비해 상대적 가치를 측정하는 데 좀 더 완벽한 척도이다. 기업배수는 자기자본뿐만 아니라 부채를 반영하고, 영업이익을 더욱 선명하게 반영하며, 기간별 현금의 변화를 포착한다. 기업배수를 활용해 구성한 포트폴리오의 경험적 수익률이 이를 뒷받침한다. 단순히 기업배수 하나만을 이용했을 때 기업배수와 ROIC를 결합한 마법공식보다 더 나은 수익률을 내는 이유는 무엇일까? 괜찮은 기업을 훌륭한 가격에 산다는 '딥 밸류' 철학을 뒷받침하는 이론을 훌륭한 기업을 괜찮은 가격에 산다는 워런 버핏의 전략을 뒷받침하는 이론과 어떻게 조화시킬 수 있을까?

평균회귀와 ROIC의 상관관계

마이클 모부신Michael J. Mauboussin은 ROIC의 속성, 그리고 ROIC 추정치를 밸류에이션 과정에서 어떻게 반영해야 하는지에 관한 광범위한 연구를 수행했다. 크레디트 스위스Credit Suisse 글로벌 금융 전략 책임자이자 1993년부터 컬럼비아 경영대학원 재무 담당 겸임 교수를 역임한 모부신은 가치투자와 행동재무학에 관한 네 권의 책을 썼다. 2012년, 그는 자신의 저서 《운과 실력의 성공 방정식(The Success Equation: Untangling Skill and Luck in Business, Sports and Investing)》[23]에서 ROIC가 평균으로 회귀하려는 경향이 있다는 사실을 보여주는 주목할 만한 데이터를 제공했다. 모부신의 연구 결과는 유익하다. 그의 연구는 '확률적으로 가능한 수준을 넘어 지속적으로 높은 혹은 낮은 ROIC를 창출하는 기업도 있지만 대부분 기업의 ROIC는 평균으로 회귀하려는 경향이 있다'는 그레이엄의 견해를 뒷받침한다. 지속가능한 높은 ROIC를 기록하는 기업의 경우, 모부신은 그처럼 지속가능한 수익률 이면에 어떤 요인이 있었는지 사전에 파악할 수 없었다. 즉, 어떤 기업이 높은 ROIC를 유지하고, 어떤 기업이 평균으로 회귀할지 예측이 불가능했던 것이다. 뛰어난 과거 실적을 바탕으로 '훌륭한 기업'이라고 여겨서는 안 된다는 그레이엄의 경고를 기억하자.[24]

비정상적으로 좋거나 비정상적으로 나쁜 상태는 영원히 지속되지 않는다. 이것은 사업 전반은 물론 특정 산업에도 해당된다. 교정력은 이익이 사라진 상황에서는 이익을 회복하는 방향으로, 이익이 자본에 비해 상대적으로 과도할 때는 이익을 줄이는 방향으로 작동한다.

모부신은 평균으로 회귀하려는 힘이 강력하고 ROIC에도 영향을 미친다는 것을 발견했다. ROIC는 자본비용이라는 평균을 향해 회귀한다. 미시 경제 이론에 따르면, 높은 ROIC는 경쟁자들을 불러들이고, 업계 참여자 일반이 더 이상 경제적 이익을 얻을 수 없을 때까지 서서히 수익률을 자본비용 수준까지 떨어뜨린다.

모부신은 1,000개 비금융기업의 2000~2010년 데이터를 이용해 평균회귀 현상을 직접 보여주었다. [그림 4-3]를 보면 경제적 이익이 '0'인 지점, 즉 ROIC와 자본비용이 같아지는 지점을 향하는 분명한 추세가 존재한다.

[그림 4-3] 분위별 ROIC 중앙값의 변화(2000~2010년)

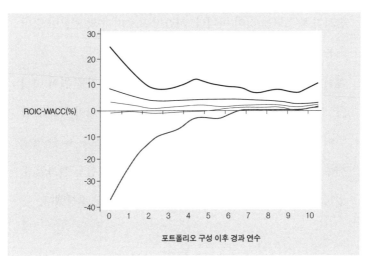

출처: 마이클 모부신 《운과 실력의 성공 방정식》

모부신은 조언했다. "평균회귀는 무작위성이 큰 어느 시스템에서든 분명히 나타나기 때문에 이 결과를 과대해석하지 않도록 주의해야 한다. 데이터에 노이즈가 있다는 사실을 인식함으로써 평균회귀 현상의 대부분을 설명할 수 있다." 모부신은 기술과 운이 함께 작용하는 모든 시스템은 시간이 지남에 따라 평균회귀 현상

을 보일 것이라고 지적한다.[25]

뛰어난 성과는 기본적으로 강력한 실력과 행운이 결합된 결과
라고 생각한다. 반면, 최악의 성과는 취약한 실력과 불운의 결과
다. 실력이 지속되더라도 행운이 전체 참가자들에게 고르게 주
어지면서 결국 성과를 평균에 가깝게 만든다. 전체 표본의 표준
편차가 축소되는 것이 아니다. 시간이 흐르며 운의 역할이 줄어
드는 것이다.

실력과 운의 상대적인 기여도를 구분하는 것은 쉬운 일이 아니
다. 실력이 드러나려면 관측할 수 있는 사례가 많아야 하므로 당
연히 표본의 크기가 중요하다. 통계학자 짐 앨버트Jim Albert는 야구
선수의 한 시즌 전체 타율은 실력과 운이 반씩 조합된 결과일 수
있지만 단 100타석의 타율만 보면 운이 80% 라고 주장했다.

그럼에도 불구하고 모부신은 일부 기업의 2000~2010년 ROIC
수준에서 지속성을 발견했다. 검증 기간 전체에 걸쳐 ROIC 수준
을 유지했다는 뜻이다. 그는 소수의 기업이 높은 ROIC를 지속적
으로 창출했고 그것이 단순한 우연이라고 보기는 어려운 수준이
라는 것을 알았지만 근본적인 인과관계를 파악하지는 못했다. 한
편, 일부 기업이 검증 기간 동안 높은 혹은 낮은 ROIC를 유지했
다는 사실을 사후에 검증하는 것과 사전에 미리 예측하는 것은 전

혀 다른 문제다. 어려운 점은 미래의 지속가능한 ROIC를 무엇으로 예측해야 할지 모른다는 것이다.

모부신은 세 가지 가능성(과거 성장률, 해당 산업의 경제성, 사업모델)을 검토했지만, 지속적으로 높은 ROIC 창출 가능성을 예측하는 데 도움이 되는 요소를 특정하지는 못했다. 과거 성장률과 ROIC의 지속성 사이에 일부 상관관계를 찾기는 했지만 모부신은 "특히 모델 제작자들에게는 안된 소식이지만, 성장은 예측하기가 극도로 어렵다."고 강조했다.[26]

매출의 지속성을 예측할 근거는 일부 있지만 이익 성장의 지속성을 예측할 근거는 부족하다. 최근 일부 연구자들은 이와 관련한 연구 결과를 한마디로 요약했다. "대체로 말하자면 투자자가 미래의 눈부신 성장주를 성공적으로 발굴한다는 것은 동전 던지기의 결과를 정확히 맞추는 것이나 마찬가지다."

모부신은 검증 기간 동안 높은 ROIC를 지속한 기업들 중에서는 특히 제약·바이오테크와 소프트웨어 산업에 속한 기업의 비중이 높았다고 설명하며, 일반적으로 유리한 업종에서 전략적으로 좋은 포지션을 취하는 것이 지속가능한 높은 수익률과 관련이 있다고 언급했다. 물론 유리한 업종이라는 것은 선행적으로 판단하기 어렵고 그레이엄도 정확히 그 점을 지적했다.[27]

ROIC가 평균을 밑도는 산업을 '불리한' 업종으로 가정하고 해당 업종을 기피하려는 것도 당연하다. 물론 뛰어난 ROIC를 달성한 산업에 대해서는 반대로 가정할 것이다. 그러나 이런 결론은 대개 크게 잘못된 것으로 드러난다.

최종적으로 모부신은 기업의 사업모델과 지속가능한 ROIC와의 상관관계를 주장했다. 이것은 아마도 모부신이 제시한 것 중 가장 유용하고 흥미로운 변수일 것이다. 모부신은 ROIC를 NOPATnet operating profit after tax·세후순영업이익 마진과 투하자본회전율invested capital turnover로 구분하여 ROIC 방정식을 만들었다(NOPAT 마진은 NOPAT를 매출로 나눈 값이고, 투하자본회전율은 매출을 투하자본으로 나눈 값이다. ROIC는 NOPAT 마진과 투하자본회전율의 산물이다). 전략 전문가 마이클 포터Michael Porter가 경쟁우위의 원천으로 제시한 차별화와 저비용 생산을 반영하려는 것이었다. 모부신의 연구 결과, 검증 기간 전체에 걸쳐 지속가능한 높은 ROIC를 창출한 기업 대부분은 소비자 우위consumer advantage를 지닌 차별화된 기업이었다. 즉 높은 투하자본회전율이 아니라 높은 NOPAT 마진을 통해 높은 ROIC를 창출한 것이었다. 모부신은 이런 사업의 예로, '판매단위당 이익은 크지만(높은 이윤) 대량 판매는 하지 않는(낮은 회전율) 성공한 보석상'을 제시했다. 씨즈캔디도 이런 사례다. 씨즈캔디는 설탕, 코코아, 우유 등 원자재를 투입해 높은 가격에 팔리는 브랜드화된 소비재로 바꾸어 높은 이윤을 올린다. 반면, 2000~2010년 높은 ROIC를 지속한 기업들 가운데 생산 우위를 갖춘 저비용 사업(높은 투하자본회전율로 낮은 NOPAT 마진을 거두는 사업) 모델을 갖춘 기업은 찾아보기 어려웠다. 모부신은 '판매 단위당 수익은 적지만(낮은 이윤) 재고 회전 속도가 빠른(높은 회전율) 전통적인 할인 유통업체'를 예로 들었다.[28]

지속가능한 높은 ROIC의 원동력을 찾는 모부신의 연구는 포괄적이기는 했지만, 어떤 기업이 미래에 지속적으로 높은 ROIC를 달성할 것인지를 예측하는 데는 별다른 도움이 되지 못했다. 우리가 아는 것은 일부 기업만이 지속적으로 높은 혹은 낮은 ROIC를 창출하고 대부분 기업은 강력한 평균회귀 경향을 보인다는 사실이다. 유리한 산업과 소비자 우위는 ROIC의 지속력을 높일 가능성이 있지만 결정적인 요인은 아니다. 모부신은 마이클 포터를 인용하며 이렇게 강조했다.[29]

지속성이 발생했다는 사실에서 지속성의 원인을 추론하기는 불가능하다. 지속성은 고정된 자원, 일관된 산업 구조, 시장의 이례현상[7] financial anomalies, 가격 통제 등 오랫동안 계속된 다른 많은 요인들 때문일 수 있다. [중략] 요컨대, 지속성의 발생 여부만을 증

---

7) 시장에서 반복적으로 관찰되지만 이론적으로 명확히 설명할 수 없는 현상(예: 계절성, 1월 효과 등).

명하는 분석으로는 지속성의 원인에 대해 신뢰할만한 추론을 이끌어낼 수 없다.

진실은 단순하다. 평균회귀는 만연한 현상이고, 주가와 마찬가지로 재무 성과에도 영향을 미친다. 일반적으로 정상 이상의 자본수익률은 평균으로 회귀한다. 평균회귀를 피하는 경우는 특수한 사례다. 어떤 것이 특수한 사례고 어떤 것이 별 의미가 없는 사례인지 선행적으로 식별하는 것은 불가능하다. 버핏의 천재적인 기업 분석 능력이 없는 우리는 매우 높은 ROIC 혹은 매우 높은 성장률로 높은 내재가치를 정당화하는 모델을 크게 경계해야 한다. 그런 모델은 성장주를 가치주 틀에 맞춰 평가하도록 허용하기 때문에 매력적이다. 그러나 그레이엄이 지적했듯이 문제는 성장에 가치를 매기기가 너무 어렵다는 것이다.[30]

내가 보기에 이른바 성장주 투자자들은 성장주에 얼마를 지불해야 할지, 원하는 수익을 얻으려면 주식을 얼마나 사야 하는지, 가격이 어떻게 움직일지 전혀 모른다(이 점은 일반적인 증권분석가도 마찬가지다). 그러나 이것은 기본적인 질문이다. 바로 이 점이 성장주 철학을 적용해서 꽤 신뢰성 있는 결과를 얻을 수 있다고 생각하지 않는 이유다.

ROIC의 평균회귀를 가정에 반영하지 않는 내재가치 평가 모형은 지나치게 낙관적인 밸류에이션을 제시한다. 몇몇 경우에는 이것이 정당화되겠지만 그렇지 않은 경우가 압도적으로 많다. 모부신은 가격이 잘못 매겨진 유가증권 혹은 '주가에 내포된 기대가 펀더멘털에 대한 전망을 정확히 반영하지 못한 상황'을 찾는 것이 투자자의 목표라고 결론을 내렸다.[31]

펀더멘털의 성과가 뛰어난 기업의 경우, 주가가 이미 펀더멘털을 반영했다면 투자 수익률은 시장 평균 수준일 것이다. 이기는 주식을 찾아냈다고 해서 보상을 받는 것이 아니다. 가격이 잘못 매겨진 주식을 발굴해야 보상이 있다. 펀더멘털과 기대의 차이를 구분하지 못하는 것은 투자 업계에서 흔한 일이다.

사업과 투자의 결과는 실력과 운이 함께 작용해 결정되고, 따라서 시간이 흐르면 사업과 투자 모두 평균으로 회귀할 것이다. 가치투자자로서 주가 측면의 평균회귀를 기대하고 버핏의 '훌륭한 회사'만 찾는다면 그것은 사업 측면의 평균회귀를 무시하거나 과소평가하는 것이다. 지하 저장고에 보관된 값비싼 와인이 사실은 식초였다고 드러나듯, 명백한 우량 주식도 투자자를 실망시킬 수 있다. 재무 성과에서 평균회귀를 예상하는 것은 딥 밸류 철학과 버핏의 '훌륭한 기업' 전략의 중요한 차이다. 버핏의 전략의 핵심은 기업이 평균으로 회귀하지 않고 뛰어난 ROIC를 지속적으로 달성한다는 데 베팅하는 것이다. 그러나 그레이엄이 이론화하고 모부신이 증명했듯이 그런 기업은 드물다. 대부분의 경우 경쟁과 교정력이 작용해 ROIC를 평균으로 되돌린다. 오히려 직관에 어긋나는 베팅이 더 좋다. 즉, 평균회귀를 기대할 수 있는 크게 저평가된 주식에 베팅하는 것이다. 워런 버핏의 경우 씨즈캔디보다 아메리칸 익스프레스 투자가 이런 베팅에 가까웠다. 평균회귀 현상을 인식하는 것은 가치투자에 매우 중요하다. 다음 장에서 운, 실력 그리고 평균회귀의 관계를 보여주는 대표적 사례와 평균회귀에 대한 연구를 살펴보자.

DEEP
VALUE

Deep Value

5장

기계장치로 작동하는 시장[1]

평균회귀와 운명의 수레바퀴

---

1) 원문의 이번 장 제목 'A Clockwork Market'은 우주가 신의 개입이 아닌 시계태엽(기계장치)처럼 정교하고 복잡한 법칙에 따라 작동한다는 아이작 뉴턴의 '기계장치 우주clockwork universe' 세계관을 차용한 표현이다.

"설령 분석 덕분에 투기거래자들이 수학적으로 유리해진다고 하더라도
수익이 보장되는 것은 아니다. 투기거래자의 모험은 여전히 위험하다.
어떤 개별 거래에서도 손실은 발생할 수 있다. 모든 작업이 끝난 후 분석가가
유리하게 혹은 불리하게 기여했는지 여부는 판단하기는 어렵다.
그러므로 투기 분야에서 분석가의 지위는 기껏해야 불확실할 뿐이고
직업적 존엄성도 다소 결여되어 있다. 마치 변덕스러운 여신의 지휘 아래,
분석가와 운명의 여신이 투기적인 피아노 선율에 맞추어 이중주를 하는 것과 같다.
— 벤저민 그레이엄, 《증권분석》(1934)

고대 로마인들은 세르비우스 툴리우스 왕King Servius Tullius이 누린 특별한 행운을 운명의 여신이 함께한 덕분으로 돌렸다.[1] 노예로 태어나 고대 로마의 여섯 번째 왕이 된 그는 기원전 578년부터 535년까지 44년간 고대 로마를 통치했다. 행운을 신의 은총과 연관 지었던 로마인들에게 세르비우스는 가장 운이 좋은 왕이었다. 왕실에서 신성한 불꽃을 돌보는 일을 맡은 베스탈 버진Vestal Virgin이었던 그의 어머니는 왕실의 식탁에서 제물을 가져다가 언제나처럼 불 속에 던져 넣었다. 불길이 사그라지자 아궁이 안에서 남근이

솟아올랐다. 겁에 질린 그녀는 왕실의 안주인인 타나퀼[1]Tanaquil에게 달려가 일어난 일을 고했다. 아궁이를 지키는 집의 수호신 라르Lar가 나타났다고 믿은 타나퀼은 그녀에게 신부 옷을 입히고 방 안에 가두었다. 이처럼 왕실에서 신의 혈통으로 태어난 것이 세르비우스의 행운의 시작이었다.

로마 역사가 플루타르크Plutarch는 세르비우스를 가리켜, 로마의 모든 고대 왕 가운데 타고나기를 군주제에 가장 맞지 않는 성품이었고 군주 정치에 대한 열망도 가장 적었다고 설명했다. 그가 왕이 된 것은 오로지 운명의 여신 포르투나Fortuna의 총애 덕분이었다. 아직 아이였을 때, 번개가 치듯 그의 머리 주위에서 밝은 빛이 났다. 이것은 '불에서 태어난 징표'로서 훗날 왕위를 계승할 좋은 징조였다. 선왕이 임종 직전에 세르비우스를 왕으로 임명하자 타나퀼은 궁전의 창문인 포르타 페네스텔라Porta Fenestella에서 세르비우스의 즉위를 외쳐 알렸다. 세르비우스는 사임을 원했지만 타나퀼이 그의 사임을 막고 왕권을 지키겠다는 선서를 하도록 만들었다. 플루타르크는 뜻하지 않게 포르투나 여신에게 왕위를 빚졌고, 자신의 의지에 반해 강제적으로 왕권을 유지했다. 세르비우스는 그 대가로 포르투나 여신에게 첫 신전과 사당을 지어 바침으로써 로마의 포르투나 숭배 전통을 확립했다. 그의 헌신에 대한 응답으로,

---

1) 로마의 전설상의 왕 타르퀴니우스 프리스쿠스Tarquinius Priscus의 아내.

타나퀼이 세르비우스의 즉위를 선포한 포르타 페네스텔라를 통해 포르투나가 그의 침실을 방문했고 세르비우스는 실로 신성한 사랑을 받았다고 전해진다.

플루타르크에 따르면 행운 덕분에 노예에서 왕의 지위에 오른 세르비우스는 '행운은 위대한 순간이며 인간사의 전부'라는 것을 알았다.[2] 로마 신화에서 운은 포르투나 여신의 모습으로 의인화되었다. 포르투나는 인간의 운명을 결정하는 '운명의 수레바퀴'를 굴렸다. 바퀴는 구르며 네 가지 단계, 즉 '군림할 것이다Regnabo, 군림하노라Regnabo, 군림했노라Regnavi, 왕국을 잃었노라Sum sine regno' 단계를 거쳐 간다.[3] 바퀴는 끊임없이 구르며 사람을 한 단계에서 다음 단계로 이동시킨다. 셰익스피어는 말했다. "걷잡을 수 없이 구르는 포르투나의 바퀴가 우리에게 의미하는 것이자 교훈은 운명은 변하고 충실하지 못하며 변덕스러운데다 그 모습을 바꾼다는 것이다."[4] 포르투나는 합당한 자와 합당하지 않은 자를 가리지 않는 처분으로 변덕스럽고 잔인한 여신으로 여겨졌다. 세네카Seneca는 《아가멤논[2](Agamemnon)》에서 이렇게 경고했다.[5]

오, 운명의 여신이여, 조롱하는 손길로 왕좌의 높은 은혜를 베풀어 위험과 의심 가운데서 고귀한 자를 세우는구나. 왕홀을 쥔 어

---

2) 그리스 신화의 비극적 영웅 아가멤논을 다룬 희곡.

떤 자도 고요한 평화나 확실한 임기를 손에 넣은 적은 없나니.
염려가 그들을 짓누르고 새로운 폭풍에 영혼이 시달리는구나.

…

운명의 여신은 그것이 무엇이든 높이 올린 것을 도로 끌어내리
나니, 소박한 재산이 더 오래 살아남는 법. 행복한 자는 누구든
평범한 삶에 만족하고, 해안을 감싸는 안전한 산들바람에 만족
하며, 자신의 작은 배를 더 넓은 바다에 맡기기를 두려워하고,
야심이 없는 노를 육지 가까이 두는 것에 만족할지어다.

세르비우스는 세네카의 경고를 유념해야 했다. 이야기는 결국
포르투나가 세르비우스를 잔인하게 버리는 것으로 결말을 맺는
다. 딸 툴리아Tullia와 오만했던 사위 타르킨Tarquin은 깡패들을 사주해
세르비우스를 길 위에서 살해했다. 툴리아는 전차를 몰고 원로원
으로 달려가 타르킨을 새로운 왕으로 세웠다. 세르비우스가 살해
된 거리를 따라 집으로 돌아오던 툴리아는 깡패들이 떠난 자리에
쓰러진 아버지의 시신을 마주쳤다. 툴리아는 전차를 몰아 아버지
의 시신을 밟고 넘어갔다. 포르투나는 이렇게 세르비우스를 노예
에서 왕으로 끌어올렸고, 그를 저버렸고, '바퀴'로 그를 깔아뭉갰
다. 운명은 잔인한 연인이다.

포르투나와 운명의 수레바퀴라는 주제는 딥 밸류 투자 철학과
도 잘 맞아 떨어진다. 포르투나, 즉 운은 시장 전반에 영향을 미친

다. 운은 우리가 예상하는 것과는 거리가 먼 결과를 눈앞에 보여주고, 실력이라는 것이 과연 존재하는지 모호하게 만든다. 우리는 운이 기업의 재무적 성과와 투자 전략의 성과에 어떤 영향을 미치는지 알고 있다. 운은 우연적이고 무작위적이며 산발적이고 그 영향은 오로지 단기에 그친다. 장기적으로 보면 운의 역할은 줄어들고 실력의 영향이 더욱 뚜렷해진다. 평소의 실력이 초반의 행운을 대체하는 시점이 되면 앞서 가던 사람도 결국 무리로 되돌아온다. 평소 실력이 초반의 불운을 넘어서는 시점이 되면 뒤처진 사람도 무리를 따라잡는다. 포르투나의 수레바퀴는 '군림하노라, 군림했노라, 왕국을 잃었노라, 군림할 것이다'의 단계를 거치며 굴러간다. 이것이 평균회귀다.

그레이엄의 《증권분석》 맨 앞 장은 이렇게 시작한다. "지금 추락한 많은 사람이 일어설 것이고, 지금 영광을 누리는 많은 사람이 추락할 것이다." 증권에도 포르투나의 수레바퀴가 작동해, 올라간 것은 끌어내리고 내려간 것은 밀어 올린다는 이야기이다. 호라티우스Horace의 《시학(Ars Poetica)》에 등장하는 이 구절은 인간사를 "이 또한 지나가리라(This too will pass)."라는 세 단어로 압축한 전설적인 현자들의 금언과도 흡사하다. 영국의 인류학자 프랜시스 골턴 경Sir Francis Galton은 1886년 출판된 그의 논문 '유전적으로 타고난 신장의 보통으로의 회귀(Regression Towards Mediocrity in Hereditary Stature)'에서 평균을 향한 '회귀'라는 표현으로 이 현상을 설명했다.[6] 골턴에 따르면, 유난히 키가 크거나 작은 부모가 낳은 자녀들의 키는 그들의 부모와는 달리 평균에 가까운 경향이 있었다. 키가 큰 편인 부모를 둔 자녀들의 키는 평균보다 크지만 그들의 부모만큼 크지는 않았다. 또한 키가 작은 편인 부모를 둔 자녀들의 키는 평균보다 작지만 그들의 부모만큼 작지는 않았다. 골턴은 부모의 키 대비 자녀의 상대적인 키의 변화를 '보통으로의 회귀'라고 표현했는데 지금은 '평균회귀'로 통한다.

통계학에서 이 용어는 골턴이 규명한 것과는 상당히 다른 현상을 기술하기 위해 사용된다. 통계에서 평균회귀는 반복적이거나 크기가 큰 표본이 기댓값에 가까운 값을 가지며 초기의 표본 오차가 감소하는 과정을 가리킨다. 예를 들어, 동전을 던질 때 우리는 앞면과 뒷면이 나올 확률이 같다고 기대한다. 동전을 열 번 던지면 다섯 번은 앞면, 다섯 번은 뒷면이 나온다고 기대하는 것이다. 하지만 열 번 중에 여덟 번, 즉 80% 확률로 앞면이 나올 수도 있다. 대수의 법칙law of large numbers에 따르면 같은 실험을 여러 번 수행할 경우 결과의 평균은 예상값에(50% 앞면) 가까워진다. 실험 횟수가 늘어날수록 더욱 그렇다. 즉, 동전을 추가로 100번 더 던지면 총 110번 가운데 앞면이 나올 평균 확률은 50%에 가까워질 것이다. 단순히 100번 더 던졌을 때 50번은 앞면이 나올 가능성이 가장 높기 때문이다. 첫 번째 실험에서 여덟 번 나온 앞면과 두 번째 실험에서 나온 50번의 앞면을 합하면, 전체적으로 앞면의 비율은

80%(8÷10)에서 52.7%((8+50)÷(10+100)=58÷110)로 감소한다. 동전을 1,000번 더 던지면 앞면이 500번, 뒷면이 500번 나올 것으로 기대할 수 있고, 전체적으로 앞면의 비율은 52.7%(58÷110)에서 50.5%(558÷1110)로 감소할 것이다. 대수의 법칙에 따르면, 동전 던지기를 계속 할수록 우리가 보게 되는 앞면의 비율은 50%에 수렴할 가능성이 높다.

그러나 실제로 앞면이 나오는 비율은 기댓값인 50%에 수렴하지 않는다는 사실에 유의해야 한다. 앞면이 나온 다음 뒷면이 나올 확률은 기본 확률(앞면 50%, 뒷면 50%)과 같고, 시행 횟수에 비례하여 절대 오차(앞면 여덟 번)가 작아지기 때문이다. 연달아 앞면이 나오면 다음에는 연달아 뒷면이 나올 것이라는 믿음을 도박사의 오류라고 한다. 이것은 무작위적이고 서로 독립적인 실험에서 예상할 수 있는 확률의 편차가 미래에 반대 방향으로 편차를 발생시킬 가능성이 높다는 잘못된 생각이다. 달리 말하면 연달아 앞면이 나온 다음에는 마땅히 뒷면이 나올 것이라는 잘못된 믿음이다. 동전 던지기는 무작위적인 행위를 독립적으로 시행하는 것이다. 동전의 앞면이나 뒷면이 나올 가능성은 앞에서 나온 결과와는 무관하다는 뜻이다. 여덟 번 앞면이 나왔더라도, 동전이 공정하다면 다음에 앞면이 나올 확률은 여전히 50%이다.

변덕스러운 여신을 조심하라

금융에서 평균회귀는 만연한 현상이지만 동전 던지기와 같은 순전히 통계적인 평균회귀와는 다르다. 시장에서 평균회귀는 도박사의 오류가 현실화된 것에 훨씬 더 가까워 보인다. 즉, 증권의 가격은 개별적이든 전체적이든 어느 한 방향으로 움직이고 나면 그 뒤를 이어 반대 방향으로의 움직임이 나타나는 경향이 있다. 앞선 가격 움직임이 극단적일수록 뒤따르는 반대 방향으로의 조정은 더욱 커진다. 이러한 현상은 기업의 재무성과, 증권의 시장 가격, 지수의 움직임, 펀드매니저의 성과에서도 관찰된다. 그 이유는 다양하지만 가장 분명한 것은 각각의 사건이 독립적인 것이 아니라는 것이다. 즉, 매매를 할 때 우리의 판단은 앞서 실행한 매수나 매도 거래의 영향을 받기 때문이다. 영국의 경제학자 존 메이너드 케인스John Maynard Keynes는《고용, 이자 및 화폐의 일반이론 (Employment, Interest, And Money)》(1936)에서, "기존 투자 수익의 일일 변동은 분명히 일시적이고 중요하지 않은데도 시장에 전적으로 과도하고 심지어 터무니없이 큰 영향을 미치는 경향이 있다."[7]고 주장했다. 시장의 행태와 개인의 의사결정에 대한 연구로 유명한 경제학자 베르너 드 본트Werner De Bondt와 리처드 탈러Richard Thaler는 무의미한 가격의 움직임에 대한 과잉 반응이 평균회귀를 위한 여건을 조성한다는 이론을 세웠다. 두 사람은 투자자들이 단기적이고 무작위적인 시장가격 변동에 과도하게 반응했고, 이러한 과잉 반응이 주가를 일시적으로 내재가치에서 벗어나게 한다고 추정했다. 주가는 시간이 흐르며 내재가치를 향해 되돌아간다. 이것이 사실이라고 한다면, 가장 많이 상승하거나 하락한 주식은 반대 방향으로 크게 움직일 가능성이 있는 후보들이다. 1985년, 드 본트와 탈러는 이 이론을 시험했다.[8] 두 사람은 1926~1982년의 데이터를 이용해 가장 극단적인 승자주winners(상승폭이 가장 큰 종목) 35개로 포트폴리오를 구성하고 그 후 3년(36개월)간 성과를 추적했다. [그림 5-1]은 드 본트와 탈러의 논문에서 패자주(직전 3년간 하락폭이 가장 큰 종목)와 승자주(직전 3년간 상승폭이 가장 큰 종목)로 구성해 측정한 포트폴리오의 성과이다.

[그림 5-1] 승자주 35개, 패자주 35개로 구성한 포트폴리오의
36개월 누적 평균수익률(1933~1982년)

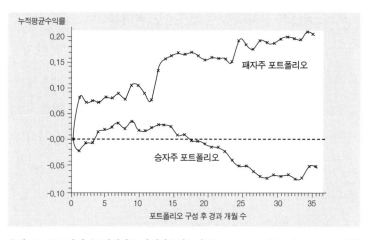

출처: 드 본트, 탈러. '주식시장은 과잉반응하는가?(Does the Stock Market Overreact?)',
Journal of Finance 40(3)(1985): 793-805.

[그림 5-1]에서 보듯 패자주 포트폴리오는 승자주 포트폴리오를 철저히 이겼다. 이것은 주가가 어느 한 방향으로 크게 움직이면 반대 방향의 큰 움직임이 뒤따르는 경향이 있음을 보여준다. 드 본트와 탈러는 이러한 되돌림의 원인이 이목을 끄는 사건에 대한 투자자들의 과잉반응, 과도한 단기적 낙관이나 비관에 있다고 주장했다. 사건이 기억에서 멀어지면서 주가는 내재가치를 향해 되돌아갔다.

1987년에 출판된 두 번째 연구에서, 드 본트와 탈러는 새로운 관점에서 기존 연구를 재검토했다.[9] 그들은 투자자의 시야가 지나치게 단기에 집중되어 있는 것이 첫 번째 연구에서 관찰한 주가의 평균회귀의 원인일 수도 있다는 가설을 세웠다. 투자자가 최근의 과거에서 벗어나지 못하고 눈앞의 미래를 내다보지 못하면 평균회귀를 고려하지 못하고, 따라서 미래 이익을 잘못 계산한다는 것이다. 기업의 실적(이익)도 평균으로 회귀한다면, 극단적인 주가 상승과 하락은 역설적으로 주가뿐만 아니라 기업 실적의 평균회귀를 예고하는 것으로도 볼 수 있다(이는 역설적이다. 일반적으로는 실적 개선이 주가 상승을 이끌 것으로 기대하기 때문이다). 다시 말해, 주가가 크게 하락한 종목은 뒤이어 기업 실적이 개선될 가능성이 높고, 주가가 크게 상승한 종목은 실적이 악화될 가능성이 높다는 뜻이다.

드 본트와 탈러는 1966~1983년의 데이터를 이용해, 특정일로부터 과거 3년간 주가 움직임을 기준으로 극단적인 상승주와 하락주의 포트폴리오를 만들어 원래의 실험을 반복했다. 그런 다음 각 포트폴리오를 구성하는 종목의 과거 3년, 이후 4년 이익을 추적해 특정일(기준일)의 값 100포인트를 기준으로 지수를 산출했다. [그림 5-2]는 드 본트와 탈러의 논문에서 인용한 것으로, 승자 포트폴리오와 패자 포트폴리오를 구성하는 종목의 평균 EPS 변화를 보여준다.

결과는 놀라웠다. 드 본트와 탈러의 예상대로 기준일 이후 이익 성장률은 패자 포트폴리오의 기업이 승자 포트폴리오 기업을 앞

[그림 5-2] 승자주와 패자주 포트폴리오의 평균 EPS 변화(1966~1983년)

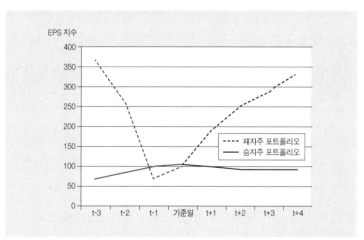

출처: Eyquem Investment Management LLC. Werner F. M. De Bondt,
Richard H. Thaler. '투자자의 과잉반응과 주식시장의
계절성에 대한 추가 증거?(Further Evidence on Investor Overreaction and Stock
Market Seasonality?)', Journal of Finance 42(3)(1987): 557-581.

질렀다. 패자 기업들은 과거 3년간 이익이 72% 감소했고, 기준일 이후 4년간 이익이 234.5% 증가했다. 반면 승자 기업들은 과거 3년간 이익이 50% 증가했고, 기준일 이후 4년간 이익이 12.3% 감소했다. 두 사람의 이론처럼 패자 포트폴리오 기업(주가 하락폭이 가장 큰 종목)의 이익은 승자 포트폴리오 기업(주가 상승폭이 가장 큰 종목)에 비해 훨씬 뛰어난 이익 성장을 달성했다. 패자 포트폴리오 종목의 주가 상승률도 월등히 높아서, 기준일 이후 4년간 누적 수익률 기준으로 시장을 24.6%p 앞섰다. 같은 기간 승자 포트폴리오 종목의 수익률은 시장을 11.7%p 하회했다.

드 본트와 탈러는 두 번째 논문에서, 첫 논문에서 패자 포트폴리오가 승자 포트폴리오를 이긴 원인이 주식의 저평가와 고평가에 기인한 효과일 수도 있다고 언급했다. 패자 종목은 P/B가 낮고, 승자 종목은 P/B가 높은 경향을 보였기 때문이다. 정확한 검증을 위해 두 사람은 주가의 등락이 아니라 고평가와 저평가 정도에 따라 포트폴리오를 다시 구성했다. 먼저 P/B 배수를 기준으로 주식의 순위를 매긴 다음, P/B 하위(장부가치 대비 싼) 20% 주식으로 저평가 포트폴리오를 구성하고, P/B 상위(장부가치 대비 비싼) 20% 주식으로 고평가 포트폴리오를 구성했다. [그림 5-3]은 기준일 이전 3년, 이후 4년간 저평가 및 고평가 포트폴리오의 EPS 변화를 보여준다.

[그림 5-3] 저평가 및 고평가 포트폴리오 평균 EPS 변화(1926~1983년)

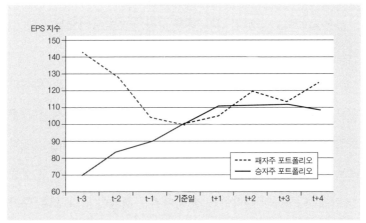

출처: Eyquem Investment Management LLC. Werner F. M. DeBondt.
Richard H. Thaler. '투자자의 과잉반응과 주식시장의 계절성에 대한 추가 증거?',
Journal of Finance 42(3)(1987): 557-581.

[그림 5-3]은 기준일 이후 저평가 포트폴리오 기업들의 이익이 고평가 포트폴리오 기업들보다 더 빠르게 성장했음을 보여준다. 저평가 기업들은 과거 3년간 이익이 30% 감소했고, 기준일 이후 4년간 이익이 24.4% 증가했다. 반면 고평가 기업들은 과거 3년간 이익이 43% 급증했고, 기준일 이후 4년간 이익 성장을 지속하기는 했지만 성장세가 크게 둔화되어 누적 성장률 8.2%에 그쳤다. 승자 포트폴리오 기업들과 마찬가지로 고평가 포트폴리오 기업들은 기준일 이전 3년간의 실적 성장세가 암시한 고성장의 약속을 이행하지 못했다. 반면 저평가 포트폴리오 기업들은 실적 개선을 달성했다. 이 차이는 각 포트폴리오의 성과에도 반영되었다.

저평가 포트폴리오는 기준일 이후 4년간 누적 기준으로 시장 수익률을 40.7%p 앞섰다. 같은 기간 고평가 포트폴리오는 시장 수익률을 1.3%p 하회했다. 놀라운 결과였다.

드 본트와 탈러의 연구 결과는 통념을 뒤집는 것으로, 주식의 평균회귀에 대한 설득력 있는 증거를 다양한 형태로 제시한다. 큰 폭의 상승세와 하락세는 지속되지 않는다. 오히려 주가가 극단적으로 하락한 뒤에는 큰 폭의 상승이 이어지고, 극단적으로 상승한 뒤에는 큰 폭의 하락이 오래 이어지는 경향이 있다. 또한 주가가 큰 폭으로 하락한 뒤에는 기업 이익이 크게 성장하고, 주가가 큰 폭으로 상승한 뒤에는 이익 성장이 둔화되거나 이익이 감소하는 경향이 있다. 저 P/B 기업, 즉 저평가된 기업의 이익은 고 P/B 기업, 즉 고평가된 기업의 이익보다 빠르게 성장하고, 따라서 주가도 더 빠르게 상승한다. 급격한 이익 성장과 그에 따른 주가 상승을 동반할 종목을 찾는다면 직관이 가리키는 방향과는 다른 곳을 보아야 한다. 지나치게 비싸고, 이익이 큰 폭으로 증가하고, 주가가 급등한 종목은 우리를 실망시킬 것이다. 오히려 상당한 이익 감소와 주가 급락을 견뎌낸 저평가된 종목들 가운데서 우리가 원하는 것을 발견하게 될 것이다. 이것은 개별 기업과 주식에만 국한된 현상은 아니다. 앞으로 살펴보겠지만 드 본트와 탈러의 발견은 주식시장과 경제 전반에도 적용된다.

저평가된 시장과 평균회귀

1999년 말, 〈포천〉은 '미스터 버핏, 주식에 관하여(Mr. Buffett on the Stock)'라는 워런 버핏의 이례적인 글을 소개했다.[10] 평소 버핏은 시장에 대해 언급하는 법이 없었고 대신 개별 기업에 초점을 맞추기를 선호했기 때문에 이것은 이례적이었다. 버핏의 1987년 발언은 시장을 보는 그의 시각을 전형적으로 보여준다. "투자를 할 때 우리는 스스로를 시장 분석가나 거시경제 분석가, 심지어 증권 분석가도 아닌 기업 분석가라고 생각합니다."[11] 1999년, 닷컴 버블이 최고조에 달하기 5개월 전 〈포천〉에 쓴 글에서, 버핏은 자신이 시장을 '매우 제한적인 범위'로만 바라본다는 사실을 애써 설명했다.[12]

버크서에서 우리는 거의 전적으로 개별 기업의 밸류에이션에 초점을 맞추고, 전체 시장의 밸류에이션은 매우 제한적인 범위로만 보고 있다. 그러나 시장의 가치를 평가하는 것은 시장이 다음 주나 내년에 어떻게 될 것인지를 예상하는 것과는 아무런 관련이 없고, 그런 식으로 생각해본 적도 결코 없다. 시장은 아주 오랫동안 가치와 무관한 방식으로 행동할 때가 있지만 그렇다 하더라도 결국 중요한 것은 가치다.

자신의 주장을 입증하기 위해 버핏은 1964~1981년과 1981~
1998년, 각각 17년의 기간을 비교했다. 1964~1981년 미국의
GNPgross national product·국민총생산 성장률은 373%로 다섯 배 가까이 성장
했다. 반면 시장은 제자리였다. 다우존스 산업평균지수는 1964년
12월 31일 874.12, 17년 뒤인 1981년 12월 31일에는 875.00에
머물렀다. 한편, 1981~1998년 미국 GNP 성장률은 앞선 17년의
절반에도 못 미치는 177%에 그쳤지만 다우존스 산업평균지수는
1981년 12월 31일 875.00에서 1998년 12월 31일 9,181.43으로
열 배 상승했다.

버핏은 주식시장의 특이한 행태의 원인을 금리와 밸류에이션
이라는 두 가지 중요한 변수 사이의 관계에서 찾았다. 버핏은 이
렇게 설명했다. "중력이 물질에 작용하듯 금리는 밸류에이션에
작용한다. 즉, 금리가 높을수록 밸류에이션을 끌어내리는 힘도 더
강해진다."[13]

그 이유는 어떤 투자 자산이든 투자자가 기대하는 수익률은 국
채의 무위험 수익률과 직접적으로 연결되기 때문이다. 국채 금
리가 오르면 다른 모든 투자 자산의 가격은 그 자산의 기대수익
률에 맞추어 하향 조정되어야 한다. 반대로, 국채 금리가 내려가
면 그것이 다른 자산의 가격을 밀어 올린다. 투자자가 내일 벌어
들일 1달러를 위해 오늘 얼마를 지불해야 할지는 오로지 무위험

수익률을 먼저 알아야만 판단할 수 있다는 것이 기본 전제다.

1964~1981년 기간을 보면, 장기 국채 금리는 1964년 말 4.20%에서 1981년 말 13.65% 이상으로 상승했다. 국채 금리가 세 배 이상 오르자 주식시장은 미국 기업의 놀라운 성장을 무효화시킬 정도로 하락했다. 한편, 다음 17년 기간 동안 국채 금리는 1981년 13.65%에서 1998년 5.09%로 하락했고 주식시장은 열 배 이상 상승했다.

많은 전문 투자가, 경제학자 및 금융 저널리스트들은 경제, 즉 GNP나 GDP 성장률이 주식시장 상승을 견인한다고 가정한다. 경제의 성장 속도가 빠를수록 투자 환경에 유리하며 따라서 투자자의 기대 수익도 커진다. 통념상 강력한 경제 성장은 강력한 수익과 동일시되고, 약한 성장세는 낮은 수익과 동일시되며, 불황은 시장의 폭락과 동일시된다. 대부분 사람들은 너무나 당연하게 주식시장의 수익률이 저변의 경제 상황과 결부되어 있다고 여긴다. 그렇다면 버핏이 검토한 첫 17년간 저변의 상황이 좋았는데도 주식시장은 약세였고, 두 번째 17년 동안 경제 성장이 둔화되었는데도 주식시장이 폭등한 이유는 무엇일까? 1964년부터 1998년까지 주식시장과 경제 상황은 왜 그처럼 어긋난 것일까?

시장과 국가에 대한 투자의 수익을 결정하는 것은 경제 성장이 아닌 밸류에이션이다. 런던 경영대학원의 엘로이 딤슨Elroy Dimson,

폴 마시Paul Marsh, 마이크 스탠턴Mike Staunton의 연구는 성장하는 경제를 따라가는 투자는 고평가된 주식을 따라가는 것과 비슷하며 그 결과도 실망스럽다는 것을 보여준다.[14] 딤슨, 마시, 스탠턴이 17개국을 대상으로 1900년의 주식시장을 검토한 결과, 투자 수익과 1인당 GDP 성장률 사이에는 역의 관계가 성립했다. 즉, GDP가 고성장 할수록 주식시장의 수익률은 낮아졌다. 두 번째 실험에서, 이들은 5년 경제 성장률 기준으로 조사 대상 국가를 5분위로 나누었다. 최고 성장 분위 국가들의 이듬해 주식시장 수익률은 평균 6%였다. 최저 성장 분위 국가들의 이듬해 주식시장 수익률은 12%로 고성장 국가들의 두 배 수준이었다. 세 번째 실험에서는 1년간 GDP 성장률과 이듬해 투자 수익률 사이에서 어떤 통계적 연관성도 발견할 수 없었다. 국가별 투자 수익률은 GDP의 단기 성장과는 무관했고 심지어 경제의 고성장이 낮은 투자 수익을 예고하고 저성장은 높은 투자 수익을 예고하는 역의 관계를 보이기도 했다.

어쩌면 이것은 신흥시장에 비해 경제 성장이 정체된 선진국의 경제와 주식시장에 국한된 현상일지도 모른다. 그럴 수도 있겠지만, 그렇지 않다. 세 사람은 검토 대상을 신흥시장으로 확대했다. 사상 최고의 GDP 성장률을 기록하고 있을 신흥시장에서도 같은 결과가 관찰되었다. 스위스 최대 민간은행 중 하나인 롬바르드 오디에Lombard Odier 최고투자책임자 폴 마슨Paul Marson은 1976~2005

년 개발도상국 주식시장의 수익률을 끌어올린 요인을 조사했는데 GDP 성장률과 주식시장 수익률 사이에서 어떤 상관관계도 발견할 수 없었다.[15] 〈이코노미스트The Economist〉는 버튼우드 칼럼에서 마슨의 연구를 언급하며, 중국 시장을 전형적인 표본으로 꼽았다. 1993~2008년 중국의 평균 명목 GDP 성장률은 15.6%, 주식시장의 연평균 기준 수익률은 −3.3%였다. 버튼우드는 중국을 '늙고 따분한 영국'과 비교했다. 영국의 평균 명목 GDP 성장률은 4.9%에 불과했지만 주식시장은 연평균 6.1% 수익률을 기록해 경제 호황을 누리고 있던 중국을 9%p 앞섰다. 저술가이자 금융 이론가인 미국의 윌리엄 번스타인William J. Bernstein은 자신의 웹사이트 이피션트 프론티어Efficient Frontier에 이런 글을 올렸다. "스스로를 납득시키기 위해 샅샅이 회귀분석을 수행할 필요는 없다. 몇 가지 일화만으로도 충분히 입증이 되기 때문이다."[16]

세계 제일의 경제 및 군사 강국이던 영국은 20세기를 거치며 비대한 야외 테마공원으로 변했지만 1900~2000년 주식시장 수익률은 여전히 세계 최고 수준이었다. 지난 25년 동안 중국은 물론 말레이시아, 한국, 태국도 세계 최고 수준의 경제 성장률을 기록했지만, 동시에 세계 최저 수준의 주식 시장 수익률을 기록했다.

드 본트와 탈러의 승자주 포트폴리오, 고평가 포트폴리오가 패자주 포트폴리오, 저평가 포트폴리오보다 수익률이 낮았던 것처럼 고성장 국가의 주식시장 수익률은 저성장 국가보다 낮았다. 경제의 고성장은 주식시장 수익률을 낮추고, 저성장은 주식시장 수익률을 높이는 것처럼 보인다. 어째서일까? 주식시장의 수익률을 낮추는 것은 경제 성장이 아니다. 시장이 이미 고성장 국가의 잠재력을 반영해서 주가를 지나치게 높게 매긴 것이다. 시장 참여자들은 경제의 고성장기에 지나치게 낙관적인 전망으로 주가를 끌어올리고 장기 수익률을 낮춘다. 거품이 꺼지는 시기에는 지나치게 비관적인 전망으로 주식을 팔아치우고 장기 수익률이 상승할 환경을 조성한다. 플로리다 대학 워링턴 경영대학원 재무교수 제이 리터Jay Ritter는 경기 침체가 증시에 영향을 미치는 원인을 설명하며, "위험 회피 성향이 높아지는 이유도 있겠지만 비이성적인 과잉반응 때문이기도 하다."고 말했다.[17] 드 본트와 탈러가 뿌듯할 만한 설명이다. 리터는 또한 이 '비이성적' 특성이 변동성을 일으키고, '다년간에 걸친 평균회귀'로 이어진다고 덧붙였다.[18] 그레이엄도 이 설명에 동의할 것이다.

주식에서 평균회귀는 직관에 어긋난다. 주가가 큰 폭으로 상승하고 과거 이익 성장률이 높은 주식은 미래에 이익 성장률이 둔화되고 주가 상승폭도 시장을 하회하는 경향이 있다. 주가가 큰 폭으로 하락하고 과거 이익이 감소한 주식은 이익이 빠르게 성장하고 시장 대비 초과수익을 달성하는 경향이 있다. 과거 이익이 감소한 저평가 주식은 이익이 급증한 고평가 주식보다 미래 이익 성장이 더 빠르다. 이것이 평균회귀이며, 벤저민 그레이엄이 최초로 규명했듯이 시장을 이기기 위한 가치주 전략을 이끄는 현상이다. 버핏이 빌려온 그레이엄의 설명은 더할 나위 없이 명쾌하다(그레이엄이 정확히 이 비유를 사용했다는 기록은 없다).[19]

시장은 단기적으로는 투표기(이때 유권자로 등록하는 조건은 지적 능력이나 정서적 안정성이 아닌 오직 돈이다)이며 장기적으로는 저울이다.

수레바퀴는 돈다, 이를 깨닫지 못한다면

독일 인문학자 제바스티안 브란트Sebastian Brant가 쓴《바보들의 배 (Ship of Fools)》는 부패하고, 어리석고, 눈치 없고, 자신이 어디로 향하는지도 모르는 승객들을 가득 태운 채 '바보들의 천국'을 향해 출항하는 한 척의 배에 관한 이야기 모음집이다. 독일의 대표적 판화가 알브레히트 뒤러Albrecht Dürer는 각양각색의 바보들이 저마다 저지르는 어리석은 행동을 하나하나 목판화로 제작했다. [그림 5-4]는 뒤러가 제작한 목판화인데 당나귀 귀가 달린 머리 장식을 쓰고 포르투나의 수레바퀴에 매달린 사람들을 그린 작품이다. 포르투나의 조종에 따라 돌아가는 수레바퀴를 타고 올라가면 사람은 당나귀로 변하고 꼭대기에 이른 당나귀는 태양을 향해 손을 뻗는다. 그런 다음 아래로 내려오면서 다시 사람으로 변한다. 판화가 이야기하는 것은 삶에서 운과 무작위의 역할, 그리고 '군림하노라'의 필연적인 종말에 대한 인간의 무지일 것이다. '군림하노라' 시절에 '왕국을 잃었노라'를 준비하는 대신, 우리는 계속 올라가기만 하거나 영원히 최고 정점에 남아 있을 것이라고 상상하며 태양을 향해 손을 뻗는다.

뒤러의 목판화에서 꼭대기에 올라 태양을 향해 손을 뻗는 당나귀처럼 우리는 평균회귀의 결과를 깨닫지 못하는 경향이 있다. 2002년 노벨 경제학상을 받은 행동심리학자 대니얼 카너먼Daniel Kahneman은 자서전에서, 이러한 무의식을 처음 관찰한 것이 자신의 경력에서 '가장 만족스러운 유레카Eureka', 진정한 깨우침의 순간이었다고 회고한다.[20] 카너먼은 이스라엘에서 비행학교 교관들을 대상으로 칭찬이 처벌보다 교육에 더 효과적이라는 내용으로 강의를 하고 있었다. 그때 오랜 경력을 지닌 한 교관이 반론을 제기했다. 그는 더 큰 조직이라면 긍정적 강화가 효과적일 수 있겠지만 비행학교 생도들에게 이상적이라는 데는 반대했다. 그는 말했다. "곡예비행을 깔끔하게 해냈을 때 칭찬을 한 적이 여러 번 있었는데 대개 다음번에는 결과가 좋지 않았습니다. 오히려 못했을 때 윽박지르면 다음번에 더 잘 해냈습니다. 강화가 효과적이고 처벌은 효과가 없다는 것은 맞지 않습니다. 실제로는 그 반대입니다." 카너먼은 그때 세상이 돌아가는 법에 관한 중요한 진리를 깨달았다고 말했다. 즉, 우리는 다른 사람이 잘한 일에 보상을 하고, 못한

[그림 5-4] 제바스티안 브란트의 《바보들의 배》에 묘사된
알브레히트 뒤러의 '운명의 수레바퀴'

일을 처벌한다. 그리고 모든 것은 평균으로 회귀한다. 따라서 통
계적으로 다른 사람에게 보상을 주면 나중에는 대가를 치르고, 처
벌을 하면 다음에는 보상을 받으며 그것이 인간의 조건, 즉 인간
존재의 독특한 특징이라는 진리다. 카너먼은 곧바로 실험을 통한

입증에 나섰다. 각 참가자들에게 등 뒤에 있는 목표물을 향해 동전을 두 번 던지게 하고 그 사이 아무런 피드백을 주지 않았다. 목표물과의 거리를 측정한 결과 첫 시도에서 목표물에 근접했던 사람들은 두 번째 시도에서 대부분 결과가 나빴고 첫 시도에서 별로였던 사람들은 다음 시도에서 결과가 향상되었다. 카너먼은 이 실험 결과로 '왜곡된 우발적 사건에 일생동안 노출되는 데 따른 영향[3]을 없애지는 못한다'는 것을 알았다. 그러나 이 실험은 노벨 경제학상 수상으로 이어지는 연구[4]의 계기가 되었다. 주가의 평균 회귀를 대하는 우리의 태도 역시 이처럼 왜곡된 우발적 사건으로 체득한 편견의 결과다.

행동재무학을 연구한 조지프 라코니쇼크Joseph Lakonishok, 안드레이 슐라이퍼Andrei Shleifer, 로버트 비시니Robert Vishny는 1994년, 가치주에 투자하는 전략이 시장을 이기는 이유에 관한 획기적인 연구를 수행했다. 라코니쇼크 등은 뒤러의 목판화에서 수레바퀴에 매달린 당나귀들처럼 평균회귀의 의미를 인식하지 못하는 투자자들의 '순진한' 전략과 반대되는 역발상contrarian 투자가 가치주 투자 전략을 이기는 이유라고 결론을 내렸다.[22] 순진한 전략의 유형은 과거 실적 성장을 근거로 너무 먼 미래를 추론하는 것, 주가의 추세를 가

---

3) (훈련) 성과는 무작위적이고 평균 회귀에 따른 자연스러운 현상이지만 이처럼 왜곡된 우발적 사건을 평생 접하면서 어떤 인과관계가 있다고 편견을 갖게 되는 현상.
4) 인간의 비합리성과 비합리적인 의사결정에 관한 연구.

정하는 것, 호재나 악재에 과도하게 반응하는 것, 투자하기에 좋은 회사를 주가는 고려하지 않고 단순히 잘 운영되는 회사와 동일시하는 것에 이르기까지 다양하다. 과거에 수익률이 좋았던 종목에 지나치게 환호하는 투자자들이 앞다투어 값을 올리면서 소위 인기주들이 고평가된다. 반면 과거에 수익률이 나빴던 종목에 과도하게 반응한 투자자들의 과매도로 인해 소외당한 이른바 가치주는 저평가된다. 드 본트와 탈러가 증명했듯이, 과거 추세를 바탕으로 미래를 추정하는 '순진한 외삽추론extrapolation'식의 투자 전략으로 찾아내는 주식은 시장 수익률을 하회한다. 가치주 투자자는 순진한 외삽추론에 반하는 역발상 전략에 따라 과거 성장률, 기대 성장률이 낮은 가치주의 비중을 늘리고, 과거 수익률, 기대수익률이 좋은 인기주의 비중을 줄이거나 아예 숏 포지션을 취한다.

라코니쇼크 등은 1968~1990년의 데이터를 이용해 단순한 역발상 가치투자 전략, 즉 기대가 큰 주식(인기주)의 하락에 베팅하고, 기대가 낮은 주식(가치주)의 상승에 베팅하는 전략이 과연 우수한 수익률을 내는지 시험했다. 우리는 라코니쇼크 등의 연구를 복제하고 확장해 1980~2013년 전 세계 주식시장의 수익률을 조사했다.[23] 우리는 23개 선진 시장, 즉 호주, 오스트리아, 벨기에, 캐나다, 덴마크, 핀란드, 프랑스, 독일, 그리스, 홍콩, 아일랜드, 이탈리아, 일본, 네덜란드, 뉴질랜드, 노르웨이, 포르투갈, 싱가포르, 스페인, 스웨덴, 스위스, 영국 그리고 미국의 수익률을 조사했다. 먼저, 각국의 시가총액 기준 하위 50%에 해당하는 극소형주를 배제했다. 그런 다음 유니버스 안의 주식을 P/B, P/CF, P/E에 따라 분류하고 각 비율별로 5분위 포트폴리오를 구성했다(즉, 각 포트폴리오는 전체 유니버스의 20%에 해당하는 주식으로 구성된다). 그런 다음 기준일로부터 5년간 미 달러화 기준 연평균수익률을 측정해 각 분위별로 비교했다. [그림 5-5]는 각 주가비율별 5분위 포트폴리오의 5년 연환산수익률 평균이다.

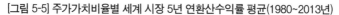

[그림 5-5] 주가가치비율별 세계 시장 5년 연환산수익률 평균(1980~2013년)

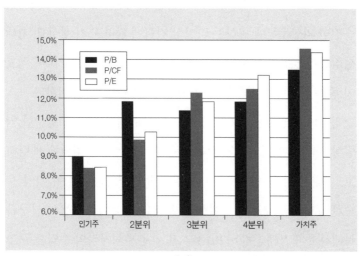

출처: Eyquem Investment Management LLC.

　[그림 5-5]는 우리가 검증한 33년 기간 동안 세 가지 펀더멘털 지표 대비 주가 비율이 최저인 주식들로 이루어진 분위(가치주 분위, 차트 맨 오른쪽)의 수익률이 최고 비율 주식들로 이루어진 분

위(인기주 분위, 차트 맨 왼쪽)를 앞섰다는 것을 보여준다. 또한 수익률 순위도 저평가 순위와 같았다. 즉, 가치주 분위는 그다음으로 저평가된 4분위보다 수익률이 높았고, 수익률은 순서대로 낮아져 인기주 분위가 가장 낮았다. 전체 주식을 대형주(시가총액 상위 3분의 1)와 소형주(하위 3분의 2)로 나누었을 때도 결과는 비슷했다. [그림 5-6]은 P/B 기준으로 분류한 대형주 5분위, 소형주 5분위 포트폴리오의 5년 연환산수익률 평균이다.

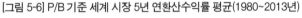

[그림 5-6] P/B 기준 세계 시장 5년 연환산수익률 평균(1980~2013년)

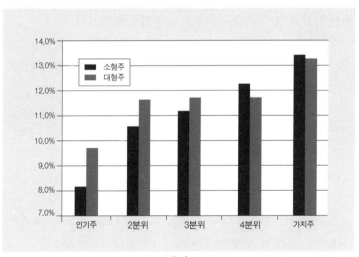

출처: Eyquem Investment Management LLC.

[그림 5-6]은 가치주 분위가 인기주 분위보다 높은 수익률을 기록하는 이유가 단지 소형주 덕분은 아니라는 것을 보여준다. 대

형 가치주도 대형 인기주보다 수익률이 높았다. 가치주 분위의 인
기주 분위 대비 초과 수익률을 가리켜 가치주 프리미엄이라고 한
다. [표 5-1]은 시가총액 하위 50%를 제외한 전체 주식, 그리고
전체 주식을 다시 소형주와 대형주 두 개 하위 그룹으로 나누어
수익률, 가치 프리미엄 및 기타 성과 자료를 보여준다. [표 5-1]에
제시된 정보들의 의미는 이렇다. 인기주 분위(1열)가 최저 샤프비
율 1로 최저 수익률을 기록했고, 가치주 분위가 최고 샤프비율로
최고 수익률을 기록했다. 또한 각 분위별 수익률은 인기주(1분위)
부터 가치주(5분위)로 갈수록 높아졌다. 가치주는 연간 수익률은
물론 위험 조정 수익률 기준으로도 인기주를 앞섰다.

[표 5-1] 시가총액에 따른 P/B 가치 분위별 5년 연환산수익률 평균(1980~2013년)

		인기주				가치주	가치주 프리미엄
		1	2	3	4	5	5-1
전체	연환산수익률	8.80%	10.82%	11.32%	11.89%	13.48%	4.68%
	표준편차	19.03%	18.24%	17.45%	16.08%	16.44%	
	샤프비율	0.21	0.33	0.37	0.43	0.52	
대형주	연환산수익률	9.85%	11.62%	11.78%	11.65%	13.36%	3.51%
	표준편차	19.77%	18.90%	17.27%	16.12%	16.45%	
	샤프비율	0.25	0.36	0.40	0.42	0.52	
소형주	연환산수익률	8.23%	10.46%	11.22%	12.14%	13.41%	5.18%
	표준편차	19.21%	18.61%	17.88%	16.67%	16.96%	
	샤프 비율	0.17	0.30	0.35	0.43	0.50	

출처: Eyquem Investment Management LLC.

이것은 전체 기간의 수익률 평균이다. 짧은 기간에도 가치주 프리미엄이 양수(+)라는 보장은 없다. 가치 프리미엄은 있다가도 사라질 수 있고 가치주의 수익률이 인기주보다 저조할 때도 있다.

[그림 5-7]은 연속되는 5년 롤링 기준 대형주와 소형주의 가치주 프리미엄 혹은 디스카운트이다.

[그림 5-7] P/B 가치 분위별 5년 롤링 연환산 가치주 프리미엄 및
디스카운트(1985~2013년)

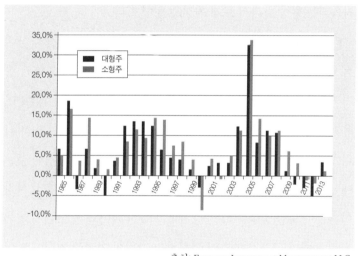

출처: Eyquem Investment Management LLC.

[그림 5-7]에서 가치주 프리미엄은 기간마다 다르다. 가치주 프리미엄이 음수(-)인 기간은 인기주가 가치주 대비 상대적으로 강세를 기록한 시기다. 2010~2013년은 인기주 대비 가치주의 상대적 약세가 길어진 최악의 기간이었다. 길지 않은 검증 기간 동

안 이러한 수준의 상대적 약세는 비정상적으로 길다고 볼 수 있다. 이러한 현상은 가치주가 인기주 대비 최대의 프리미엄을 지속한 기간인 2000~2005년의 엄청난 상대적 강세와 관련이 있을 것이다. 그러나 한편으로 이러한 상대적 강세는 1990년대 닷컴 버블을 거치며 가치주가 상대적으로 약세를 기록한 때문이기도 하다. 가치주 프리미엄 역시 평균회귀 현상으로 보인다. 만일 그렇다면 최근의 상대적 약세에 이어 가치주 분위의 상대적 강세가 지속되는 현상을 다시 보게 될 가능성이 있다.

라코니쇼크 등의 연구를 확장한 이 연구 결과는 단기간의 상대적 약세를 제외하면 가치주가 일관되게 프리미엄을 창출하고 장기적으로 시장과 인기주를 이긴다는 것을 보여준다. 그런데 그 이유가 논란을 야기한다. 드 본트, 탈러, 라코니쇼크, 슐라이퍼, 비시니 등 행동재무 경제학자들은 그 이유를 과잉반응과 순진한 추론에 반하는 가치주 투자자의 역발상 접근에서 찾는다. 효율적 시장 이론을 구축한 영향력 있는 경제학자 유진 파마와 켄 프렌치는 가치주 투자가 근본적으로 더 위험하고 그것이 가치주 전략이 뛰어난 수익률을 기록하는 원인이라고 주장한다. 파마와 프렌치는 가치주 전략의 상대적 강세를 추가적인 위험에 대한 보상으로 보았다. 동일한 주장이 드 본트와 탈러의 과잉반응에 대한 연구를 비판하는 데 활용되었다. 그러나 가치주가 근본적으로 더 위험하려면 어느 정도는 빈번하게 인기주보다 낮은 수익률을 기록해야 하고, 라코니쇼크 등이 '나쁜' 환경이라고 일컫는 극도의 하락장이나 경기침체 상황에서는 더욱 그래야 한다. 라코니쇼크 등은 가치주 전략이 좋은 시기에 상대적으로 좋은 성과를 기록하고, 나쁜 시기에도 인상적인 성과를 낸다는 사실을 발견했다. 장기적으로 보면 가치주 전략은 거의 언제나 인기주 전략을 능가하며, 외부 환경이 나쁠 때는 더욱 그렇다. 라코니쇼크 등은 가치주와 인기주 전략의 커다란 평균수익률 격차를 설명하는 어떠한 위험 지표도 찾을 수 없었다. 다만, 투자자들이 과거의 실적을 기본으로 미래를 추론한다고 보이는 증거를 발견했다. 물론 미래는 그런 외삽추론의 결론대로 흘러가지 않는다.

라코니쇼크 등은 순진한 외삽추론의 본질에 대해, 투자자들이 과거 성장과 결부시켜 미래 성장을 기대하기 때문에 인기주를 지나치게 낙관적으로 전망하고, 마찬가지 이유로 가치주를 지나치게 비관적으로 전망한다는 개념으로 설명한다. 라코니쇼크 등은 매출, 순이익, 영업이익과 같은 펀더멘털 지표의 실제 성장률을 과거 성장률 및 기대 성장률과 비교해 이 주장의 타당성을 시험했다. 라코니쇼크 등은 각 유가증권의 다양한 가격비율로부터 기대 성장률을 구했다. 시장이 유가증권의 가격을 펀더멘털에 비해 높게 매긴다면 펀더멘털의 고성장을 암묵적으로 기대하고 있다는 뜻이다. 예를 들면 P/E가 높을수록 시장이 기대하는 이익의 성장률도 높다. 이것은 일정한 비율로 증가하는 일련의 배당금으로

주식의 내재가치를 판단하는 고든의 항상성장모형Gordon's constant growth
model으로 확인할 수 있다.[24] 다음은 고든 성장모형의 방정식이다.

$$P = \frac{D_1}{r-g}$$

P: 현재 주가

D_1: 내년도 예상 배당금

g: 배당금의 영구적인 매년 일정 성장률

r: 할인율

배당금(D_1)과 할인율(r)이 일정하다면 높은 주가(P)는 높은 성
장률(g)을 의미한다. 배당금을 매출, 순이익, 현금흐름, 영업이익
으로 대체해도 직관적으로 동일하다.

시장가격에 내포된 성장률과 기준일 이후 실제 성장률을 비교
한 라코니쇼크 등은 드 본트와 탈러의 연구 및 그레이엄의 직관을
뒷받침하는 놀라운 결과를 얻었다. 가치주의 펀더멘털이 인기주
보다 더 빠르게 성장한 것이다. 인기주에 지불하는 높은 가격에는
높은 성장률을 달성할 것이라는 시장의 기대가 내포되어 있다. 그
러나 기대와 달리 높은 성장률은 지속되지 않는다. 인기주의 성장
률이 가치주 성장률에 못 미치거나, 가치주를 크게 앞서다가도 뒤

처지는 분명한 현상이 그 증거다. 다시 말해, 인기주의 펀더멘털은 드 본트와 탈러의 주장처럼 평균으로 회귀한다. 그러나 시장은 평균회귀를 기대하는 대신, 미래에 대한 예측을 과거 성장률에 연결시켜서 인기주의 가격을 가치주 대비 지나치게 낙관적으로 평가해 매기는 경향이 있다. 이런 높은 기대에 못 미치는 인기주의 성장은 투자자들을 실망시키고, 선호하지 않던 가치주의 성장은 투자자들에게 깜짝 성장으로 다가오는 것이다.

라코니쇼크 등의 획기적인 연구는 가치투자의 핵심이 되는 다음 세 가지 명제를 확립했다. 첫째, 비선호 가치주를 매수하는 다양한 전략은 인기주 전략 대비 높은 수익률을 기록하고 시장을 이긴다. 둘째, 가치주 전략이 인기주 전략 대비 상대적으로 더 좋은 성과를 내는 이유는 투자 시점 이후 인기주 펀더멘털(이익, 매출 등)의 가치주 펀더멘털 대비 실제 상대 성장률이 과거보다 훨씬 저조하거나, 인기주의 밸류에이션 수준에 시장의 기대치가 이미 반영되었기 때문일 것이다. 즉, 시장 참여자들은 인기주의 미래 성장률을 가치주 대비 지속적으로 과대평가하고, 따라서 평균회귀의 가능성이 더 높다는 사실을 인정하지 못하는 것으로 보인다. 셋째, 가치주 전략은 인기주 전략보다 위험성이 낮은 것으로 보인다.

이런 결론은 분명한 의문으로 이어진다. 가치주의 수익률이 인기주를 능가한다는 것을 알고 있다면 어째서 투자자들은 여전히 가치주보다 인기주를 선호할까? 라코니쇼크 등이 제시한 한 가지 가능성은 단순히 투자자들이 그 현상을 모른다는 것이다. 그러나 벤저민 그레이엄이 80년 전 《증권분석》을 펴내며 시작한 가치투자 전략에 대한 옹호와 가장 유명한 제자인 버핏의 커다란 성공을 보면 그 가능성은 크게 낮아진다. 버핏은 1960년대 이후 버크셔 해서웨이 주주들에게 보낸 서한에서, 자신이 어떤 과정을 거쳤으며 무엇이 자신에게 영향을 미쳤는지 설명하며 가치투자에 관해 상세히 적은 바 있다. 좀 더 그럴 듯한 가능성은 투자자들이 행태학적인 이유로 가치주 전략보다 성장주 전략을 선호한다는 것이다. 곧 이야기하겠지만 이것은 전문지식이 없는 일반 투자자들에게만 국한된 독특한 현상이 아니다. 드 본트와 탈러는 전문 분석가들과 경제 예측가들 역시 이른바 '과잉반응 편향overreaction bias'을 보이는 경향이 있다는 '상당한 증거'를 발견했다. 라코니쇼크 등은 개인과 기관투자가 모두 인지적 이유나 이른바 주인-대리인 문제로 인해 차선의suboptimal 행동을 한다고 주장했다. 다음 장에서 이와 같은 이유들을 살펴보겠다.

DEEP
VALUE

Deep Value

6장

가치주보다 인기주: 복합기업의 유행

투기, 투자 그리고 행동재무학

"'불량한 방법'이라고 하신 겁니까?" 해변을 바라보며 내가 물었네.
"그렇다마다요." 그가 화를 내며 말했어. "안 그렇습니까?"
"방법이라고 할 것이 없는 것 같은데요." 얼마 후 내가 중얼거렸네.
— 조지프 콘래드Joseph Conrad, 《어둠의 심연(Heart of Darkness)》(1899)

ergot \ (urgt) \(명사):
맥각균. 호밀과 사료용 풀을 감염시키는 곰팡이(Claviceps purpurea).
섭취하면 경련과 환각을 일으킨다. 중세 유럽에서 있었던
집단 발작의 원인일 수도 있다.
— 균의 모양을 따서 붙여진 이름으로 수탉의 며느리발톱을 뜻하는
프랑스 고어 아르고(argot)에서 유래[1]

텍스 손턴Tex Thornton은 75만 달러가 더 필요했다. 계약금은 웰스
파고 은행에서 30만 달러를 빌려 지불했는데 그 금액을 빌리기
위해 개인어음을 담보로 제공해야 했다.[2] 캘리포니아 산 카를로
스에 위치한 리튼 인더스트리는 군사 관련 업체에 마그네트론(진
공관)을 공급했다. 창업주 찰스 리튼Charles V. Litton에게서 회사를 인수
하려면 75만 달러가 추가로 필요했고 돈을 마련하지 못하면 계약
금을 날릴 판이었다. 손턴은 뉴욕에서 리먼 브라더스의 투자은행
가들을 만나 당시 연 매출이 300만 달러에 불과했던 리튼 인더스

트리에 대한 앞으로의 계획을 설명했다. 손턴은 리튼 주식과 교환하는 방법으로 다른 회사들을 인수해서 리튼을 5년 뒤 연 매출 1억 달러 기업으로 키울 수 있다고 믿었다. 군용 전자기기를 생산하는 작은 회사들은 대부분 더 큰 경쟁업체에 밀리거나 인수되었다. "군용 전자기기 사업으로 성공하려면 이 방법뿐입니다."[3] 손턴은 빠르게 외연을 확장하는 것만이 리튼이 사는 유일한 길이라고 은행가들을 설득했다. 리튼의 주가를 끌어올릴 수만 있다면 이런 방식의 합병이 가능하다고 주장했다. 마침 1953년은 주식시장이 활황이었지만 P/E를 끌어올리고 유지하려면 리튼을 매력적인 고성장 기술주로 인식하게 만드는 것이 관건이었다. 손턴은 말했다. "미래 과학 기술 환경에서 강력한 블루칩으로 떠오를 회사를 만들고 싶습니다. 공학, 제조, 금융 어느 하나에 치우치지 않은 균형 잡힌 기업이 될 것입니다. 투수와 포수만으로는 야구를 이길 수 없듯이 균형을 이루지 않고서는 막강한 기업이 될 수 없습니다."[4]

투자은행가들은 틀림없이 회의적이었을 것이다. 손턴은 일렉트로 다이내믹스 코퍼레이션Electro Dynamics Corporation이라는 회사를 갓 설립해 운영하고 있었다.[5] 인상적인 이름과 달리 아직 구체적인 사업이나 자산이 없었다. 회사가 가진 것은 연구·개발 능력, 그리고 휴즈 에어크래프트Hughes Aircraft 출신 난민이자 정부 사업 수주에 전문성을 보유한 핵심 인력이 전부였다.[6] 제2차 세계대전이 끝난 뒤 손턴은 괴짜로 알려진 하워드 휴즈Howard Hughes가 소유한 휴즈 툴

Hughes Tool의 신생 자회사 휴즈 에어크래프트에 안착했다. 휴즈 에어크래프트는 창업주만큼이나 기이한 회사였다. '전나무 거위'라는 별명을 가진 단 한 번도 날아본 적 없는 거대한 나무 비행정이 회사의 가장 주목할 만한 업적이었다. 그나마 얼마 되지 않는 정부 계약마저도 인도하지 못한 과거 경력 탓에 앞으로의 전망도 암울했다. 휴즈는 자리를 비운 주인이었다. 실제 경영을 맡은 휴즈의 수석 보좌관 노아 디트리히Noah Dietrich는 회사를 해산하고 싶었다. 손턴은 몰랐지만 디트리히가 손턴을 그 자리에 앉힌 것도 해산에 도움을 받기 위해서였다. 하지만 손턴은 사업을 호전시켰고 휴즈 에어크래프트는 업계가 선망하는 연구·개발 능력을 보유한 고수익 군사 전자기기 회사로 탈바꿈했다. 회사의 성공에도 불구하고 디트리히와 손턴은 끊임없이 충돌했다. 휴즈는 개입하지 않았다. 어쩌면 개입이 불가능했는지도 모른다. 디트리히가 손턴과 상의도 없이 고위 임원 한 사람을 해고하자 손턴과 최고 경영자들은 항의의 표시로 사임했다. 손턴이 근무한 5년 동안 휴즈 에어크래프트의 매출은 850만 달러에서 6억 달러로 늘었고 적자에 허덕이던 사업은 800만 달러 흑자로 성장했다.7 손턴은 휴즈 에어크래프트에서 이룬 성공을 재현할 수 있다고 믿었다. 이번에는 자기 사업을 하기로 마음먹었다. 아예 무(無)에서 시작하는 대신 이미 고객 기반을 갖춘 작은 기술 회사 중에서 싸게 살 수 있는 회사를 물색했다. 손턴은 어렵지 않게 리튼 인더스트리를 찾아 선택했다.

엔지니어이자 발명가인 설립자 찰스 리튼이 여전히 회사를 소유하고 있었기 때문이다. 찰스 리튼은 이미 할 수 있는 만큼 충분히 리튼 인더스트리를 끌고 왔을 것이었다. 그는 사업을 시작하고 싶었던 것이지 경영을 하려던 것은 아니었다. 리튼 인더스트리는 전문 경영인이 필요했다. 손턴은 리튼 인더스트리를 변화시킬 수 있다고 자신했지만 회사를 사려면 75만 달러가 필요했다.

일렉트로 다이내믹스는 보잘것없는 회사였지만 손턴의 뛰어난 프레젠테이션이 투자은행가들을 설득했다. 그들은 리튼 인더스트리 인수 자금을 조성하기로 합의했다. 전적으로 손턴에 대한 베팅이었다. 채권 20개, 전환우선주 50주, 보통주 2,000주를 묶은 것을 한 단위로 총 50개 단위를 만들었다.[8] 각 단위별로 수수료 차감 전 기준 2만 9,200달러, 총 146만 달러의 자금이 조달되었다.[9] 손턴은 이 자금으로 찰스 리튼에게 남은 인수 금액을 지불하고 웰스파고 대출을 상환한 뒤 약 40만 달러를 운전자금으로 남겼다. 1954년, 일렉트로 다이내믹스는 마침내 리튼 인더스트리가 되었고 손턴은 리먼 브라더스의 투자은행가들에게 설명한 전략을 실행에 옮기기 시작했다. 손턴은 리튼 인더스트리와 유사한 인수 후보를 찾아 전국을 샅샅이 뒤졌다. 현금 지급보다 주식교환 방식을 선호하는 소유주들을 납득시키는 일이 가장 어려웠다. 손턴은 다양한 분야의 사업을 영위하는 상장 기업의 일부 지분을 갖는 것이, 단 하나의 사업을 영위하는 비상장 기업 전체를 갖는 것보다 낮다며 설득력 있는 주장을 펼쳤다. 사업 다각화와 경영의 중앙집 중화를 이루었고 상장 시장의 자본에 접근이 가능한 회사들로 구 성한 포트폴리오는 단일 사업을 하는 비상장 회사보다 경기 순환 주기의 변동성을 이겨내는 데 유리하다고 설명했다. 주식교환을 통해 매각이 성사되면 그 거래는 과세 대상에서 벗어나고 상장 기 업의 주식은 계속해서 가치가 상승할 것이라고 강조했다. 매각이 결정되면 주식은 현금 못지 않은 유동성을 갖는다는 설명도 덧붙 였다. 많은 사업주가 손턴의 주장에 수긍하면서 리튼 인더스트리 는 빠르게 성장했다.

1958년, 리튼 인더스트리는 매출 8,300만 달러, 이익 370만 달 러를 기록하며 급성장하는 군사 전자기기 전문기업으로 평가받 았다.[10] 주식 수가 52만 5,000주에서 약 170만주로 크게 늘면서 주당순이익도 0.28달러에서 2.13달러로 성장했다. 손턴은 리튼의 모든 것을 언론이 알게 했다. 리튼의 성공을 대대적으로 홍보해서 매력적인 첨단 기술 기업이라는 이미지를 빛냈다. 당시로는 드문 일이었다. 손턴은 기회가 있을 때마다 자신의 '형식에 구애받지 않는 자유로운 경영 방식'에 대해 피력했지만 사실 다소 임시방편 적인 리튼의 인수 정책을 듣기 좋게 포장한 것이었다. 손턴은 회 사가 성공하려면 늘 성공한 회사로 외부에 비춰져야 한다는 것을 알았다. 주가가 상승하면서 리튼의 주식은 손턴이 원하는 기업을 팔 사람들에게 매력적인 화폐 역할을 했다. 손턴에게도 높은 주가는 그 자체로 매력적인 화폐였다. 매년 봄이면 리튼은 주주들에게 묵직한 연례 보고서를 발송했다. 두꺼운 고광택 중량지에는 수많은 재무제표들 사이가 아니라 여성 잡지에 실리면 더 어울릴 밝고 낙관적이며 가슴 벅찬 해석이 가득 인쇄돼 있었다.[11] 보고서가 그런 어조를 택한 것은 재무적인 내용에서 주의를 돌리려는 것이 아니었다. 사실 그런 의도와는 거리가 멀었다. 마치 장식용 재료들 사이에 놓인 추수감사절 칠면조처럼 재무 정보는 오히려 핵심이었다. 손턴의 의도는 빠르게 성장하는 첨단 기술 기업에 걸맞은 화려한 분위기를 더하려는 것이었다. 재무상태표는 깨끗했고 손익계산서는 빠른 EPS 성장세를 보여주었다. 감춘 것은 전혀 없었다. 설령 ROE가 다소 빈약하고 사업 자체보다 인수합병에서 더 많은 이익이 발생한다고 하더라도 그것이 복합기업conglomerate의 본질이다. 새롭게 등장한 첨단 기술 분야의 전문가인 손턴이 매출과 이익을 수직으로 끌어올리고 있는 상황에서 주주들은 개의치 않는 듯 했다. 보고서는 뛰어난 성과를 강조하는 도표와 통계로 가득했다. 과학이 지휘하는 조직이라면 이런 것이 필요했다. 손턴은 자신의 청중이 누구인지 잘 알고 있었다.

리튼을 첨단 기술 기업으로 홍보했을지는 몰라도 손턴의 경영 방식은 최첨단과는 거리가 멀었다. 다른 복합기업가들이 중소기업을 집어삼켜 덩치를 키운 것처럼, 리튼은 확실한 고성장과 복합기업에 대한 선호에 힘입어 고 P/E에 거래되는 리튼의 주식을 활용해 저 P/E 기업들의 주식을 인수했는데 대개는 상당한 프리미엄을 지불했다. 인수의 목적은 저 P/E 기업의 이익을 고 P/E 복합기업의 이익에 편입시켜서 대기업의 이익이 급성장한다는 환상을 만들어내는 데 있었다. 예를 들어 시가총액 2,000만 달러, P/E 20배인 복합기업이라면 이익 규모는 100만 달러로 같으면서 P/E는 8배 수준인 회사를 목표물로 삼는 것이다. 이 복합기업이 목표물을 인수하려면 주식의 시장가격(P/E 8배)에 25% 프리미엄(P/E 10배)을 부여하더라도 이익의 10배인 1,000만 달러만 지불하면 된다. 일단 인수가 끝나면 이 대기업의 이익은 200만 달러로 2배가 되지만 시가총액 기준으로 주식 수는 단 50% 증가하는 데 그친다. 피인수 기업의 이익이 반영되며 복합기업의 EPS는 33% 증가한다. EPS가 고성장하는 것처럼 보이면서 주가도 상승한다. 그 결과, 이익이 급격히 증가해도 P/E는 기존 수준을 유지한다. 리튼은 1959년 1억 2,000만 달러 매출을 기록했다. 손턴이 리먼 브라더스를 상대로 한 프레젠테이션에서 제시한 5년 뒤 목표치를 2,000만 달러 초과 달성한 것이었다. 리튼은 1958년에 대형 인수합병 여러 건을 완료했다. 리튼의 매출이 1억 달러를 돌파하는 데 가장 크게 기여한 것은 계산기를 만드는 먼로 캘큘레이팅 머신 Monroe Calculating Machine Company이었다. 먼로는 손턴의 인수 정책의 특징을 보여주는 전형적인 사례다. 먼로는 군사나 전자 관련 사업이 아닌 구형 기계식 도표 작성기를 제작하는 회사였지만 손턴은 먼로에 끌렸다. 먼로의 지배주주 일가가 리튼의 주식을 받는 대가로 회사를 싼 값에 팔겠다고 기꺼이 응했기 때문이다. 1957년 먼로는 매출 4,400만 달러, 순이익 180만 달러, EPS 6달러, BPS 42.71달러를 기록했다.[12] 리튼의 매출은 2,800만 달러였고 순이익은 180만 달러로 같았으며 EPS는 1.51달러, BPS는 6.71달러였다.[13] 현금 보유량과 재무 비율은 먼로가 더 나았지만 성장세는 리튼이 더 빨라서 더 근사한 쪽은 리튼이었다. 먼로의 주주들은 먼로 1주당 리튼 주식 1.5주와 교환할 용의가 있었다. 합병 후 회사의 주식 4분의 3은 리튼 주주, 4분의 1은 먼로 주주들에게 돌아간다는 의미였다. 리튼 주주로서는 리튼 1주를 양도하고 그 대가로 EPS가 거의 3배 수준이고 BPS는 4배 이상 큰 먼로 주식 1주를 받는 셈이었다. 반면, 먼로 주주들은 먼로 주식 1주를 양도하는 대가로 EPS는 3분의 1을 조금 넘고 BPS는 4분의 1에 못 미치는 리튼 주식을 받았다. 이것은 복합기업에 합류하기 위해 지불하는 가격이었다. 즉, 고성장 첨단 기술 기업 리튼이 규모는 훨씬 더 크지만 쇠퇴하는 사업을 영위하는 먼로를 집어삼킨 것이다. 기존에 해왔던 군사용 전자기기 사업에서 크게 벗어난 합병이었지만 시장은 둘의 결합을 리튼의 기존 사업이 확대된 것처럼 다뤘다. 이것이 손턴의 능력이었다. 손턴은 전자기기나 군사와 스치듯 미약하게 이어진 산업에서 비우량 기업을 인수했고 그 결합으로 발생하는 '시너지'가 밸류에이션의 상승을 보장한다고 시장을 설득해서 믿게 만들었다.

1966년, 리튼은 기계식 도표 작성기에서 석유 시추 장비, 잠수함, 신용카드, 경품 교환권에 이르기까지 5,000 종류가 넘는 다양한 첨단 기술 제품을 팔아서 10억 달러 매출을 기록했다.[14] 손턴은 1954년 취임 이후 맹렬한 속도로 인수를 단행하면서 많은 최고위 임원들을 지치게 했다. 이때 리튼을 떠나 다른 곳으로 간 사람들을 가리켜 '리튼 인더스트리 중퇴자Litton Industries Drop Outs', 줄여서 리도LIDO라고 불렀다. 덕분에 리튼은 '복합기업 경영자의 사관학교'라는 별명을 얻었다.[15] 리도들 가운데서도 특히 주목할 만한 인물은 헨리 싱글턴Henry Singleton이다. 유명한 리튼 사관학교 동창생들과 함께 리튼을 떠난 그는 텔레다인Teledyne으로 향했다. 버핏은 싱글턴을 가리켜 '슈퍼스타 경영자'[16], '미국 기업 역사상 최고의 경영자이자 자본 배분 전문가'[17]라고 칭했다. 이런 리도들을 비롯한 많은 사람이 리튼 사례를 모방했지만 언론 홍보에 대한 열정과 IRInvestor relations·투자자 관계 활동에서 손턴에 견줄만한 사람은 아무도 없었다. 리튼의 매력은 대부분 첨단 기술사업에서 기인했지만 리튼은 그 너머로 영역을 넓혀갔고 더 많은 평범한 회사들을 추가로 사들였다. 그 과정에서도 손턴은 리튼이 화려한 성장 기업의 분위기를 잃지 않도록 했다. 그해 리튼 주식의 평균 P/E는 33배로 다른 복합기업들보다 상당히 높았다.[18] 텍스트론Textron의 평균 P/E는 11배, 링-팀코-보트Ling-Temco-Vought는 13배, ITT는 17배로 리튼의 절반 수준이거나 그 이하였다.[19] 이것은 월스트리트의 분석가들을 설득하고, 회사를 인수하고, 매력적인 연례보고서를 만들어내는 손턴의 능력을 보여주는 증거였다. 그러나 균열이 나타나기 시작했다. 손턴은 리튼을 계속해서 첨단 군사 전자장비 전문 복합기업으로 인식되도록 할 수 있었고 주가도 높은 수준을 유지하게 만들 수 있었다. 그러려면 EPS가 꾸준히 증가해야 했다. 리도의 이탈로 경영진의 인재풀에 타격을 입으면서 리튼이 소유한 회사들의 사업은 '단조롭고, 무기력하고, 자본 부족에 시달렸으며 잘못 경영'되었다.[20] 자유로운 형식의 경영을 추구한 손턴의 철학은 좋은 경영자라면 업종을 가리지 않고 잘할 수 있다는 신념에 기인한 것이었다.[21] 그것은 착각에 불과했다. 일부러 사람들을 오도했다기보다는 자기 기만과 오만에 가까웠다. 그리고 마침내 1968년, 실체가 드러났다.

1968년 1월, 57개 분기 연속 성장을 지속해 온 리튼은 처음으로 순이익이 직전 사상 최고치인 5,840만 달러에서 약 1,100만 달러가 감소할 것이라고 발표했다. 주가는 무참히 하락했다. 복합기업들은 여전히 잘 나갔지만 이것은 복합기업에 대한 투자자들의 열망을 끝내는 역할을 한 중요한 사건이었다. 인수를 통한 EPS 성장이 지속가능하지 않다는 것, 그리고 EPS 성장 자체가 가치가 있는 목적은 아니라는 것을 처음으로 인식하면서 시장은 환상에서 깨어난 듯 보였다. 1968년 〈배런스Barron's〉는 복합기업 기업가들

의 술수를 풍자했다.[22]

전문용어를 잘 알고 유려하게 풀어내는 노련한 스윙어[1]swinger들의 발언과 연례보고서를 손에 넣는다. 적절한 이미지를 투영해서 당신이 새로운 유형의 기업가라는 사실이 분석가들 눈에 보이도록 한다. 자유로운 경영 방식의 회사가 가진 시너지, 그리고 시너지와 변화, 기술의 연동을 이야기한다. 연구 인력이 가득한 창문 없는 방에 관해 이야기한다. [중략] 미래를 면밀히 분석해 기회와 기술을 지향하는 기업이 될 것이며… [중략] 분석가와 투자자들은 (기회주의자가 아닌) 기회를 지향하는 복합기업을 찾는다. 첨단 기술 분야라면 더욱 그렇다. 그들은 바로 이 점에 높은 P/E를 부여한다. 그리고 P/E 배수가 높으면 모든 일이 훨씬 수월해진다.

리튼의 진짜 능력은 첨단 기술이 아니라 홍보와 IR에 있다는 비판이 제기됐다.[23] 불법은 아니지만 일반적이지 않은 회계 기법을 교묘하게 이용해서 회사의 진정한 상황을 모호하게 가리고 성장을 과장해서 보여준다는 비판도 나왔다.[24] 1968년, 꿈이 소멸하는 것을 두고 볼 수 없었던 어느 리튼 임원이 말했다. "리튼이 성

───────────

1) 거래가 성사되도록 만드는 사람.

공적인 복합기업이 될 것임은 누구도 의심하지 않지만 우리의 목표는 성공적인 대형 '성장' 기업이 되는 것입니다."[25] 하지만 너무 늦었다. 시장은 이미 커튼 뒤에 누군가 있다는 것을 알았다.

금융분석가, 투자은행가, 사업주와 공급업체, 전문 투자가를 아우르는 투자의 세계에서 복합기업이 벌이는 단순한 게임을 이해하는 데 그처럼 오랜 시간이 걸렸다는 사실이 놀랍다. 이런 복합기업들은 고평가된 자기 회사의 주식을 활용해 EPS 성장을 기대할 수 있는 가격에 다른 회사를 매수한다. 기업의 성장을 경영 능력을 입증하는 수단이자 첨단 기술의 산물로서 홍보한다. 이 과정을 무한히 반복한다. 이때 논의에서 사라진 것은 합병 때마다 서로 주고받은 내재가치다. 워런 버핏은 주주서한에서 경영자는 회사 전체를 매각할 때도 회사를 부분적으로 매각할 때와 같은 조건을 제시할 것인지 여부를 생각해야 하며, 그것이 합병의 경제적 실체라고 조언했다.[26] 피인수 회사의 내재가치 1달러와 인수 회사의 내재가치 2달러를 교환하는 것이라면 합병으로 EPS가 증가한다고 하더라도 과연 할 만한 가치가 있는 거래인지 스스로 질문해야 한다는 것이다.[27] 또한 이런 식의 합병에서 EPS의 '희석'을 말할 때 혼란이 싹튼다고 지적하며 이런 용어는 내재가치의 교환을 명확히 하기보다는 모호하게 만드는 경향이 있다고 강조했다.[28]

이런 형태의 희석에 쏠리는 관심은 지나칩니다. 현재(또는 앞으로

몇 년간의) EPS가 일반적인 기업의 가치평가에 중요한 변수이기는 하지만 전능한 변수는 아닙니다. EPS 희석 없이 인수하는 기업의 가치를 즉시 파괴하는 수많은 합병이 있었습니다. 그런가 하면 현재와 단기 EPS를 희석시키더라도 실제로는 가치를 향상시키는 합병도 있었습니다. 정말로 중요한 것은 합병으로 기업의 내재가치가 희석되는지 여부입니다(이것은 많은 변수를 고려해 판단해야 합니다). 희석을 바로 이런 관점에서 계산하는 것이 매우 중요하다고 생각합니다(하지만 거의 그렇게 하지 않습니다).

결과적으로 합병 기업 지분의 대부분을 소유했지만 먼로와의 합병은 리튼 주주의 내재가치를 크게 희석시켰다. 이 거래의 경제적 결과를 리튼 주주들이 제대로 이해했다면 사양길에 접어든 기계식 도표 작성기를 만드는 회사 주식 4분의 3주를 받는 대가로 잘 나가는 군사용 전자기기 회사의 4분의 1을 포기한다는 사실에 몹시 속이 쓰렸어야 옳다.

1968년 이후로 복합기업에 덧씌워졌던 성장과 화려함, 첨단기술이라는 겉치장으로도 그 아래에서 갈수록 비대해지는 부진한 사업들을 감출 수 없었다. 주식시장의 호황, 저금리 그리고 기업하기에 대체로 너그러운 환경은 경영자의 많은 죄악을 숨겨주었고 어느 해학가의 표현처럼 경영자에게 '지붕부터 올린 다음 집을 지어도 괜찮다'고 용인했다.[29] 시장이 변하고 금리가 상승하면서 복합기업이 소유한 사업 가운데 경기를 크게 타는 사업들이 바닥을 쳤고 이로써 다각화로 불황을 이겨낸다는 그들의 주장이 거짓임이 드러났다. 복합기업의 경영자들은 스스로를 조직의 형식에 구애받지 않는 자유로운 신인류라고 선전했지만 실상은 대부분 시장의 호황에 올라탄 책상물림 금융공학자에 지나지 않았다. 〈포천〉의 기자 루이스 버먼Lewis Berman은 이렇게 썼다. "기업 합병 시대의 가장 해로운 결과물은 진정한 경제적 가치를 창출하는 대신 금융을 조작해 이익을 추구하는 일에 그릇된 합법성을 부여한 것이다."[30]

그레이엄은 《증권분석》 도입부에서 1920년대 금융 현장, 즉 1929년 거품 붕괴 이전의 호황기를 지배한 것이 '순전히 심리적인 요인'이었다고 지적하며 그 사실이 '인상적'이라고 말했다.[31] "과거의 여러 강세장에서는 경기 순환주기의 대부분 기간 동안 실적이 개선되는지 여부와 주가 상승 사이에 상당히 밀접한 관련이 있었다. 투기 세력의 억제되지 않은 낙관주의에 의해 강제로 불균형한 높이의 호가가 형성될 때, 그것은 언제나 일시적인 절정에 불과했다."[32]

'좋은' 주식(또는 '블루칩')은 아무리 높은 가격을 지불해도 건전한 투자라고 말하는 '새로운 시대'의 원칙은, 실제로는 '투자라는 이름으로 도박 열풍에 대한 보편적 투항을 합리화하는 수단에 불과하다. 우리는 이런 심리적 현상이 영업권, 경영진, 예상 이익 창출능력 등 무형의 요소가 최근 들어 월등하게 중요해진 것과 밀접한 관련이 있다고 생각한다. 이런 가치 요소들은 분명히 실제로 존재하지만 수학적으로 계산할 수 있는 대상이 아니다. 따라서 가치를 측정하는 기준이 상당히 임의적이고, 보편적인 심리에 따라 가치가 크게 달라질 수 있다.

그레이엄은 힘들이지 않고 복합기업의 시대를 설명하고 있었던 것인지도 모른다. 1969년, 심지어 1929년에도 시장이 순전히 심리적인 요소에 의해 지배된 것은 새로운 현상이 아니었다. 1720년, 이름이 알려지지 않은 한 논문 집필자는 사우스 시 컴퍼니South Sea Company 주식에 대한 투기를 비난하며 경고했다. "이 주식이 회사가 가진 실제 자본 이상으로 오른다는 것은 그저 상상에 그칠 것이다. 세상의 어떤 연산 법칙으로도 1 더하기 1은 결코 3.5가 될 수 없다. 가공의 가치는 머지 않아 누군가에게 손실을 일으킬 것이다."[33] 그러나 1720년도 아직 투기의 시작은 아니었다.

에드워드 챈슬러Edward Chancellor가 《금융투기의 역사(Devil Take The Hindmost: A History of Financial Specialty)》에서 지적했듯이 '순전히 심리적인 요소'는 시장이 존재하는 한 언제나 시장과 연관이 있었다. 캐스터 사원 근처 광장에 주식과 채권을 거래하는 시장이 열리는 등 금융 시스템의 많은 부분이 지금과 닮은 2세기 로마 시대 이후 언제나 그래왔다. 챈슬러는 말했다. "군중은 징세 청부[2]tax farming 업체의 주식과 채권을 거래했고 다양한 재화를 현금이나 신용으로 거래했으며 이탈리아와 각 속주의 농장 및 사유지, 로마와 다른 지역의 집, 점포, 배, 창고, 노예와 소를 사고팔았다."[34] 1720년대 영국을 휩쓴 사우스 시 투기 열풍에 견줄 만하다고 묘사된 그 곳에서는 "이런 징세 청부 계약과 거기서 나오는 이익에 이해관계가 얽이지 않은 사람이 거의 없다"는 말이 있을 정도였다.[35] 네로 황제 시대 궁정 작가로 풍자 소설 《사티리콘(Satyricon)》의 저자라고 믿어지는 페트로니우스 아르비테르Petronius Arbitter는 훗날 이렇게 기록했다. "추잡한 고리대금과 돈을 다루는 일이 서민들을 이중의 소용돌이로 밀어 넣어 파멸시켰다."[36] 복합기업의 유행은 투기 광풍의 긴 역사에서 보면 조금 더 투기성이 짙었던 또 하나의 광풍에 불과했다. 그리고 그것이 마지막 광풍은 아니었을 것이다.

화려하고 근사한 지표의 실적

복합기업의 시대에 관한 가장 골치 아픈 질문은 기관투자가, 뮤

---

2) 세금 징수를 전문 업자에게 도급한 제도

추얼 펀드, 리서치 분석가 등 전문 투자 사회가 손턴과 복합기업에 어째서 그렇게 매료되었는가 하는 것이다. 리튼은 허황된 꿈이었을지는 몰라도 사기는 아니었다. 리튼은 주석이 잔뜩 달린 연례 보고서나 증권거래위원회 10K 공시 자료에서 아무 것도 감추지 않았다.[37] 그 자료들을 읽으면 리튼이 조직을 그럴 듯하게 보이게 만드는 데 능숙한 카리스마 넘치는 영업사원이 키를 잡고 조종하는, 특별히 좋지도 나쁘지도 않은 회사들의 집합체라는 사실을 알 수 있을 것이었다.[38] 이익이 폭발적으로 늘면서 주식은 좋은 수익률을 내고 P/E도 상승한다. 리튼 주식은 1965년에 이미 순이익의 33배에 거래되었고 처음으로 실적 감소를 발표한 1968년 1월에는 P/E가 40배로 상승해 있었다. 한편 리튼은 1968년 이익이 단지 19%가량 감소했을 뿐 손실을 기록하지 않았고 추문에 시달리지도 않았지만 주가는 90달러에서 53달러로 폭락했다. 그처럼 주가가 높을 때는 아주 작은 문제도 주가의 대폭락으로 이어진다는 것은 증권 분석가가 아니어도 알 수 있는 사실이다. 그런데도 수많은 전문가들이 그것을 놓친 이유는 무엇일까?

우리는 전문 투자가들이라면 투자를 성공으로 이끌 원동력을 파악하고 증권거래위원회 공시 자료를 주의 깊게 검토하며, 그 사업이 살아남아 번창할 확률을 계산하고 내재가치를 따져본 다음 영리하게 베팅해서 이익을 극대화할 것이라고 상상한다. 실제로 그럴지도 모르지만 데이터로 확인되지는 않는다. 알프레드 콜스[3]Alfred Cowles는 1932년 마지막 날, 신시내티 경제학회Econometric Society of Cincinnati에서 좋은 주식과 나쁜 주식을 구별해서 시장을 이기려는 전문 투자가들의 한계를 보여주는 유명한 사례를 발표했다. 여러 주식시장 서비스를 이용했던 콜스는 차라리 가장 좋은 서비스 하나를 선택해 이용하는 편이 낫겠다고 생각했다. 하지만 주식시장 분석가들의 성과를 추적하는 데이터는 존재하지 않았다. 1928년, 콜스는 가장 널리 사용되는 여러 금융 서비스의 과거 성과를 수집했고 펀치 카드 계산기의 도움을 받아 자료를 살펴보았다. 1903년 12월부터 1929년 12월까지 16개 통계 서비스, 25개 보험 회사, 시장을 예측하는 24개 소식지 그리고 다우 이론Dow Theory에 관한 윌리엄 피터 해밀턴[4]William Peter Hamilton의 사설을 검토한 결과, 시장을 이긴 서비스는 소수에 불과했다. 더구나 시장을 이긴 소수 서비스의 성적은 '순전히 우연에서 기대할 수 있는 것보다 나을 것이 거의 없는' 수준이었다.[39] 콜스는 수백 장의 카드에서 아무 카드나 무작위로 뽑아 시장을 분석해도 전문 분석가들의 성과를 능가하는 경향이 있었다고 강조했다. 좀 더 최근의 일로, 뱅가드 그룹Vanguard Group을 설립한 전설적 인물인 존 보글John C. Bogle이 2003년 11월 3일 상원 재정, 예산 및 국제안보소위원회에 출석했다. 보글은 그 자리에서 전문 투자가들의 수익률이 부진한 이유를

---

3) 증권 데이터 분석의 아버지로 불린다.
4) 찰스 다우의 뒤를 이어 〈월스트리트 저널〉 편집국장을 지냈다.

설명했다. 투자 산업의 경쟁적 특성으로 인해 일반적인 뮤추얼펀드의 수익률은 시장 수익률에서 뮤추얼펀드 업계가 부과하는 수수료를 차감한 수준일 수밖에 없다는 것이 보글의 주장이었다.[40]

S&P500 지수를 기준으로 1984~2002년 미국 주식시장의 연평균수익률은 12.2%였습니다. 일반 뮤추얼펀드의 수익률은 9.3%였습니다. 이처럼 수익률이 뒤떨어진 이유는 별로 복잡할 것이 없습니다. 업계 경영자들이 고용한 잘 훈련되고 경험 많은 투자 전문가들은 가장 좋은 주식을 찾기 위해 경쟁을 벌이면서 성과가 결국 평준화를 이루기 때문입니다. 그러므로 일반 뮤추얼펀드의 수익률은 비용 차감 전 기준으로 시장 수익률 수준일 수밖에 없습니다. 모든 수수료를 감안한 펀드 거래 비용은 연간 약 3%로 추산할 수 있으므로 비용 차감 이후 2.9%p 수익률 격차는 앞서 말씀드린 가설이 대단히 합리적이라는 사실을 뒷받침한다고 볼 수 있습니다.

전문 투자가들은 그들 자신이 곧 시장이기 때문에 시장을 이길 수 없다는 보글의 주장은 그의 표현대로 '대단히 합리적'이다. 하지만 데이터에 따르면 전문 투자가들의 수익률은 '비용과 관리보수를 차감하기 전' 기준으로도 시장을 1% 이상 하회한다.[41] 어째서일까? 전문 투자가들은 인기주를 선호하고, 우리가 이미 확인

했듯이 인기주는 평균적으로 수익률이 뒤떨어지기 때문이다

전문 투자가들은 대개 수익에 따라 보수를 받는다. 그런데 왜 평균수익률을 하회할 가능성이 있는 주식을 찾아 선택할까? 아마도 그 사실을 스스로도 인식하지 못하고 있을 것이다. 이 문제를 조사한 라코니쇼크 등은 전문 투자가들이 판단의 오류를 범한다는 사실을 발견했다. 그들은 높은 성장률을 지속할 가능성이 매우 낮은 상황에서도 인기주의 과거 성장률을 근거로 미래를 추론했다. 전문 투자가들 역시 전문 지식이 없는 일반 투자자와 다르지 않다. 스토리가 있는 인기 고성장주의 합리적인 전과기록, 즉 가능성 있는 수익률을 보여주는 대신 가까운 과거에 지나치게 많은 비중을 두는 전형적인 투자의 죄악을 범한다. 이것은 주식시장뿐만 아니라 불확실한 미래를 예측해야 하는 많은 상황에서 흔히 있는 판단 착오다. '기저율의 무시neglect of the base rate'라고 알려진 이 오류를 처음 연구한 사람은 행동재무학의 선구자 대니얼 카너먼Daniel Kahneman과 아모스 트버스키Amos Tversky다. 이들은 〈불확실성 하에서의 판단: 휴리스틱과 편향(Judgment under Uncertainty: Heuristics and Biases)〉(1974)'이라는 획기적인 논문에서 이 주제를 중요하게 다루었다.[42] 두 사람은 사람들이 불확실한 미래 사건에 대한 결정을 내릴 때, 세 가지 휴리스틱(지름길, 단순한 경험칙)을 바탕으로 복잡한 인지 능력이 필요한 작업을 좀 더 간단하게 세분화한다는 사실을 발견했다. 각 휴리스틱은 사건과 무관한 단서를 고려하게 함으로

써 불확실한 사건에 대해 나쁜 결정을 내리게 만들고 다른 곳으로 주의를 돌려 사건의 근본적인 확률을 고려하지 못하게 만든다.

여기서 세 가지 휴리스틱은 대표성representativeness, 이용가능성availability 그리고 닻내림과 조정anchoring and adjusting 휴리스틱이다. 대표성 휴리스틱은 어떤 대상이 그 집단에 대해 우리가 가진 고정관념과 얼마나 일치하는지 단 하나만을 고려하는 것이다. 카너먼과 트버스키는 피실험자들에게 사람들의 특징을 설명하고 그 사람이 변호사일지 아니면 기술자일지 판단하도록 했다. 피실험자들에게는 기술자 70명, 변호사 30명으로 이루어진 전문가 집단에서 무작위로 사람들을 선정했다는 정보가 주어졌다. 피실험자들은 기술자 70명 대 변호사 30명이라는 근본적 확률을 무시하고 한사람 한사람의 특징이 기술자와 변호사라는 직업에 대한 자신의 고정관념과 얼마나 일치하는지를 근거로 판단을 내렸다. 개인의 특징에 대한 정보가 전달되지 않도록 질문을 변경하자 피실험자들은 근본적인 확률을 적절히 이용했다. 이는 특정한 대표 단서가 주어지지 않으면 사전 확률prior probabilities을 올바르게 이용하지만 쓸모없는 대표 단서가 주어지면 사전 확률을 무시하고 대표성을 가진 단서에 주의를 빼앗기는 경향이 있다는 것을 보여준다. 이용가능성 휴리스틱은 개인적인 경험을 근거로 쉽게 떠올릴 수 있는 것만을 고려해 판단하게 만든다. 예를 들어, 중년층이 심장마비를 일으킬 위험을 평가할 때, 근본적인 확률을 고려하는 대신 지인들 사이에서 심장마비가 발생한 사례를 떠올려 기준으로 삼는 것이다. 닻내림과 조정 휴리스틱은 관점을 바꾸어야 마땅한 추가적인 단서의 등장에도 불구하고 첫인상을 고수하는 경향을 가리킨다.

각각의 휴리스틱은 다양한 방법으로 발현된다. 대부분의 경우 휴리스틱은 매우 유용하고 효율적이지만 확률을 가늠하고 불확실한 미래 상태를 예측해야 할 때 체계적이고 예측 가능한 오류로 이어질 수 있다. 레오나르드 믈로디노프Leonard Mlodinow는 《춤추는 술고래의 수학 이야기(The Drunkard's Walk)》에서, 불확실하고 확률론적인 형세를 분석할 때 우리가 이용하는 메커니즘은 '진화적 요인, 두뇌 구조, 개인적 경험, 지식 및 감정의 복잡한 산물'이라서 '뇌 안의 다양한 구조들이 다양한 결론에 도달'하며 바로 이것이 문제라고 밝혔다.[43] 뇌에서 논리를 담당하는 좌뇌가 규칙(패턴)을 찾는 반면 우뇌는 좀 더 직관적으로 작용하면서 혼란이 발생한다. 믈로디노프는 규칙을 찾는 우리의 행동과 직관적 충동 사이의 긴장을 '확률 추측하기'라는 게임을 이용해 보여 준다. 피실험자에게 적색과 녹색의 두 가지 빛을 보여준다. 빛이 깜박이면서 둘 중 한 가지 색이 나타나는데 한 가지 색이 더 자주 나타날 수는 있지만 그 순서에 일정한 규칙은 없다. 예를 들면 '적-적-녹-녹-적-적-녹-적-적-적-적-녹' 식으로 적색이 녹색보다 두 배 더 자주 나타나는 식이다. 한동안 빛을 관찰한 피험자는 다음에 어떤 색이 나타날지 예측한다. 믈로디노프에 따르면 기본적으로 두 가지 전략이 가능하다. 첫째, 가장 자주 나타난 색을 선택하는 것이다. 쥐를 비롯한 동물들 그리고 직관을 담당하는 우리의 우뇌가 선호하는 전략이다. 이 전략을 택하면 어느 정도의 성공은 보장되겠지만 그 이상의 좋은 결과는 기대할 수 없다. 가령 적색이 녹색보다 두 배 더 자주 등장했으니 다음에도 적색이 켜진다고 대답하면 답이 맞을 확률은 3분의 2, 틀릴 확률은 3분의 1이다. 둘째, 규칙을 파악하는 것이다. MBA 학생들과 논리를 담당하는 좌뇌가 선호하는 전략이다. 빛이 깜박이는 데 규칙이 있다면 그 규칙을 파악해 매번 정확한 예측을 할 수 있다. 반면 빛이 무작위로 깜박일 때는 더 자주 나타나는 색을 선택해야 어느 정도 정확한 예측이 가능하다. 우리는 정확한 예측을 하려고 직관을 포기한다. 즉, 매번 정확한 답을 맞힐 가능성에 도전하느라 이미 알고 있는 확실한 오차를 무시하는 것이다. 이런 종류의 실험에서 생쥐가 MBA 학생들을 능가하는 경향을 보이는 것도 바로 이런 이유다. 타고난 직관은 어긋나고, 불확실성이라는 조건에서 우리의 추론은 형편없는 성능을 보인다.

주식시장처럼 휴리스틱 문제의 모든 면이 드러나는 영역도 드물다. 가치주(이익, 장부가치, 현금흐름과 같은 펀더멘털 척도 대비 주가가 낮은 주식) 수익률이 인기주(펀더멘털 척도 대비 주가가 높은 주식)를 상회한다는 것은 연구 결과로 분명히 드러난다. 그러나 우리는 직관적으로 인기주에 끌린다. 주가가 올랐든 회사의 실적이 성장했든 최근 성과가 좋았다는 이유로, 호재가 있어서, 또는 잘 굴러가는 회사를 좋은 투자 대상과 혼동하기 때문에 인기주를 좋아한다. 가치주를 꺼리도록 만드는 요인도 동일하다. 실적이 악화되거나 주가가 하락한다는 이유로, 회사에 문제가 생겨서, 또는 잘 굴러가지 않는 회사는 틀림없이 나쁜 투자 대상이라고 생각하기 때문이다. 이처럼 우리는 기준사례를 무시하고 예측 기능이 없는 요인에 주목한다. 카너먼과 트버스키가 지적한 것처럼 특정 제품에 대한 호감 때문에 그 회사의 주식에 대해 우호적인 결론을 내리는 경우가 그 예다. 회사의 제품에 대한 의견을 근거로 그 회사의 주식에 투자한다면 그것은 그 단서가 가진 낮은 신뢰도, 그리고 그에 따라 떨어지는 예측의 정확도를 무시하는 것이다. 2012년 8월, 애플은 환상적인 제품과 눈부신 이익 성장을 달성한 혁신적인 회사로 여겨졌고 주식시장 역사상 최고의 시가총액을 기록했다. [그림 6-1]은 역사상 가장 값비싼 기업에 오른 대관식 이후 1년 동안 애플의 주가 차트를 보여준다.

　제품의 인기와 매출 및 이익의 증가세, 배당금 지급이 계속됐지만 애플 주가는 최고가인 700달러에서 45% 하락해 400달러 미만에 거래됐다. 이것은 우리가 수익률 예측에 이용해온 (이미 알고 있는) 척도가 아니라 예측 기능이 없는 요인인 호감도를 바탕으로 회사를 평가할 때의 문제점을 보여준다. 제대로 평가했다면 애플 주가가 일부 지표 기준으로 고평가 상태이며 앞으로 수익률 하락

[그림 6-1] 애플 10년 주가 추이

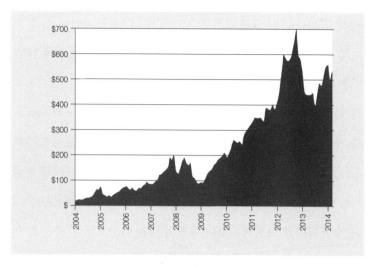

출처: Eyquem Investment Management LLC.

으로 이어질 것임을 알았을 것이다. 또한 주가가 400달러 미만으로 떨어졌을 때도 애플이 미국에서 가장 저평가된 대형주 가운데 하나이며 그 저평가가 앞으로 시장 대비 초과 수익을 가져다 줄 것을 알았을 것이다.

1934년 그레이엄이 《증권분석》을 출간하고 얼마 지나지 않은 1938년, 존 버 윌리엄스는 《투자 가치 이론》이라는 걸작을 발표했다.[44] 윌리엄스의 DCF 이론은 현대적 가치평가의 기초이며 앞서 살펴본 고든 성장모형을 포함한 다양한 가치평가 모형의 지적 기반을 형성했다. 이들 모형은 모두 미래 현금흐름이나 이익, 배당금에 대한 추정치를 필요로 하는데 영구성장률을 포함한 모든 성장을 감안해 가치를 평가한다. 돈은 시간 가치를 지닌다. 즉, 오늘의 1달러는 1년 후 1달러보다 가치가 더 크다. 따라서 현재 가치를 구하려면 미래 현금흐름에 적정한 할인율을 적용해야 한다. 이론은 탄탄하지만 실제로 적용하는 데는 신중할 필요가 있다. 미래 현금흐름, 성장률, 할인율은 모두 잠재적으로 예측오차forecast error를 유발할 수 있는 변수다. DCF 모형은 할인율에 극도로 민감해서 큰 오류로 이어질 수 있는데 이 모형의 진짜 문제는 미래 현금흐름과 성장률을 예측하는 방법이 존재한다고 가정한다는 데 있다. 평균회귀를 가정하기보다 현재 추세를 바탕으로 한 추론을 선호하는 우리의 예측 능력이 형편없다는 것은 거듭해서 드러났다. 카너먼과 트버스키는 투자에서 이와 같은 '회귀에 관한 오해'가 반복된다고 설명했다.

실제로 분석가들의 기업 실적 추정치에 대한 연구를 보면 그들의 예측 능력이 무작위적 우연random chance보다 나을 것이 없다. 평균회귀가 반드시 일어날 상황에서도 평균회귀를 예측에 반영하지 못했기 때문이다. 2007년 로이 배철러Roy Batchelor가 1990년부터 2005년까지의 분석 자료를 검토한 결과 지나치게 낙관적인 태도로 인해 그들의 예측은 꾸준히 어긋나고 오류가 지속되었다. 평균회귀를 감안하지 않고 기존의 추세를 근거로 추정한 탓이었다. [그림 6-2]는 분석가들의 지나치게 낙관적인 편향을 발견한 배철러의 연구 결과다.[45]

[그림 6-2] 분석가들의 체계적이고 과도한 낙관

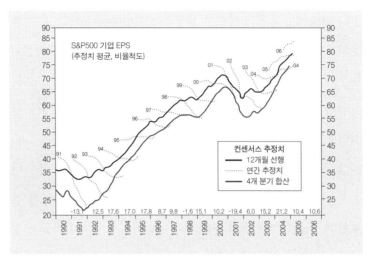

출처: Roy Batchelor, 〈Bias in Macroeconomic Forecasts(거시경제 예측의 편향)〉,
International Journal of Forecasting 23(2)(2007): 189-203.

[그림 6-2]는 미래 이익 추정치가 대개 맞지 않으며 실제보다 이익을 더 부풀려 추정하는 경향이 있음을 보여준다. 배철러에 따르면 이처럼 지나친 낙관 편향은 체계적이다. 예측 오차forecast error는 경제 성장이 속도를 낼 때 작아지고, 경제 성장 속도가 느려질 때 커진다. 배철러의 연구에서 실제 이익이 추정치를 넘어선 것은 25년 동안 단 두 번에 불과했다. 두 번 다 경기가 침체기를 지나고 회복되는 시기였다. 예측이 적중했을 때는 기저 경제성장률이 유난히 강했던 시기였다. 다시 말해, 예측에 적용한 가정이 틀렸기 때문에 예측이 맞은 것이다. 애널리스트들은 시장 및 경제의 운명이

전환하는 시점을 완전히 놓쳤다. 즉, 지금까지 이익 성장이 좋았으니 미래에도 좋을 것이라고 생각하는 외삽추론에 빠진 '순진한' 투자자들과 마찬가지로 분석가들도 평균회귀가 일어날 개연성이 높은 상황에서 평균회귀의 가능성을 전혀 반영하지 못한 것이다.

예측에 평균회귀를 반영하지 못하는 것은 고질적인 문제다. 윌리엄 서든William Sherden은《욕망을 파는 사람들(The Fortune Sellers: The Big Business of Buying and Selling Predictions)》[46]에서 1970년대 이후 나온 단기(향후 3년 내) 거시경제 예측의 정확성을 연구한 자료를 검토했다. 서든은 배철러의 분석가와 마찬가지로 경제학자들도 경제의 전환점을 알아차리지 못했다는 것을 발견했다. 경제학자들의 예상은 가까운 미래가 최근의 과거와 비슷할 것이라는 '순진한 예측'에 지나지 않았고 그들의 예측 능력은 정확성 측면에서 동전 던지기의 확률과 다를 바 없었다. 경제학자들 역시 라코니쇼크 등의 연구에 등장한 순진한 투자자와 마찬가지로 순진한 외삽추론을 하고 있었다. 또한 경제학자들의 예측은 지나치게 낙관적인 경향이 있었다. 더욱 강력한 컴퓨터와 난해한 모형, 산더미처럼 쌓인 과거 데이터의 도움으로 수단은 더욱 정교해지지만 예측의 정확도를 높이지는 못했다. 1970년대 이후 경제학자들의 예측 능력이 향상되었다는 증거는 없다(시간이 지나며 예측 능력이 더욱 악화되었다는 증거가 있을 뿐이다).[47] 미국 연방준비제도가 〈월스트리트 저널〉에 발표한 1985~2001년 분석 자료는 경제학자들이 경기의 전환점을 놓치는 경향이 있음을 보여준다.[48] 예측이 가장 정확했던 시기는 경제 확장기의 한가운데에 있을 때였다. 가까운 미래가 가까운 과거와 가장 비슷하고, 따라서 과거를 바탕으로 미래를 예측하는 순진한 외삽추론으로 정확한 답을 얻을 가능성이 높은 시기이기 때문이다. 반면 경기의 전환점에서는 예측의 정확도가 가장 떨어졌다. 1990년 7월 불황이 시작될 때, 2001년 1월 닷컴 버블이 꺼질 때 등이다. 분석가와 경제학자를 비롯한 예측가들은 라코니쇼크 등의 '외삽추론에 빠진 순진한 투자자'처럼 평균회귀를 무시하고 지나치게 낙관적인 태도를 유지하다가 시장과 경제의 전환점을 놓치는 것이 분명해 보인다. 경기는 어쨌든 전환되게 마련이다. 그것이 확연히 드러나기 시작할 때가 되어서야 예측이 불가능했다고 말하는 것은 너무 단순한 접근이다.

전문 투자가들이 인지적 오류를 범하는 것은 놀라운 일이 아니다. 그들도 결국 인간이다. 카너먼과 트버스키에 따르면 인지 분야가 전문이고 휴리스틱을 아는 임상 심리학자들과 통계적으로 볼 때 노련한 연구 심리학자들도 직관적인 판단을 할 때는 같은 오류를 범한다. 실험 환경에서는 앞서 이야기한 도박사의 오류와 같은 기본적인 오류는 피할 수 있었지만 문제를 위장하고 더 복잡하게 만들거나 다른 환경에서 문제가 나타나게 하면 동일한 오류를 범하는 경향이 있었다. 한 예로, 직원을 채용하기 위해 면접을 진행하는 임상 심리학자들은 '면접이 실패할 확률이 매우 높다는 것을 보여주는 방대한 연구 자료'49가 있음에도 불구하고 자신들의 예측을 확신한다. 통계 연구 심리학자들은 소규모 표본 연구가 오류를 범할 확률이 높다는 것을 알고 있지만 그 결과를 지나치게 신뢰한 나머지 결과가 복제될 가능성과 집단을 대표할 가능성을 터무니없이 과대평가하는 것으로 나타났다. 인지와 통계가 전문인 심리학자들이 인지적 오류를 범한다면 전문 투자가들이 인지적 오류를 범하는 것도 전적으로 타당하다.

　전문 투자가들이 인기주를 사는 이유를 이해하기는 어렵지 않다. 드 본트와 탈러의 연구는 우리가 과거 3년간 실적이 하락한 주식을 과거 3년간 실적이 성장한 주식보다 선호해야 한다는 것을 보여준다. 개념은 이해하기 어렵지 않지만 실제로 이행하기는 매우 어렵다. 3년 연속 실적이 하락한 종목이라면 앞으로도 실적 감소세가 이어질 것이라고 생각하는 것이 우리의 직관이다. 실적이 증가해온 종목은 훨씬 안전하다고 여긴다. 직관은 실적을 보고 추세를 추론하려고 한다. 실적이 평균회귀를 할 것이라는 기대만으로 투자를 하려면 마음이 불편하다. 주가가 급락하는 기업을 매수하려면 겁이 나지만 주가가 오르는 주식을 매수하는 것은 쉽다. 라코니쇼크 등의 연구는 주가가 특정 펀더멘털 지표에 비해 상대적으로 저렴할수록 시장 대비 초과수익률을 낼 가능성이 더 크다는 것을 보여준다. 하지만 아무런 문제도 없는데 주가가 싼 경우는 드물다. 예측 기능이 없는 문제를 무시하고 예측 기능이 있는 저평가 상태에 초점을 맞추는 것은 어려운 일이다. 인지오류는 이런 식으로 발생한다. 과거의 확률을 이해하기는 쉽지만 이해한 것을 실행하기는 쉽지 않다.

전문 투자가들이 스스로의 인지 오류를 극복할 수 있다고 하더라도 그들이 가치주보다 인기주를 선호할 이유는 또 있다. 흔히 그렇듯 주가의 흥망성쇠를 경험하는 동안 애플은 전문 투자가들 사이에서 가장 인기 있는 종목이었다.[50] 바로 전문 투자가들에게도 주인-대리인 문제가 있기 때문이다. 전문 투자가도 자신의 펀드에 투자한 투자자들의 최선의 이익을 위해 행동하지 않을 가능성이 있다. 라코니쇼크에 따르면 특정 종목이 '신중한' 투자로 보일 수 있고 따라서 자신의 펀드 투자자들에게 투자를 정당화하기 쉽다면 그것이 전문 투자가가 인기주를 선호하는 이유가 될 수 있다. 전문 투자가가 인지 오류를 범하지 않더라도 펀드의 스폰서가 문제다. 앞서 보았듯이 실제로는 인기주가 더 위험하지만 펀드의 스폰서들이 인기주가 가치주보다 더 '안전'하다는 판단 오류를 범하는 것이다. 전문 투자가는 그것이 결코 신중한 전략이 아니라는 것을 알고 있으면서도 인기주에 투자한다. 펀드의 미래 스폰서와 기존 스폰서들이 그것을 신중한 전략이라고 여기기 때문이다. 드 본트와 탈러의 연구 결과도 전문 투자가들이 인기주를 선호하는 또 다른 이유를 제시한다. 전문 투자가는 단기 성과로 평가를 받기 때문에 단기 지향적일 수밖에 없는 데 가치주 전략으로 일관되게 좋은 성과를 내려면 더 긴 투자 기간이 필요하기 때문이다. 라코니쇼크 등은 전문 투자가들로서는 향후 5년 동안 시장 대비 연간으로 작은 프리미엄을 누릴 수 있는 종목 대신 즉각 수익을 안겨줄 종목을 찾는 것이 합리적이라고 가정했다. 전문 투자가들은 기간에 상관없이 시장 지수나 동료들에 못 미치는 수익률을 감당할 수 없다. 그렇게 될 경우 스폰서들이 자금을 회수할 것이기 때문이다. 성과를 내려면 3~5년이 걸리지만 그전까지 시장 수익률을 하회할 가능성이 있는 가치주 전략은 전문 투자가들에게 직업적 관점에서 너무 위험한 일이다. 물론 문제는 단기적인 수익률 하회를 피하려다가 오히려 그것에 발목이 잡힌다는 것이다.

이러한 오류들이 함께 작용해 전문 투자가들조차 인기주를 선호하는 것처럼 보이는 투자를 하고 결과적으로 시장 수익률을 하회한다. 임상 및 연구 심리학자들의 경험에 비추어 볼 때 문제의 원인은 인지 오류로 보인다. 인지 오류가 발생하는 이유는 잘못된 결정이 직관에 부합하는 것처럼 보이고 옳은 결정은 직관에 어긋난다고 여겨지기 때문이다. 외삽추론은 본능에 부합하지만 평균회귀는 그렇지 않다. 어떤 주식은 시장을 이기고 어떤 투자자는 시장에 지게 만드는 특성과 생리를 이해할 때, 그 차이는 행태적behavioral 문제라는 교훈을 얻을 수 있다.

DEEP
VALUE

Deep Value

7장

떨어지는 칼을 잡을 수 있는가

역발상 가치투자 전략 해부

"선험적 확률은 통하지 않아. 인간이란 수수께끼 같은 존재 아닌가!"
"누군가는 인간을 짐승 안에 감춰진 영혼이라고 했지." 내가 말했다.
"그런 주제라면 윈우드 리드의 책이 볼만하네." 홈즈가 말했다.
"그가 말하기를, 개체로서의 인간은 풀 수 없는 수수께끼지만
집단으로서의 인간은 수학 문제처럼 확실한 답이 있는 존재라는 거야.
개인이 어떤 행동을 할지는 예측할 수 없지만 일반적인 사람이라면 어떻게 행동할지는
정확하게 예측할 수 있다는 이야기지. 개별적으로는 다양한 사람들이 있지만
그 비율은 늘 일정해. 통계학자도 그렇게 말하고 있어."
— 아서 코난 도일Arthur Conan Doyle, 《네 개의 서명(The Sign of Four)》(1890)

로널드 알프레드 브리얼리Ronald Alfred Brierley는 '최고의 투자 저널'이라고 자평하는 〈뉴질랜드 스톡 앤드 셰어New Zealand Stocks and Shares〉를 열아홉 살이던 1956년에 창간했다.[1] 그는 소식지에 대한 광고를 내기로 결정했다. 그러고도 구독자가 없다면 광고비를 손해 본 것으로 치고 포기할 생각이었다. 당시 뉴질랜드 주식시장 전체 시가 총액은 3억 뉴질랜드 파운드[2](2014년 미화 기준 약 120억 달러[3])에 불과했고, 신문에서는 금융 관련 뉴스를 골프와 경마 경기 결과 사이에 반쪽짜리로 가볍게 다루던 시절이어서 큰 반응을 기대하기

는 어려웠다. 다행히 1파운드 10실링[1] 수표 다섯 장, 총 7파운드 10실링(미화 약 400달러)이 구독료로 들어왔다. 초판을 제작하기에 충분한 액수였다. 브리얼리는 여섯 쪽 분량의 '전문가 보고서'를 직접 작성해서 봉투에 넣고 일일이 침을 발라 봉했다. 창간호에서는 '액면가(액면가는 회사가 그 가격 미만으로는 주식을 발행하지 않겠다고 약속한 다소 오래된 주당 가치다) 미만에 사면 수익을 낼 수 있다'는 제목 하에, "주식의 가치가 하락할 때, 일부 주식의 가격은 상황에 의해 정당화되는 수준보다 더 하락하고, 이러한 상황에서는 투자로 수익을 낼 좋은 기회가 있을 수 있다."고 조언했다.[4] 그는 액면가 미만에 거래되는 33개 종목의 목록을 제공하고, 포경 회사 하우라키 웨일링Hauraki Whaling Company을 추천했다.[5] 구독자는 다섯 명뿐이었지만 브리얼리는 1,000부를 인쇄하기로 결정했다. 뉴질랜드 주식시장에 상장된 회사라면 모두가 한 부씩 보고 싶어 할 것이고, 이 소식지의 중요성을 알게 될 것이 틀림없으므로 6개월 후에는 과월호의 대가를 청구할 수 있을 것이라는 생각이었다. 결과적으로 돈을 지불한 회사는 전체의 25%에 불과했다. 그는 나머지 회사들에, '내셔널 인베스트먼트National Investments(소식지를 발간하는 회사의 거창한 명칭이었다)'는 대금을 지불하지 않기로 한 결정에 '실망했으며' 과월호 구독료 전액을 청구한다는 편지를 보냈다. 또 다

---

1) 뉴질랜드 파운드는 1840~1967년 통용된 뉴질랜드의 통화이며 1파운드는 20실링에 해당한다. 따라서 1파운드 10실링은 총 30실링이다.

시 거절한 회사들은 열아홉 살이던 브리얼리에게서 이렇게 시작하는 편지를 다시 받았다. "귀하의 조직에 대한 글을 쓰고 있는 우리로서는 실망스러운 일입니다."[6] 이쯤 되면 더 이상은 거절할 수 없었다.

1960년대에 이르자, 〈뉴질랜드 스톡 앤드 셰어〉는 더 이상 구독자 다섯 명을 보유한 6면 분량의 아마추어 소식지가 아니었다. 다소 정도를 벗어난 면이 있다는 평가도 받았지만 이제는 널리 알려진 출판물이 되었다.[7] 브리얼리는 예의를 차리지 않았고 경영진을 강력히 비난했다. 그는 주주들에게 자본을 돌려주도록 일부러 냉소적인 어조로 경영진을 자극했다. 브리얼리는 이렇게 말했다. "모욕적인 허위사실을 쓴다면 거액의 소송을 당할 수 있다는 사실을 알고 있었고, 그래서 모욕적인 진실을 쓰려고 했다. 사실, 한때는 모욕적인 것 같았던 일이 지금은 평범한 것이 되었다." 당시 뉴질랜드의 재계에서는 전례가 없던 일이었다. 재치 있는 사람들이 그의 소식지를 가리켜 '스톡 앤드 셰어'가 아니라 충격으로 멍하니 바라보게 만든다는 뜻으로 '쇼크 앤 스태어Shocks and Stares'에 가깝다고 말하기도 했다.[8] 브리얼리는 뉴질랜드의 상장 기업들을 조사하며 크게 놀랐다. 부실자산을 깔고 앉아 이익을 단단히 움켜쥔 채 배당금 지급을 거부하는 나이 많은 이사들이 깊이 뿌리를 내리고 지배하는 회사들이 너무나 많았다. 소극적인 주주들의 방관 속에서 사업은 덧없이 표류하며 유효수명을 넘겼지만 그 사업을 보유한 회사들은 과잉자본 상태였다. 브리얼리는 '클럽에서 거하게 오찬을 즐긴 뒤, 원목 패널을 두른 어둑한 이사회실에 앉아 나른한 상태로 다른 생각에 빠져 있는 늙은 이사들'을 상상했다. "정말이지 그들로서는 경계할 필요가 전혀 없었다. 어차피 그들만의 게임이었고, 그들이 보기에는 대체로 공정한 게임이었던 것이다."[9] 브리얼리는 대대적인 변화를 일으키겠다고 결심했다.

브리얼리는 기업을 상대로 변화를 강력히 요구하는 일에 어느 정도 경험이 있었다. 그는 웰링턴 론 앤드 인베스트먼트Wellington Loan and Investment Company Limited에 관해 으레 그렇듯 냉소적인 어조로 비판한 일련의 글을 〈스톡 앤드 셰어〉에 실었다. 웰링턴이 가격을 올린 두 번째 인수 제의를 받았을 때, 한 지역 신문은 브리얼리를 가격 인상의 요인으로 꼽았다. 이런 인지도를 활용해 브리얼리는 R. A. 브리얼리 인베스트먼트R.A. Brierley Investments Limited를 설립하고 여러 지역 신문에 '주식시장에서 진정한 모험'을 약속한다는 광고를 냈다.[10]

R. A. 브리얼리 인베스트먼트는 해외에서 새로 탄생한 기업가적 금융가들의 학파, 즉 인수합병이 전문인 '기업사냥꾼'의 성공적 기법을 모델로 도입했습니다. 이 백만장자들의 놀라운 이야기에 관해 읽어보셨을 것입니다. 이 곳 뉴질랜드에도 똑같은 기회가 있습니다. 인생에서 주식을 단 한 번도 가져본 적이 없는 당신도 이제 무기력한 상장 기업들을 상대로 한 은밀하고 극적인 공격

에 동참할 수 있습니다. 아래 쿠폰을 '오늘' 우편으로 보내주시면 무료 투자설명서를 받아보실 수 있습니다.

우편으로 쿠폰을 보낸 사람들은 회사의 목표를 설명하는 파란 색 표지로 된 얇은 책자를 받았다. 책자에는 이렇게 쓰여 있었다. "다른 회사를 인수해 재무 상태를 재정비하겠다. 잉여자산을 매각하고 기존 사업을 좀 더 유용하게 발전시키는 데 자금을 재투자할 것이다."[11] 또한, "합병을 하지 않을 수 없는 산업에 투자할 것이다."라는 내용도 있었다.[12] 브리얼리는 신문 기사를 인용해 소개하고, 영국 금융가 찰스 클로어Charles Clore의 인수 기법을 분석해 실었다. 이익도 없고 자산도 없었던 R. A. 브리얼리 인베스트먼트는 성공적으로 자금을 조달했다. 1961년, 스물세 살의 브리얼리는 주주 200명이 5실링짜리 주식 총 14만 4,000주를 보유하여 시가 총액이 3만 뉴질랜드 파운드(약 100만 달러)에 달하는 회사의 경영자가 되었다.

1961년 7월, 첫 번째로 오타고 파머스 코퍼러티브 어소시에이션Otago Farmers Co-operative Association of New Zealand Limited에 공개매수를 제안했다.[13] 뉴질랜드 증권거래소는 공식 상장 요건을 충족하지 못한 오타고 파머스를 비공식 기업 목록으로 옮겨 분류했다. 오타고 파머스는 법적 구조가 독특했고, 공식 상장 기업에서 제외되어 약간의 오점이 있었으며, 이익이 부진하지만 드러나지 않은 가치 있는 자신이 있다는 점에서 브리얼리의 전형적인 목표물이었다. 〈스톡 앤드 셰어〉에서 그랬듯 브리얼리는 직접 제안서를 만들어 봉투에 넣었다. 그는 이 도발적인 제안이 오타고 파머스 주주들을 R. A. 브리얼리로 끌어오기를 기대하면서도 실제로 지배권을 가질 가능성은 희박하다고 보았다. 그가 옳았다. 그의 제안은 환영받지 못했다. 많은 주주들이 브리얼리가 동봉한 요금 수취인불 회신용 봉투에 욕설을 적어 돌려보냈다.[14] 하지만 완전한 실패는 아니었다. 브리얼리의 제안 직후 회사는 주주가치 할인을 해소하기 위한 정책을 발표했고, 주가는 급등했다.[15]

브리얼리는 1961년 12월, 서던 크로스 빌딩 앤드 뱅킹 소사이어티Southern Cross Building and Banking Society Limited를 상대로 주당 20실링을 3년에 걸쳐 지불하는 두 번째 공개매수를 시도했다.[16] 오타고 파머스와 마찬가지로 서던 크로스는 실적이 부진했지만 재무상태표상 유동자산이 충분했고 원가로 보유한 토지와 건물이 있었다. 크게 저평가된 상태일 가능성이 있다는 뜻이었다. 서던 크로스 회장은 브리얼리가 크리스마스 직전에 일을 벌인 것을 두고(브리얼리의 전형적인 전술이었다) 지배권을 장악하기 위한 교묘한 속임수라며 "지지리도 성가신 일이 생겼다."고 표현했다. 그것은 사실이었다.[17] 브리얼리는 이번에도, '서던 크로스 구성원들에게 보내는 제안서'라는 제목으로 자신의 이름과 주소를 맨 아래 적은 편지를 보냈다. 마침 브리얼리의 주소가 서던 크로스와 같아서 서던 크로스가 직접 제안서를 보낸 것 같은 인상을 주었다. 경영진은 브리얼리에게 서둘러 공개서한을 보내 그의 불성실한 행위, 즉 3년에 걸쳐 지급될 것이며 51% 주주들이 수락하는 것을 조건으로 한 지나친 저가 매수 시도를 비난했다. 브리얼리 역시 공개서한으로 대응했다. "서던 크로스 주식의 가치가 주당 20실링 이상이라는 말을 하려는 것이라면 이상한 일이다. 협회 스스로 지난 몇 년간 12실링을 전후한 가격에 여러 번 매각을 추진했고, 이사들 또한 주식의 가치가 그 이상이라고 협회 구성원들에게 권고할 의무도 잊고 그 수준에 주식을 매입해왔기 때문이다."[18] 1962년 3월, 경영진은 "재무재표에 자산을 좀 더 현실적으로 반영해 (서던 크로스) 구조의 강점을 입증하겠다."며 1대 1 무상증자를 발표했다.[19] 또한 재평가를 통해 토지와 건물의 가치를 1931년 장부가치의 두 배 수준으로 산정했다. 주가가 반응했다. 성공하지 못한 또 한 건의 공개매수 시도였지만 지역 신문은 주가를 끌어올린 브리얼리의 역할을 또 다시 인정했다. 브리얼리는 말했다. "서던 크로스는 실제 가치보다 훨씬 더 낮은 가격에 거래되던 조직도 주주들에게 전례가 없는 수준의 보상을 해줄 수 있다는 사실이 갑작스럽게 알려진 고전적인 사례."[20]

치열하게 싸우고 실패한 세 번째 인수 시도 후, 브리얼리는 1963년 파이낸스 코퍼레이션 오브 뉴질랜드Finance Corporation of New Zealand의 지배권을 획득하며 마침내 어느 정도 성공을 거두었다.[21] 브리얼리는 1952년 라디오 할부구입 자금을 대출해 주는 회사로 설립되었다는 사실이 드러나지 않는 인상적인 사명이 마음에 들었다. 회사는 모기업인 라디오 코퍼레이션 오브 뉴질랜드Radio Corporation of New Zealand Limited가 인수되면서 홀로 남았고, 그 후 11년 동안 벌어들인 이익은 1만 9,000 뉴질랜드 파운드(약 63만 달러)에 그쳤다. 브리얼리는 즉시 투자설명서를 작성해 파이낸스 코퍼레이션 오브 뉴질랜드 이름으로 10% 금리 무담보 채권을 발행하여 10만 뉴질랜드 파운드를 조달하는 절차에 나섰다. 회사의 이름이 가진 힘에 대한 브리얼리의 판단은 옳았다. 모집 총액 이상으로 신청이 들어오면서 회사는 총 26만 6,000 뉴질랜드 파운드(약 860만 달러)를 채권 발행으로 조달했고, 브리얼리는 무시할 수 없는 존재가 되었다.

브리얼리는 이렇게 조달한 자본을 활용해 주식시장의 부스러기, 즉 활성화된 시장이 없고 주주를 찾기도 어려운 비상장 공기업들을 공략했다. 1930년대에 임업 회사들은 30년 뒤 숲이 사라지면 주식의 가치가 올라갈 것이라며 집집마다 방문하는 '주식 행상인share-hawkers'을 통해 주식을 팔았다. 그래서 주식을 보유하고 있다는 사실을 잊은 주주들이 많았다. 이사 후 주소를 알 수 없게 되었다는 뜻의 'GNAGone, No Address·이사불명' 상태인 주주들이 주주명부의 30%를 차지하는 회사들도 있었다.[22] 브리얼리는 GNA 주주 비중이 높은 회사에 특히 매력을 느꼈다. 50% 지분을 확보하지 않고서도 경영권 확보가 가능했기 때문이다. 1964년, 브리얼리가 찾은 마마쿠 포레스트Mamaku Forests도 그런 회사였다. 브리얼리가 주당 25실링의 가치가 있다고 평가한 이 회사는 7실링에 거래되고 있었다. 브리얼리가 주식을 사들이고 있다는 사실을 안 이사한 사람이, 주당 17실링에 회사 전체를 인수한다면 이사회가 인수를 지지하겠다는 뜻을 전했다.[23] 브리얼리는 그렇게 했고, 더 높은 가격을 제시한 다른 입찰자가 있었지만 이사회는 브리얼리를 지지했다. 그의 생각대로 전체 주식의 단 70%만(나머지는 사라지거나 GNA 주주들이 보유했다) 공개매수에 응했고 브리얼리는 약 1만 1,000 뉴질랜드 파운드(미화 35만 달러)로 자기자본이 2만 뉴질랜드 파운드(미화 약 65만 달러)에 달하는 대형 상장 회사의 지배권을 확보했다.[24]

브리얼리는 호주의 기업들을 조사하기 시작했다. 브리얼리의 표현을 빌리면, 그는 1964년 〈오스트레일리안 파이낸셜 리뷰Australian Financial Review〉에 '특수한 상황'을 찾는 광고를 냈다.[25] 그에 대한 답으로 도착한 한 편지에 시티즌 앤드 그라치에 라이프 어슈어런스Citizens and Graziers Life Assurance Company Limited의 이름이 있었다. 편지는 회사의 역사를 소개하고 비상장 상태임을 밝힌 뒤 30년 동안 배당금을 지급하지 않았다고 언급했다. 회사가 생명보험 사업 부문을 최근 매각했다는 자세한 내용도 포함되어 있었다. 브리얼리는 회사의 자산이 주로 현금으로 이루어져 있고 저평가 상태일 가능성이 있다는 사실을 이내 파악했다. 브리얼리는 이 회사의 주식을 사들이기 시작했다. 이사회는 회사를 투자회사로 전환할 계획이었으나 그러려면 75% 주주의 승인이 필요했다. 투자 사업 전환을 저지하기 위해 25% 지분 확보에 나선 브리얼리는 1966년 시티즌 앤드 그라치에 주주들을 대상으로 '선착순' 공개매수에 나섰다.[26] 브리얼리의 지분이 25%에 거의 다다르자 이사들도 항복하고 브리얼리의 공개매수에 응할 것을 주주들에게 권했다. 브리얼리는 시티즌 앤드 그라치에를 활용해서 인더스트리얼 에쿼티 Industrial Equity Limited 지분의 공개매수를 진행했다.[27] 1964년에 설립된 인더스트리얼 에쿼티는 주식을 매수하고(buy) 동시에 콜옵션을 발행해(write) 이익을 내는 트레이딩 전략이 전문인 비영업회사였다. 인더스트리얼 에쿼티의 이익은 미미했고 주가는 전부 상장주식으로 이루어진 보유 자산 가치 대비 크게 할인되어 거래되었다. 애초에 회사를 정리하고 청산하기로 결정했던 이사들은 브리얼리의 공개매수 제안을 두 팔 벌려 환영했다. 브리얼리에게 인더스트리얼 에쿼티는 호주 시장 투자를 위한 하나의 수단이었다. 브리얼리는 추가로 인수할만한 호주 기업들을 빠르게 물색했다.

호주의 식품·농업 분야에서 비옥한 토양을 발견했다. 호주의 식품·농업 산업은 다수의 소규모 가족 회사가 지배하고 있었다. 정부의 보조금 지원과 하인즈Heinz, 캐드버리Cadbury, 나비스코Nabisco 등 대형 다국적 기업과의 오랜 거래로 비대해진 회사들은 비효율적이었고 무기력했다. 극심한 저평가, 안일한 경영, 낮은 이익률, 낮은 배당성향, 유동성이 높은 재무상태표, 잉여자산 등 회사 하나하나가 브리얼리가 목표로 하는 기업의 전형적인 특징을 갖고 있었다. 브리얼리는 업계 통합을 확신했고, 1970년대 초 산업이 저점에 있을 때 많은 기업의 주식을 확보했다. 가장 크게 포지션을 취한 회사는 브리얼리가 추구하는 두 가지 특징을 지닌 서던 파머스 코퍼러티브Southern Farmers Cooperative Limited였다. 회사는 과거 협동조합에서 유한책임회사로 전환한 상태였고 그 과정에서 GNA가 1,600명이나 된다는 사실이 드러났다.[28] 회사는 과거의 독특한 법적 구조 덕분에 투자자들의 레이더에 포착되지 않았다. GNA가 많다는 것은 경영권을 확보하기 위해 50%까지 지분을 확보할 필요조차 없다는 뜻이었다. 브리얼리는 당시 시장에서 1.30달러에 거래되던 서던 파머스 주식의 내재가치를 주당 8달러에 가깝게 추정했는데 이는 서던 파머스가 당시 호주 시장에서 가장 저평가된 회사 중 하나라는 뜻이었다.[29] 브리얼리는 서던 파머스가 자본과잉overcapitalization 상태이며, 매각 가능한 자산이 충분히 많아서 일단 자본 환원이 이루어진다면 사실상 한 푼도 들이지 않고 경영권 확보가 가능하다는 사실을 알았다.

1974년, 그가 공개매수를 준비하고 있다는 사실을 서던 파머스 이사회에서 눈치채기도 전에 브리얼리는 인더스트리얼 에쿼티 자본 3분의 1을 서던 파머스에 투자했다. 브리얼리가 원하는 것이 현금이라고 생각한 이사회는 회사 자본의 거의 7%를 주당 50센트 현금 배당으로 주주들에게 돌려주도록 결정했다. 상당한 지분을 가진 주주로서 배당 덕분에 보유 비용을 40% 가까이 절감한 인더스트리얼 에쿼티는 자본 환원의 주요 수혜자 중 하나였다. 그 후, 전술적인 오류를 깨달은 서던 파머스는 여러 농업 회사로 구성된 컨소시엄과 합병했다. 합병으로 브리얼리의 지분은 축소됐지만 또 다시 거액의 현금이 생겼고, 인더스트리얼 에쿼티는 그 현금을 이용해 서던 파머스가 눈독을 들이고 있던 노스케Noske Limited를 인수했다. 1976년, 서던 파머스는 주식교환 방식으로 인더스트리얼 에쿼티에게서 노스케를 인수했고 이로써 인더스트리얼 에쿼티의 서던 파머스 지분은 다시 높아졌다. 또한 브리얼리는 서던 파머스 이사로 임명되어 회사를 효과적으로 지배할 수 있게 되었다. 브리얼리는 서던 파머스를 발판으로 식품·농업 산업의 통합을 추진했다. 1978년, 서던 파머스는 자산 기준 업계 3위로 올라섰다.

1986년, 브리얼리 인베스트먼트의(R. A.는 1971년 삭제됐다) 25차 연례주주총회에서 주주들은 그를 환영했다. 브리얼리 인베스트먼트는 설립 이후 25년 만에 16만 명의 주주를 보유한 회사로 성장했고, 시가총액은 45억 뉴질랜드 달러(미화 약 92억 달러)를 기록했으며, 총 자산 규모가 118억 뉴질랜드 달러(미화 약 200억 달러)에 달하는 전 세계 300여 개 기업을 지배했다. 1961년에 투자한

500 뉴질랜드 파운드는(뉴질랜드는 1967년 7월 파운드화에서 달러화 체계로 전환했다. 전환 비율은 1파운드당 2달러였다) 연평균 약 38% 성장해 1986년 무려 300만 뉴질랜드 달러로 불어났다. '초라한 빈털터리' 주식을 찾는 특징 때문에 그는 한때 '비즈니스계의 넝마주이'로 불렸으나 전략은 제대로 성과를 냈다.[30] 1990년 브리얼리가 자신의 전기 작가에게 들려준 이야기는 마치 워런 버핏의 이야기처럼 들린다. "저는 쉽게 확인할 수 있는 자산이 있고 상대적으로 단순한 제품을 생산하는 '전통적인' 기업들을 선호합니다. 반면 기술 관련 기업은 잘 알지 못해서 일부러 멀리합니다."[31] 하지만 브리얼리와 버핏 사이에는 커다란 차이가 있었다. 버핏은 훌륭한 기업을 찾았고 브리얼리는 '온 세상이 알아볼 진정한 가치'를 자신이 *끄집어낼* 수 있는 깊이 저평가된 기업만을 찾았다.[32] 1990년, 브리얼리는 이렇게 설명했다.[33]

가치를 보유하고 있기만 하다면 그것을 이끌어내는 것은 부차적인 문제입니다. 가진 것이 있고, 그것이 가치가 있다면 그 가치를 이끌어낼 방법을 찾기 위해 머리를 쥐어짜야 할 수도 있겠지만 이끌어낼 가치가 없는 것보다는 낫습니다.

버핏이 수준 높고 자율적인 경영자를 찾았던 데 반해, 브리얼리는 브리얼리 인베스트먼트를 '감시 및 관찰 조직'으로 활용해 다양한 기업의 성과를 지속적으로 평가하고, 기업이 가장 효과적인 소유 구조를 추구하도록 촉매 역할을 하고자 했다.[34] 그의 전기 작가인 이본 반 동언Yvonne van Dongen은 이렇게 기록했다. "경영진을 자극해 이룬 성과는 인수한 기업 한 곳에만 국한되지 않고 브리얼리의 존재에 의해 위협받는 모든 기업으로 확대되었다. 실제로 많은 기업이 브리얼리가 취하게 하려던 조치를 스스로 실행에 옮겼다."[35]

1987년, 143년 역사의 영국 생명보험회사 에퀴티 앤드 로 라이프 어슈어런스 소사이어티Equity and Law Life Assurance Society PLC를 상대로 한 공개매수 제의가 결정적이었다. 에퀴티 앤드 로가 제시하는 목표는 버거워 보였고 가치는 공감하기 어려웠다. 보험업계의 이사회는 특권층이 장악하고 있었고, 보험사 간 순환출자 관계가 형성되어 어느 한 회사가 위협에 직면할 경우 그것이 산업 전체에 대한 위협으로 인식될 위험이 있었다. 에퀴티 앤드 로는 이런 보험 산업에 특화된 다양한 규제로부터 강력한 보호를 받고 있었다. 공개매수를 정당화하는 가치명제value proposition 역시 심오했다. 시가총액이 3억 5,000만 파운드에 달하는 에퀴티 앤드 로는 단 280만 파운드의 자본금으로 800만 파운드를 벌어들였다. 한편, 회사가 확실히 가진 것은 생명보험 가입자들이 낸 보험료로 확보한 상당한 플로트[2]float였다. 브리얼리 인베스트먼트의 다른 임원들은 공개매수를 불안해했다. 누군가 "어떤 식으로 이익을 낼 계획입니까?"라고 물었고 브리얼리는 수수께끼를 던지듯 대답했다. "아직도 그걸 모른다면 이 일을 해서는 안 되겠네요."[36] 당시 에퀴티 앤드 로가 플로트로 벌어들이는 이익은 극히 미미했다. 브리얼리는 제대로 활용되지 못하는 상당한 규모의 플로트로 좋은 수익을 내면 회사의 내재가치가 드러날 것이라고 보았다. 또한 다른 보험사가 뛰어들어 경쟁입찰 방식으로 매각이 진행될 가능성도 높다고 보았다. 손실 위험은 제한적이고 이익 가능성은 큰 비대칭적 가치명제였고 그냥 지나치기에는 너무나 좋은 기회였다.

1987년 9월, 이미 2년 동안 에퀴티 앤드 로의 주식을 모아온 브리얼리는 1982년에 제정된 보험회사법으로 인해 행동에 나설 수밖에 없었다. 보험회사법에 따르면 의결권의 33.3%를 초과하는 지분을 갖기 위해서는 영국 통상산업부의 승인이 필요했고 브리얼리는 그때까지 29.6% 지분을 확보한 상태였다. 통상산업부의 승인을 받기까지 6주가 걸렸고 인수를 마치려면 영국 법 기준으로 단 1주일 밖에 여유가 없었다.[37] 1987년 9월 4일, 브리얼리는 회사의 가치를 3억 7,400만 파운드(약 12억 달러)로 매기고, 에퀴티 앤드 로 1주당 363펜스의 현금 지급을 제안했다.[38] 회사는 '반갑

---

2) 고객이 납부한 보험료가 보험금으로 지급되기 전까지의 현금흐름.

지 않은 저평가된' 제안이라며 즉각 거절했다.[39] 브리얼리는 호주로 돌아가는 길에 방콕 공항 라운지에서 이전에 브리얼리의 에퀴티 앤드 로 지분을 인수하는 문제를 논의했던 프랑스 보험사 콤파니 듀 미디Compagnie du Midi가 에퀴티 앤드 로를 상대로 400센트에 매수를 제안했다는 사실을 알게 되었다.[40] 에퀴티 앤드 로 이사회는 콤파니 듀 미디의 제안도 거절했다. 한 달이 채 지나기도 전에 콤파니 듀 미디는 가격을 올려 446펜스를 제안했고 에퀴티 엔드 로는 제안을 수락했다. 브리얼리도 그 제안을 받아들일 것으로 예상했던 언론과 브리얼리 인베스트먼트 임원들은 브리얼리가 다시 450펜스를 제안하자 충격을 받았다. 어째서 1%도 안 되는 4펜스를 더 받자고 굳이 허세를 부리고 위험을 감수한단 말인가? 그러나 브리얼리의 판단은 정확했다. 콤파니 듀 미디는 에퀴티 앤드 로의 가치의 절대적 상한선인 450펜스로 공개매수 가격을 수정하는 것으로 대응했고 브리얼리는 제안을 수락했다.[41] 수정된 공개매수 제안으로 브리얼리 인베스트먼트는 4,290만 파운드(약 1억 4,000만 달러)를 벌어들였다. 42% 수익률이었다.[42] 브리얼리는 주사위를 던졌고 멋지게 이겼다. 그러나 브리얼리 인베스트먼트 내부에서 자신이 가진 정치적 자본을 소진하고 말았다.

에퀴티 앤드 로는 브리얼리 인베스트먼트에서 론 브리얼리가 인수한 마지막 회사가 되었다. 1987년 10월 19일, 콤파니 듀 미디의 공개매수가 끝나고 2주 뒤에 주식시장이 붕괴했다. 뉴질랜드 증시는 세계 어느 시장보다 하락폭이 컸다.[43] 시장은 고점인 3,968.89포인트에서 3개월 만에 2,000포인트까지 32% 하락했다. 브리얼리 인베스트먼트의 주가는 4.43달러에서 2.70달러로 무려 40% 급락했다.[44] 브리얼리 인베스트먼트 임원들은 콤파니 듀 미디가 만약 중간에 포기하고 물러났다면 브리얼리 인베스트먼트는 파산을 했을 수도 있다고 생각했다.[45] 콤파니 듀 미디가 제안한 가격을 1% 올리려고 브리얼리가 회사를 걸고 도박을 한 셈이었다. 브리얼리는 자신이 가진 지분을 희석시키지 않으려고 주로 현금을 활용해 기업을 인수해왔다. 하지만 브리얼리 인베스트먼트는 투자회사였고, 브리얼리는 회사에 지배적 지분을 가진 적이 없었다. 1961년에 다른 주주들과 함께 주식을 청약했지만 단 15% 지분을 갖는 데 그쳤을 뿐이다. 그동안 인수를 위해 주식을 계속 발행하면서 1987년 그의 지분은 발행주식의 3.7%로 줄어들었다. 그리고 1989년, 브리얼리는 자신이 설립한 회사에서 밀려났다. 브리얼리는 1990년에 기네스 피트 그룹Guinness Peat Group으로 옮겨갔다. 기업사냥꾼의 공격에서 그가 살려낸 상장 회사 중 하나였다. 브리얼리는 2010년 말까지 기네스 피트의 회장직을 맡았고 퇴임 후에도 사외이사직을 수행했다. 76세의 나이에도 그는 호주 증권거래소에 상장된 머천타일 인베스트먼트Mercantile Investment Company에서 여전히 기업들의 숨겨진 가치를 발굴하고 변화를 요구하고 있다.

역발상 가치주

브리얼리의 전형적인 방식, 이른바 '모두스 오페란디modus operandi'
는 사업이 곤란에 직면했고 밸류에이션도 저점에 있는 주식을 찾
는 것이었다. 오타고 파머스 투자부터 서던 크로스, 호주의 식품·
농업 산업 진출 그리고 에쿼티 앤드 로를 목표로 한 도전은 모두
최악의 상황에 처한 저평가된 주식을 대상으로 사업 여건 개선
과 밸류에이션 회복을 기대하며 시행한 투자였다. 벤저민 그레이
엄은 가치투자를 일컬어, 시장가격이 단기적으로는 내재가치와
다르지만 장기적으로는 내재가치에 수렴할 것을 기대하고 행하
는 투자라고 했다. 좀 더 깊이 들어가면, 이 이야기의 교훈은 가치
가 진자처럼 두 점 사이를 오가는 진동 운동을 한다는 것이다. 재
무제표를 검토해 실적을 분석하고 과거의 추세가 지속될 것이라
고 가정한다면 그것은 실수다. 그레이엄은 사람들이 인기주(비싼
밸류에이션에 거래되는 좋은 회사)에 과도한 값을 지불하고, 가치주(밸
류에이션이 낮고 따분한 회사)를 꺼리는 것이 순진한 외삽추론의 충
동 때문이라고 보았다. 행동재무학자인 드 본트와 탈러에 의해 진
가가 재발견된 이 주장은 라코니쇼크, 슐라이퍼, 비시니의 연구로
뒷받침되었다. 이른바 역발상 투자자는 펀더멘털과 밸류에이션
의 평균회귀를 기대하며 접근한다. 그렇다면 이 전략의 성과는 밸
류에이션만 보는 단순한 가치주 투자 전략을 정말로 능가할까?

라코니쇼크, 슐라이퍼, 비시니는 ① 부진한 과거 실적, ② 낮은 밸류에이션이라는 두 가지 조건을 모두 만족하는 주식을 매수하는 역발상 가치주 투자 전략의 수익률을 분석했다. 낮은 밸류에이션은 과거와 같은 부진이 앞으로도 계속될 것이라는 시장의 기대를 반영한다. 분석 결과, 역발상 가치주 전략은 앞서 검토한 단순한 가치주 전략, 즉 과거 실적은 고려하지 않고 오로지 저평가 여부만을 근거로 한 전략의 성과를 능가했다. 라코니쇼크, 슐라이퍼, 비시니는 두 가지 변수(과거 실적, 밸류에이션이 반영하는 미래 실적에 대한 기대)를 이용해 유니버스 안의 종목들을 하위 30%, 중간 40%, 상위 30%의 세 개 포트폴리오로 나누어 역발상 가치투자 전략을 시험했다. '인기주' 포트폴리오는 과거 성장률이 가장 높고(라코니쇼크는 최고 '매출' 성장률을 이용했다. 이익과 현금흐름은 마이너스로 돌아설 수 있지만 아주 특수한 상황이 아니라면 매출 자체가 마이너스가 되지는 않기 때문이다) 밸류에이션(P/B, P/CF, P/E) 배수가 가장 높은 종목을 포함했다. 역발상 가치주 포트폴리오는 매출 성장률이 가장 낮고 P/B, P/CF, P/E가 가장 낮은 종목으로 구성했다. 즉, 역발상 가치주 포트폴리오에 포함된 종목은 매출 성장률의 둔화나 역성장, 낮은 밸류에이션 배수라는 두 가지 특징을 동시에 지닌 종목으로, 과거 실적이 부진했고 현재 밸류에이션도 싼 종목이다. 이 것은 시장에서 (얼마 전까지 고성장을 기록했지만 성장세 둔화를 예상해 시장에서 낮은 밸류에이션 배수를 부여한) '일시적 패자주'와 가치주를 구분하는 데 도움이 된다. 역으로, 최근 성장률이 저조했지만 회복을 예상해 시장에서 높은 밸류에이션 배수를 부여한 '일시적 승자주'와 인기주도 구분되어야 한다. 라코니쇼크 등은 각 포트폴리오의 5년 수익률을 시험했는데 그 결과는 [표 7-1]과 같다.

[표 7-1] 역발상 가치주와 인기주 포트폴리오 5년 누적 수익률 평균
(1963~1990년)

	인기주 (%)	역발상 가치주 (%)	차이(역발상 가치주 -인기주, %)
P/B 및 매출 성장률 기준	84.2	161.8	77.6
P/CF 및 매출 성장률 기준	71.2	171.1	99.9
P/E 및 매출 성장률 기준	67.4	171.6	104.2

[표 7-1]에서 역발상 가치주 포트폴리오의 5년 수익률은 인기주 포트폴리오를 크게, 그리고 전적으로 앞섰다. 5년 누적 수익률 평균의 격차는 104.2%와 77.6%로 상당했다. 흥미로운 발견이었다. 역발상 가치주는 인기주보다 훨씬 쌌지만 펀더멘털(실적) 기준으로 매력이 덜했다. 각 포트폴리오를 구성하는 종목의 포트폴리오 편입 전 과거 수익률을 검토해보면 인기주의 실적 성장이 역발상 가치주를 크게 앞선다. [표 7-2]는 포트폴리오 편입 전 인기주와 역발상 가치주의 순이익, 현금흐름, 매출, 영업이익 성장률이다.

[표 7-2] 포트폴리오를 구성하기 전 인기주와 역발상 가치주의 펀더멘털 지표:
5년 누적 성장률 평균(1963~1990년)

P/E 및 매출 성장률 기준 포트폴리오: 편입 전		
	인기주	역발상 가치주
순이익 성장(%)	18.7	9.7
현금흐름 성장(%)	18.1	7.4
매출 성장(%)	15.2	2.5
영업이익 성장(%)	18.2	5.9

P/B 및 매출 성장률 기준 포트폴리오: 편입 전		
	인기주	역발상 가치주
순이익 성장(%)	15.9	-6.7
현금흐름 성장(%)	18.0	1.3
매출 성장(%)	62.3	10.7
영업이익 성장(%)	14.3	0.2

P/CF 및 매출 성장률 기준 포트폴리오: 편입 전		
	인기주	역발상 가치주
순이익 성장(%)	14.2	8.2
현금흐름 성장(%)	20.5	4.7
매출 성장(%)	11.2	1.3
영업이익 성장(%)	15.9	-6.7

[표 7-2]는 매수 당시 펀더멘털 기준으로 인기주가 역발상 가치주보다 더 매력적이었다는 사실을 보여준다. 매수 시점 기준으로 모든 인기주 포트폴리오의 매출, 순이익, 영업이익, 현금흐름

성장률이 역발상 가치주 포트폴리오를 크게 앞섰다. [표 7-3]을 보면 인기주 포트폴리오 종목은 역발상 가치주 포트폴리오 종목 보다 훨씬 더 비싸다(주가배수가 훨씬 더 높다).

[표 7-3] 인기주와 역발상 가치주 포트폴리오 밸류에이션(1963~1990년)

P/E 및 매출 성장률 기준 포트폴리오		
	인기주	역발상 가치주
P/E	19.6×	6.5×
P/CF	10.8×	3.7×
P/S	0.7×	0.2×
P/OP	6.3×	2.3×

P/B 및 매출 성장률 기준 포트폴리오		
	인기주	역발상 가치주
P/E	17.2×	38.5×
P/CF	9.5×	6.3×
P/S	0.7×	0.2×
P/OP	5.7×	3.2×

P/CF 및 매출 성장률 기준 포트폴리오		
	인기주	역발상 가치주
P/E	18.5×	8.8×
P/CF	12.5×	3.6×
P/S	0.9×	0.2×
P/OP	7.2×	2.2×

역발상 가치주는 인기주보다 모든 면에서 압도적으로 저렴했다. 예외적으로, P/B와 매출 성장률 기준으로 구성한 역발상 가치주 포트폴리오만이 같은 기준으로 구성한 인기주 포트폴리오 대비 P/E가 더 높았다. 그 이유는 역발상 가치주의 순이익(E)이 크게 부진했기 때문일 것이다. 이러한 결과는 드 본트와 탈러가 앞서 확인한 사실, 즉 과거 3년 동안 이익이 감소한 종목으로 구성한 패자주 포트폴리오의 수익률이 같은 기간 이익 성장률이 가장 높았던 종목으로 구성한 승자주 포트폴리오의 수익률을 능가한다는 연구 결과를 뒷받침한다. 라코니쇼크, 슐라이퍼, 비시니의 연구는 과거 실적이 좋지 않은 저평가된 기업을 적극적으로 발굴하는 역발상 전략이 과거 실적이 뛰어난 고평가된 기업에 투자하는 전략보다 우수한 성과를 거둘 수 있음을 보여준다. 여기서 당연한 질문이 제기된다. 역발상 가치주 포트폴리오에 포함된 과거 실적이 부진한 가치주는 과거 실적이 우수한 가치주를 이기는지

[표 7-4] '고성장' 가치주와 역발상 가치주 포트폴리오 5년 누적
수익률 평균(1963~1990년)

	고성장 가치주 (%)	역발상 가치주 (%)	차이(역발상 가치주-고성장 가치주, %)
P/B 및 매출 성장률 기준	117.1	161.8	44.7
P/CF 및 매출 성장률 기준	116.3	171.1	54.8
P/E 및 매출 성장률 기준	136.5	171.6	35.1

여부다. [표7-4]는 그 결과를 보여준다.

[표7-4]에서 역발상 가치투자 포트폴리오의 수익률은 고성장 가치주 포트폴리오를 압도적으로 능가한다. 다만, 고성장 가치주 포트폴리오의 수익률도 [표7-1]의 인기주 포트폴리오를 앞선다. [표 7-5]는 매수 당시 펀더멘털 기준으로 고성장 가치주가 역발상 가치주보다 더 매력적이었다는 사실을 보여준다.

[표 7-5] 포트폴리오 구성 전 '고성장' 가치주와 역발상 가치주 펀더멘털 지표: 5년 누적 성장률 평균(1963~1990년)

P/E 및 매출 성장률 기준 포트폴리오: 편입 전		
	고성장 가치주	역발상 가치주
순이익 성장(%)	16.9	9.7
현금흐름 성장(%)	16.3	7.4
매출 성장(%)	13.9	2.5
영업이익 성장(%)	16.0	5.9

P/B 및 매출 성장률 기준 포트폴리오: 편입 전		
	고성장 가치주	역발상 가치주
순이익 성장(%)	6.8	-6.7
현금흐름 성장(%)	4.0	1.3
매출 성장(%)	60.3	10.7
영업이익 성장(%)	0.4	0.2

P/CF 및 매출 성장률 기준 포트폴리오: 편입 전		
	고성장 가치주	역발상 가치주
순이익 성장(%)	14.3	8.2
현금흐름 성장(%)	14.0	4.7
매출 성장(%)	10.6	1.3
영업이익 성장(%)	11.8	-6.7

매수 시점 기준으로 모든 고성장 가치주 포트폴리오가 역발상 가치주 포트폴리오보다 더 매력적으로 보인다. [표 7-6]은 고성장 가치주와 역발상 가치주 포트폴리오의 순이익, 현금흐름 및 영업이익 대비 주가 배수다.

이 결과에서 놀라운 사실은 고성장 가치주와 역발상 가치주 포트폴리오의 주가배수가 거의 같고, 일부 지표 기준으로 고성장 가치주 포트폴리오가 역발상 가치주보다 더 싼(주가배수가 더 낮은) 경우도 있지만 역발상 가치주 포트폴리오의 수익률이 압도적으로 더 높다는 것이다.

[표 7-6] '고성장' 가치주와 역발상 가치주 포트폴리오 밸류에이션(1963~1990년)

P/E 및 매출 성장률 기준 포트폴리오		
	고성장 가치주	역발상 가치주
P/E	6.3×	6.5×
P/CF	3.9×	3.7×
P/S	0.3×	0.2×
P/OP	2.2×	2.3×

P/B 및 매출 성장률 기준 포트폴리오		
	고성장 가치주	역발상 가치주
P/E	8.7×	38.5×
P/CF	4.0×	6.3×
P/S	0.2×	0.2×
P/OP	2.1×	3.2×

P/CF 및 매출 성장률 기준 포트폴리오		
	고성장 가치주	역발상 가치주
P/E	7.0×	8.8×
P/CF	3.5×	3.6×
P/S	0.2×	0.2×
P/OP	2.1×	2.2×

이 결과로 두 가지 이론이 성립한다. 첫째, 포트폴리오를 구성할 때 밸류에이션이 성장보다 중요하다. 싼 저성장주 포트폴리오는 비싼 고성장주 포트폴리오의 수익률을 체계적으로, 그리고 큰

폭으로 앞선다. 둘째, 가치주 포트폴리오끼리 비교해도 저성장 혹은 무성장 가치주가 고성장 가치주의 수익률을 앞선다. 이것은 직관에 더욱 어긋나는 결과이며 흥미로운 발견이다. 우리는 직관적으로 고성장에 끌리고, 고성장 가치주를 싸게 살 수 있는 우량 주식이라고 간주한다. 그러나 데이터는 저성장 혹은 무성장 가치주가 더 좋은 투자 대상이라고 말한다. 밸류에이션이 비슷할 때 더욱 보잘것없는 주식일수록 수익률은 더 좋을 가능성이 있다.

이처럼 직관에 반하는 행태는 준 청산sub-liquidation 기업에서도 관찰된다. 헨리 오펜하이머Henry Oppenheimer는 NCAV 기업들로 포트폴리오 두 개를 구성하고 성과를 시험했다. 하나는 지난 1년간 영업 실적이 흑자인 종목으로만 구성했고, 다른 하나는 적자인 종목으로만 구성했다.[46] 오펜하이머의 검토 결과, 적자 기업으로 구성한 포트폴리오의 수익률이 흑자 기업 포트폴리오를 앞섰다. [표 7-7]은 각각 흑자와 적자를 기록한 순-순 기업의 수익률을 오펜하이머와(1970~1983) 우리가(1983~2010) 추적한 결과다.[47]

[표 7-7] 흑자 vs. 적자 NCAV 기업 포트폴리오 연간 수익률 평균(1970~2010년)

	흑자 순-순 기업 (%)	적자 순-순 기업 (%)	차이(적자-흑자, %)
1970~1983년	33.1	36.2	3.1
1983~2010년	26.2	49.0	22.8

또한 오펜하이머는 흑자 기업 중에서도 배당을 지급한 종목의 수익률이 배당을 지급하지 않는 종목에 비해 낮다는 사실을 발견했다. [표 7-8]은 오펜하이머와(1970~1983) 우리가(1983~2010) 추적한 수익률이다.

[표 7-8] 배당금 지급 vs. 배당금 미지급 NCAV 포트폴리오
연간 수익률 평균(1970~2010년)

	배당금 지급 순-순 기업(%)	배당금 미지급 순-순 기업(%)	차이(배당금 미지급-배당금 지급, %)
1970~1983년	27.0	40.6	13.6
1983~2010년	19.3	33.2	13.9

[표 7-7]과 [표 7-8]에서 보듯 우리의 추적 결과도 흑자 순-순 기업의 수익률이 적자 순-순 기업보다 현저히 낮고, 배당금을 지급하는 흑자 기업의 수익률이 배당금을 지급하지 않는 흑자 기업보다 현저히 낮다는 오펜하이머의 결론을 뒷받침한다. 오펜하이머는 이러한 결과를 근거로, 흑자 기업이나 배당금을 지급하는 흑자 기업만 고집하는 것은 투자자에게 '도움이 되지 않을 것'이라는 결론을 내렸다. 하지만 이것은 완곡한 표현이다. 변동성을 조정한 수익률은 적자 기업과 배당금을 지급하지 않는 기업이 낮았다는 단서가 붙지만, 보잘것없는 주식들 중에서도 가장 보잘것없는 주식이 최고의 수익률을 창출한다는 것은 분명하다.[48]

직관에는 어긋나지만 이와 같은 결과는 가치투자를 주제로 한 문헌에서 반복적으로 언급된다. 유명한 예로, 1982년에 출판된 톰 피터스Tom Peters의 베스트셀러《초우량 기업의 조건(In Search of Excellence)》이 있다.[49] '역대 최고의 경영서'[50]로 불리는 이 책에서 피터스는 수익성과 성장성 측면에서 뛰어난 재무성과를 달성하는 초우량 기업의 특징을 제시하고, 이 특징을 '초우량 기업 전반에 대한 청사진'으로 활용할 것을 제안했다.[51] 초우량 기업의 특징적인 지표는 자산 증가, ROIC, ROSreturn on sales·매출이익률 등이 있었다. 피터스의 책이 출판되고 5년 뒤인 1987년, 미셸 클레이먼Michelle Clayman은 피터스가 찾아낸 총 36개 초우량 기업 가운데 여전히 독립된 상장회사로 남아있는 29개 기업을 조사했다.[52] 클레이먼은 피터스가 '초우량' 기업이라고 확인해준 뒤 5년이 지나는 동안 그 기업들 대부분 성장률과 ROIC가 하락했다는 사실을 발견했다. 그 기업들의 86%는 자산 성장률이 둔화되었고, 83%는 ROIC가 하락했으며, 83%는 매출액순이익률이 하락했다. 세 개 이상의 지표에서 성장세를 보인 곳은 29개 기업 중 4개에 불과했다. 피터스의 기준을 적용하면 그 기업들 대부분은 더 이상 '초우량' 기업이 아니었다. 클레이먼은 이를 가리켜, "자연에서 시간이 지남에 따라 집단을 구성하는 요소들의 속성이 집단 전체의 평균 가치로 수렴되는 현상을 가리키는 이른바 '평균회귀'의 결과이다."라고 말했다.[53]

일반 세상처럼 금융계에서도 연구자들은 ROE가 평균으로 회
귀하는 경향이 있다는 것을 밝혀냈다. 경제 이론에 따라 ROE가
높은 시장은 신규 진입자를 불러들이고, 이들이 점차 일반 시장
수준으로 ROE를 끌어내린다.

피터스의 초우량 기업 29개 중 약 3분의 2에 해당하는 18개 기
업의 주가 수익률은 S&P500 지수 수익률을 하회했고, 11개 기업
은 S&P500을 상회했다. 29개 기업의 69%는 P/B가 하락했다.

포트폴리오 차원에서 보면 피터스의 초우량 기업은 S&P500
수익률을 연 1% 앞섰을 뿐이다. 인상적인 결과다. 클레이먼은 말
했다. "초우량 기업 대다수가 시장 수익률을 밑돌았다. 시장이 미
래 성장 잠재력과 미래의 ROE를 과대평가했고, 그 결과 해당 기
업들의 밸류에이션이(P/B) 고평가되었다."[54] 클레이먼은 피터스
가 활용한 변수를 적용해 '대참사'에 가까운 기업을 찾았다. 클레
이먼은 S&P500 지수 종목 중 모든 변수에서 하위 3위에 해당하
는 '불량' 기업들로 포트폴리오를 구성했다. [표 7-9]는 피터스의
초우량 기업과 클레이먼의 불량 기업의 재무적 특성을 비교한 것
이다. 피터스의 기업은 밸류에이션을 제외하면 모든 척도를 기준
으로 훨씬 더 매력적으로 보인다.

[표 7-9] 피터스의 '초우량' 기업과 클레이먼의 '불량' 기업의
5년 평균 재무 성과(1976~1980년)

	초우량	불량
자산 성장률(%)	21.78	5.93
자기자본 성장률(%)	18.43	3.76
P/B(%)	2.46	0.62
평균 ROIC(%)	16.04	4.88
평균 ROE(%)	19.05	7.09
평균 ROS(%)	8.62	2.49

피터스의 초우량 기업 포트폴리오의 수익률이 클레이먼의 불량 기업을 이길 것이라고 예상하는 것이 직관적이지만 실제 결과는 달랐다. 39개 불량 기업 중 25개 기업의 수익률이 S&P500을 상회했고 14개 기업은 하회했다. 그러나 포트폴리오 차원에서 보면 불량 기업의 수익률은 시장을 무려 연 12.4%p 앞섰다.

시장을 상회하는 수익률을 이끈 것은 불량 기업의 실적 개선이 아니었다. 피터스의 초우량 기업만큼은 아니지만 불량 기업의 영업 실적도 전반적으로 악화되었다. 불량 기업 가운데 67%가 자산 성장률이 둔화했고, 51%는 평균 ROIC가 하락했다. 51%는 평균 ROE가 하락했고, 56%는 평균 ROS가 하락했다. 놀랍게도 5년간의 추적 기간이 끝났을 때, 피터스의 초우량 기업은 클레이먼의 불량 기업보다 펀더멘털 측면에서 여전히 더 매력적이었다. 그러나 눈에 띄는 사실은 불량 기업 중 P/B가 하락한 기업은 단 3개에

불과했다는 것이다. 이는 시장이 39개 기업 중 36개 기업의 가치를 상향 조정했다는 뜻이다. 이로써 포트폴리오 전체 가치가 평균 58% 상향 조정되었고, 이는 분명한 평균회귀 사례였다. 클레이먼은 다음과 같은 결론을 내렸다. "여러 증거로 볼 때, P/B가 낮은 기업은 시간이 흐르며 P/B가 상승할 가능성이 높다. 분석가로서 투자 수익률을 추정할 때는 현재와 과거의 재무적 특성 및 행태적 특성 너머를 보아야만 한다."[55]

시간이 흐르면서 기저 경제의 힘이 작용해 매력적인 시장으로 신규 진입자를 끌어들인다. 수익이 낮아지면서 참가자들이 떠나고 기업의 실적은 평균으로 회귀한다. 이런 경향 때문에 과거에 실적이 '좋았던' 기업이 결국 열등한 투자로 판명되고 실적이 '나빴던' 기업이 미래에 뛰어난 투자 수익을 안겨주는 경우가 많다. '좋은' 기업의 투자 수익률이 오히려 좋지 않은 이유는 미래 성장률과 미래 ROE를 시장이 과대평가하고, 그 결과 주식에 고평가된 P/B를 부여하기 때문이다. 실적이 '나쁜' 기업의 경우는 그 반대다.

이 연구에는 한 가지 유의할 점이 있다. 1994년, 클레이먼은 기존 연구를 검증하기 위해 동일한 재무 지표를 이용해 S&P500 종목을 10분위로 구분했다. 피터스가 찾은 종목 그대로를 검증한 것보다 더 체계적인 접근법이었다.[56] 최상위 분위에 포함된 최고의 기업은 '좋은' 기업, 최하위 분위에 포함된 최악의 기업은 '나쁜' 기업으로 표시했다. 좋은 기업 포트폴리오의 1988~1992년 5년 연평균수익률은 17%를 기록해 같은 기간 11.2% 수익률에 그친 나쁜 기업 포트폴리오를 앞섰다. 클레이먼은 검증 기간 후반부가 가치주보다 인기주에 더 유리한 시기였기 때문에 이러한 차이가 발생했다고 설명했다. 이것은 이례적인 현상이었다. 한편 오로지 P/B를 기준으로 S&P500 종목을 10분위로 구분했을 때, 더 비싼 고 P/B 분위의 연평균수익률은 14.3%로 더 싼 저 P/B 분위의 수익률 12.6%를 능가했다. 클레이먼은 강조했다. "좋은 기업의 평균 P/B가 1988~1992년 사이 하락하기는 했지만 같은 기간 자기자본(순자산)의 성장세가 가속화된 것을 감안하면 주가가 손상된 것은 아니라는 뜻이다." 이것 역시 이례적인 현상이다.[57] 주목할 것은 이와 같은 상대적 강세가 나타난 기간이 인기주가 가치주를 이긴 기간과 겹친다는 것이다. 인기주가 가치주를 이기는 일은 주기적으로 나타나지만 장기간에 걸쳐 지속되는 현상은 아니다. 또 하나 주목할 것은 상대적 강세의 원인이 P/B의 하락 속도보다 더 가파르게 성장한 순자산에 있었다는 사실이다. 이것은 이례적이고 위험한 가정이다. 전통적인 가정은 가치주가 꾸준히 인기주를 이기고, 순자산의 성장 속도는 P/B의 하락 속도보다 가파르지 않다는 것이다. 클레이먼의 이전 논문은 기존 미시경제 이론에 들어맞았지만 다음 논문은 그렇지 않았다. 이것은 이전 논문이 현상을 제대로 설명했고 다음 논문은 특이값일 가능성이 높다는 것을 시사했다.

이 문제는 2013년 미주리주 세인트루이스에 본사를 둔 증권 투자 은행 스티펠 파이낸셜Stifel Financial Corp.의 배리 배니스터Barry B. Bannister의 검증으로 해결되었다. 그는 피터스의 초우량 기업과 클레이먼의 불량 기업의 1972년 6월~2013년 6월 수익률을 추적했다.[58] 해당 기간 동안 불량 기업 포트폴리오의 연평균수익률은 13.74%, 초우량 기업 포트폴리오의 수익률은 9.77%였다. 초우량 기업 포트폴리오의 수익률은 불량 기업 대비 저조했을 뿐만 아니라 같은 기간 시장 수익률 10.59%에도 못 미쳤다. [그림 7-1]은 1972년 6월 30일에 불량 기업과 초우량 기업 포트폴리오, S&P500지수에 각각 1만 달러를 투자했다면 2013년 6월 30일에 얼마로 불어났을지를 보여준다.

배니스터는 총 40년 중 대부분(67%) 기간 동안 불량 기업 포트폴리오의 수익률이 초우량 기업 포트폴리오를 앞선다는 사실을 발견했다. 또한 불량 기업은 변동성을 조정한 후에도 우위를 유지했다. 초우량 기업에 경기 방어적 성격이 있다고 가정할 수도 있겠지만 초우량 기업이 불량 기업을 이긴 기간은 배니스터가 '전 세계적인 경제난'으로 정의한 시기, 즉 세계 실질 GDP 성장률이 전체 검증 기간의 평균을 밑돌았던 총 22개 연도 가운데 11년(50%)에 그쳤다. 한편 불량 기업은 전 세계적 경제난에 해당하지

[그림 7-1] 불량 기업과 초우량 기업 포트폴리오(1972~2013년)

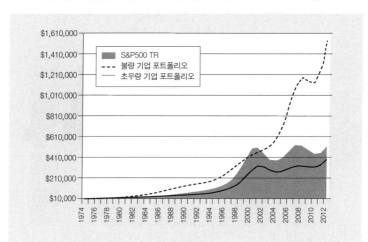

출처: Stifel Financial Corporation, Eyquem Investment Management LLC.

않는 총 17개 연도 가운데 15년(88%) 동안 초우량 기업을 이겼다.

[그림 7-2]는 세계 경제 성장률이 평균 미만인 기간 동안 불량 기업과 초우량 기업 포트폴리오의 상대 수익률이다. 배니스터는 불량 기업이 S&P500과 초우량 기업 모두를 꾸준히 이긴 현상을 '쉽게 변호할 수 있다'고 했다.[59]

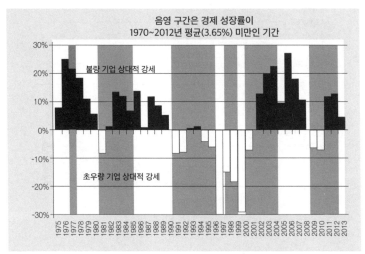

[그림 7-2] 불량 기업과 초우량 기업 포트폴리오 상대 수익률
(1972~2013년, 3년 후행 연평균수익률)

출처: Stifel Financial Corp., Eyquem Investment Management

이론적으로 높은 수익률은 신규 진입자를 끌어들이고 그 결과 수익성이 하락한다. 반면 낮은 수익률은 경쟁자를 퇴출시키고 경영진 교체, 혹은 경쟁업체나 재무적 인수자에 의한 인수로 이어진다.

투자분석가라면 탁월한 재무적 지표들이 실적 악화 가능성에 대한 우려로 주가에 할인되어 반영된 것은 아닌지 따져봐야 한다. 경영자들이 '탁월하다'고 여기는 것이 투자자들에게는 종종 그렇지 않다는 것이 우리의 결론이다.

배니스터는 '잘 훈련된 가치투자 과정이 뒷받침된다는 조건' 하에, 과거 재무적 지표가 부진했던 기업으로 구성된 불량 기업 포트폴리오에서 장기적으로 탁월한 수익을 얻을 수 있다는 결론을 내렸다. 불량 기업은 실적이 평균으로 회귀하며 초우량 기업의 수익률을 능가했다.

'존경'과 같은 좀 더 모호한 개념은 어떨까? 데니스 앤자이너Deniz Anginer와 메이어 스탯먼Meir Statman은 〈포천〉지가 매년 설문조사로 선정해 발표하는 '미국에서 가장 존경받는 기업' 명단에 이름을 올린 회사들의 1983~2007년 주가를 검토했다.[60] 〈포천〉은 1983년을 시작으로 매년 기업의 평판에 관한 설문 조사 결과를 공개해왔다. 2007년 3월에 발표된 결과에는 62개 업종의 587개 기업이 포함되었다. 〈포천〉은 3,000명 이상의 고위 임원, 이사, 증권 애널리스트들에게 각자 속하거나 담당하는 산업의 상위 10개 기업을 대상으로 8가지 '평판 속성attributes of reputation', 즉 경영진의 자질, 제품 및 서비스의 질, 혁신성, 장기적 투자 가치, 재무 건전성, 인재를 유치하고 개발하여 유지하는 능력, 지역사회와 환경에 대한 책임 그리고 기업 자산의 현명한 활용을 평가해 점수를 매겨줄 것을 요청했다. 이 8개 속성에 대한 점수를 평균화한 것이 포천의 평판 점수다. 앤자이너와 스탯먼은 이 평판 점수를 기준으로 포천의 기업을 두 그룹으로 분류해 포트폴리오를 구성했다. 포천 평판 점수 상위의 기업은 '존경' 포트폴리오, 하위의 기업은 '경멸' 포트폴리오에 담았다.

앤자이너와 스탯먼의 검토 결과, 경멸 기업의 주가 상승률이 존경받는 기업을 앞섰다. 전체 기간 동안 경멸 기업 포트폴리오는 연평균 18.3% 수익률을 기록한 반면 존경 기업 포트폴리오의 수익률은 16.3%를 간신히 달성했다. 놀라운 사실은 존경 기업이 경멸 기업의 수익률을 하회했을 뿐만 아니라 더 많이 존경받을수록 수익률은 더 낮아졌다는 것이다. 예를 들어, 평판이 하락하며 가장 크게 경멸을 당한 평판 점수 하위 25% 기업들의 주가는 연평균 18.8% 상승했고 평판 점수가 올라간 기업들의 주가는 13.2% 상승하는 데 그쳤다. 어째서일까? 앞 장에서 살펴본 카너먼과 트버스키의 연구에 따르면 어떤 기업의 제품에 대한 호감이 있을 때 우리는 그 회사의 주가에 우호적인 결론을 내린다. 존경심도 기업에 호감을 갖게 하는 또 하나의 요인이 될 수 있고, 앤자이너와 스탯먼의 연구는 이런 현상의 여러 가지 측면 중 하나를 드러낸 것일 수 있다. 원인이 무엇이든, 존경을 받는 기업은 인기주처럼 매수 호가가 높아지는 경향이 있고 경멸을 당하는 기업들은 가치주처럼 무시당한다. 이것이 역발상 베팅의 기회를 만든다.

또한 150년 역사를 지닌 주가지수 작성기관이자 신용평가기관인 S&P가 부여한 등급을 기준으로 주가 상승률을 조사한 연구도 있다.[61] S&P는 수익성, 재무 레버리지 등 재무적 지표를 검토해 A+에서 D까지 등급을 매기는데, A+가 가장 높은 등급이고 D가 가장 낮은 등급이다. [그림 7-3]은 S&P 등급별 기업의 '집단'이 달성한 1986~1994년 연평균수익률이다.

[그림 7-3] S&P 기업 신용등급과 연평균수익률(1986~1994년)

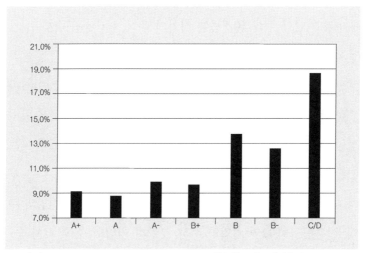

출처: Eyquem Investment Management LLC. 애스워드 다모다란 'Value Investing: Investing for Grown Ups?(가치투자: 어른들을 위한 투자?)' (2012.4.14.)

예상하는 것처럼 [그림 7-3]에서 신용등급 최하위 종목들의 주가가 가장 큰 폭으로 상승했고 신용등급 최상위 종목들은 주가 상승률이 가장 낮았다. 뉴욕대 스턴경영대학원 재무 전공 교수이자 가치평가 전문가인 애스워드 다모다란은 이 그림에 대해 이렇게 강조했다. "신용등급이 낮은 기업의 수익률이 더 높다는 것은 이런 기업들에 대해 인지된 위험이 더 크다는 사실을 반영한 것일 수 있다. 하지만 어쨌든 높은 수익률을 기대하고 신용등급이 최상인 종목을 매수한 투자자라면 크게 실망했을 것이다."[62]

지금까지 살펴본 연구들은 우리가 직관적으로 인식하지 못하지만 평균회귀가 만연한 현상이라는 사실을 보여준다. 우리는 훈련되지 않은 본능에 따라 인기주, 고성장주, 이야기가 있는 주식, 초우량 기업의 주식, 존경받는 기업의 주식, 신용등급이 A+인 기업의 주식, 흑자 순-순 기업의 주식을 추구한다. 하지만 일련의 연구 결과에 비추어 보면 이런 본능 때문에 우리는 시장을 이기지 못한다. 잘 나가는 사업을 영위하는 좋은 기업을 사는 것은 합리적인 결정으로 보인다. 사업이 잘 되는 좋은 회사를 헐값에 사는 것은 더욱 합리적으로 보인다. 그러나 연구에 따르면 더 나은 투자 대상은 (더 나은 기업이 아니라) 가치주, 경멸을 당하는 기업의 주식, 신용등급이 D인 기업의 주식, 불량한 기업의 주식, 적자 순-순 기업의 주식이다. 또한 라코니쇼크, 슐라이퍼, 비시니의 연구에 따르면 가치주 중에서도 더 나은 것은 저성장 혹은 무성장 기업이다. 라코니쇼크 등이 '역발상 가치주'라고 부르는 이런 기업들을 나는 딥 밸류 기업이라고 칭한다. 더 보잘것없는 기업일수록 더 나은 가치주다. 분명한 사실은 가치투자, 특히 딥 밸류 투자 전략을 행동으로 옮기기는 매우 어렵다는 것이다. 투자자들은 직관과 본능에 어긋나는 투자를 꺼린다. 딥 밸류 투자로 성공하기 위해서는 우리 행동의 편향을 극복해야 한다. 다른 투자자들과 똑같은 행동 편향에 빠진다면 어떻게 비합리성에 희생되지 않고 그 비합리성을 유리하게 이용할 수 있겠는가?

'부러진 다리'를 고려할 때의 문제

심하게 저평가되고 펀더멘털이 취약한 주식이 그런 상태가 된 것은 적자를 기록 중이거나 간신히 수익을 내는 상황이라 미래가 불확실해 보이고, 개별적으로는 좋은 매수 대상으로 여겨지지 않기 때문이다. 그러나 우리는 이런 기업들이 전체적으로 탁월한 수익률을 달성하고, 장기적으로 시장을 이기며, 하락하는 기간도 시장보다 더 짧다는 것을 안다. 이 영역에서는 타고난 직관이 도움이 되지 않는다. 아무리 잘 훈련된 사람이라도 확률에 좌우되고, 불확실하고, 무작위적인 과정을 어려워한다는 것을 우리는 잘 알고 있다. 익숙하지 않은 맥락에서 직관적으로 확률을 판단해야 하는 문제에 직면할 때는 최고의 투자가와 행동재무 전문가들조차 허둥댈 정도이다. 인간의 본성이 판단을 흐릴 수 있다는 사실을 인식해도 오류를 바로잡는 데 도움이 되지 않는다면 어떤 방법으로 스스로를 오류에서 보호할 수 있을까? 1950년대 이후로 사회과학자들은 전통적인 전문가들의 예측 능력을 통계적 예측법과 비교해왔다. 연구에서 거의 공통적으로 발견된 사실은 통계적 예측 기법이 최고의 전문가들보다 더욱 일관된 정확성을 보였다는 것이다. 1986년, 이 분야 연구의 창시자 중 한 사람인 심리학자 폴 밀Paul Meehl은 이렇게 말했다.[63]

다양한 정성적 연구가 같은 방향으로 꽤 일관된 결과를 도출하는 사회과학 분야에서는 논란의 여지가 없다. [중략] 그러나 축구 경기 결과에서부터 간 질환 진단에 이르기까지 예측이 필요한 모든 분야에서 전문가의 임상적 예측 능력을 뒷받침할 연구는 단 여섯 건도 제시하기 어렵다. 이제 그만 현실적인 결론을 내려야 할 때다.

밀이 말하는 현실적인 결론은 '예측이 필요한 다양한 문제에서 (대개 상당히 단순한 모형의) 통계적 예측을 이용해 적어도 전문가만큼 신뢰할 수 있고, 일반적으로는 전문가보다 더 신뢰할 수 있는 결과를 얻을 수 있다'는 것이다. 이것은 현재 예측 모델 개발의 황금률The Golden Rule of Predictive Modeling로 알려져 있으며 널리 받아들여지고 있다.[64]

오길비 그룹Ogilvy Group UK은 광고에서 계량화 및 리서치(소비자 조사)의 필요성을 일찌감치 주장한 데이비드 오길비David Ogilvy가 설립한 광고 대행사다. 오길비 그룹의 부회장 로리 서덜랜드Rory Sutherland는 행동경제학을 광고에 적용하는 것을 강력히 지지한다. 서덜랜드는 사람들이 미묘하고 '지속적인 자제력의 행사'를 요구하는 규칙보다는 자신의 본성에 맞는 규칙, 즉 'x면 y'와 같은 단순하고 절대적인 규칙을 따를 가능성이 더 높다고 믿었다.[65]

일주일에 섭취하는 최대 알코올 용량을 제한하는 오래된 규칙을 생각해보자. 이 규칙을 지키려면 끊임없이 신경을 써야 한다. 술을 마시다가 도중에 잔을 놓아야 하는 경우도 흔하다. 쉽게 자신을 속일 수도 있다. 14.7도짜리 칠레산 메를로 250ml 한 잔은 실제로 3유닛[3]이지만 1유닛이라고 스스로를 설득하면 그만이다. 훌륭한 사람들도 이런 식으로 자신을 속였다. 칸트는 스스로에게 아침 식사 후 파이프 담배 하나만 허락했고 규칙을 지켰지만 그가 세상을 떠날 무렵 친구들은 칸트의 담배 파이프들이 모두 엄청나게 크다는 사실을 알았다.

서덜랜드가 관찰해 얻은 결론은 투자에도 동일하게 적용된다. 가치투자자는 다음과 같은 단순한 알고리즘을 따른다. ① 시장가격이 내재가치에 일정한 할인율을 적용한 수준이거나 그 미만일 때 매수한다. ② 시장가격이 내재가치와 같거나 그 이상일 때 매도한다. 청산에 준하는 기업을 인수하기 위한 그레이엄의 NCAV 규칙도 모호하지 않고 단순한 투자 전략이다. 간단하게 계산할 수 있고 적용하는 규칙도 구체적이다. 그레이엄은 이것을 '체계적인 투자를 위한 실패하지 않는 방법'이라고 추천했다(거듭 강조하지만 개별 주식이 아니라 포트폴리오 차원에서 기대할 수 있는 결과를 말한다).[66]

---

3) 영국에서 1유닛은 순수 알코올 10ml, 혹은 8g에 해당한다. 알코올 도수 4% 맥주 기준 250ml 용량이다.

NCAV를 계산하는 방법은 더할 나위 없이 간단하다. NCAV는 유동자산에서 모든 부채를 뺀 값이다. NCAV 전략의 법칙은 매우 구체적이다. ① 시장가격이 NCAV의 3분의 2 이하면 매수한다. ② 시가가 50% 상승한 시점 혹은 취득 후 2년이 경과한 시점 중 먼저 도래한 시점에 매도한다. 앞서 살펴본 바와 같이 NCAV 법칙의 수익률은 천문학적이다. 문제는 이 법칙을 적용할 수 있는 주식이 매우 제한적이라는 것이다. 일반 시장에서 이런 매수 기준을 통과하는 주식은 거의 없다. 하지만 실제 규칙 대신 기본 '철학'은 적용할 수 있다. 다양한 방법으로 내재가치를 계산할 때에도 같은 규칙을 적용할 수 있다. 이것이 바로 통계적 예측 기법의 가장 중요한 의의다. 근본적으로 통계적 예측 기법은 다음과 같은 가치투자 철학을 엄격히 준수하라는 권고다. ① 매수는 오로지 시장가격이 내재가치 대비 어느 정도 고정적으로 할인되었거나 내재가치 미만일 경우에만 하고 그렇지 않으면 그냥 지나친다. ② 매도는 오로지 시장가격이 내재가치와 같거나 내재가치를 넘어섰을 때, 또는 더 나은 투자 기회를 찾을 수 있는 경우에만 한다.

가치투자에 통계적 예측 기법을 적용하는 데는 큰 저항감이 있다. 많은 투자자들은 투자 판단의 통제권을 통계적 예측 기업에 맡긴다는 개념에 반발하며, 통계적 방법을 이용하되 그 예측 결과를 따를지 말지를 결정하는 재량권을 갖는 편이 좋다고 생각한다. 이런 주장을 뒷받침하는 증거도 있다. 현장 전문가들은 통계적 기법으로 예측한 결과가 주어질 때 평소보다 더 정확한 판단을 내리는 경향을 보인다는 것이다. 그러나 여기서 문제는 통계적 예측 하나만을 적용했을 때보다는 늘 결과가 좋지 못하다는 것이다. 이른바 '부러진 다리broken leg'를 고려하기 때문에 발생하는 문제다.[67]

보험 계리[4) 공식으로 개인의 주간 영화 관람 횟수를 정확히 예측할 수 있다고 가정하자. 그러나 그 사람이 다리가 부러졌다는 사실을 안다면 보험 계리 공식을 폐기하는 편이 현명할 것이다.

통계적 예측 기법은 다리가 부러졌다는 사실을 반영하지 못한다. 기본에서 크게 벗어난 이례적인 사건이기 때문이다. 이런 경우라면 전문가들은 통계적 예측 결과를 무시해야 할까? 연구에 따르면 그렇지 않다. 전문가들의 예측은 통계적 예측을 단독으로 활용했을 때보다 신뢰도가 낮았다.[68] 전문가들은 통계적 예측 결과를 맨 아래 두고 정보를 쌓아가는 방식으로 예측을 하는 것이 아니라 통계적 예측 결과를 맨 위에 두고 정보를 제거하는 방식으로 예측하는 경향이 있다. 통계적 예측 결과와 그것을 무시할 수 있는 권한이 함께 주어지면 전문가로서 실제보다 더 많은 '부러진 다리', 즉 이례적인 사건을 찾아내 반영하기 때문이다. 통계적 예

---

4) 보험업에서 통계를 이용해 보험요율 등을 산출하는 것.

측 결과에 우리가 저항감을 갖는 이유는 자신의 주관적인 추론 능력을 과신하고 따라서 예측의 신뢰성을 과신하는 경향 때문이다. 이것은 자기순환적이다. 즉, 추론 능력에 대한 자신감이 판단에 더욱 확신을 갖게 하고, 자기 판단에 대한 과잉 확신이 추론 능력의 신뢰도를 더욱 확신하게 만든다.

그레이엄은 《증권분석》 초판에서, 불가피하게 분석에서 배제된 '알려지지 않은 여러 요인'을 고려하지 않은 채 P/E를 비롯한 낮은 주가배수에 거래되는 주식들을 맹목적으로 매수하지 말 것을 경고했다. 그레이엄은 그 이유를 이렇게 설명했다.[69]

이론상으로, 이처럼 알려지지 않은 요인들은 유리하거나 불리할 확률이 같을 것이고 따라서 장기적으로 서로의 영향을 상쇄할 것이다. 예를 들어, 쉽게 돈을 벌려면 현재 시장가격에서 가장 수익률이 높은 보통주를 다량으로 매수하고 동시에 가장 수익률이 낮은 주식을 매도하면 된다고 생각할 수 있다. 미래에 유익하거나 해로운 변화는 매수 주식 그룹과 매도 그룹 주식에 균등하게 나타날 것이므로 총 수익률을 집계하면 매수 주식 그룹이 더 나은 성적을 유지할 것이며 따라서 시장에서 더 나은 성과를 거둔다는 발상이다. 그러나 누가 보더라도 매력적인 주식이 싼 가격에 거래되는 이유는 아직 공개되지 않았지만 회사와 관련이 있을 중요한 부정적 요인이 있기 때문이다. 상대 가치보다 높은 가격에 거래되는 것으로 보이는 주식이라면 그 반대 경우가 성립할 것이다. 투기적 환경에서 '내부' 사람들은 흔히 중요한 좋은 변화와 나쁜 변화가 서로를 상쇄할 것이라는 전제를 무력화시키는 힘을 가졌고, 숨겨진 사실을 다루어야 하는 분석가들에게 불리한 결과가 나오도록 주사위를 던질 수 있는 유리한 위치에 있다.

따라서 치밀한 분석을 하려면 고려할 요인이 더 많아진다. 어떤 요인을 더 고려해야 할까? 그레이엄은 이렇게 경고했다. "이런 연구는 더할 수 없을 만큼 세부적으로 수행해야 하며, 따라서 어느 정도까지 더 진행할지 결정하기 위한 현실적인 판단이 반드시 필요하다."[70] 이제 그레이엄이 말한 '알려지지 않은 요인'이 곧 부러진 다리를 가리킨다는 것을 알 것이다. 현대의 가치투자자들이 직면한 가장 큰 어려움은 정보에 접근하기가 쉽다는 것이다. 제대로 된 정보만 있으면 충분한데도 모든 정보를 이용해야만 할 것 같은 유혹을 느낀다. 세스 클라먼Seth Klarman은 일부 투자자들에게서 다음과 같은 경향을 관찰했다. "눈앞의 투자 대상에 대해 완벽한 지식을 가지려고 하고, 그 기업에 대해 알아야 할 모든 것을 알게 됐다고 생각할 때까지 조사를 계속 하기를 고집한다."[71]

이런 투자자들은 산업과 경쟁 환경을 조사하고 전직 직원, 업계 컨설턴트, 분석가들과 접촉하며 최고 경영진과 친분을 쌓는다.

과거 10년치 재무제표와 그보다 더 오랜 기간 동안의 주가 동향을 분석한다.

그 부지런함은 존경할 만하지만 여기에는 두 가지 단점이 있다. 첫째, 아무리 많은 조사를 해도 파악되지 않는 정보가 언제나 있게 마련이다. 투자자는 완전한 정보가 아니라 적은 정보를 활용하는 법을 배워야 한다. 둘째, 투자 대상에 관한 모든 사실을 아는 것이 가능하다고 하더라도 반드시 이익을 낼 수 있는 것은 아니다.

클라먼은 그렇다고 해서 기본적 분석이 쓸모 없다는 뜻은 아니라고 덧붙였다. "분명히 유용합니다." 클라먼은 이렇게 말을 이었다.[72]

하지만 잘 알려진 80/20 법칙[5]은 정보에도 적용된다. 즉, 이용 가능한 정보의 첫 80%는 정보를 구하느라 소요된 시간의 초반 20%에 모두 수집된다. 심층적인 기본적 분석으로 얻을 수 있는 가치에는 한계 수익 체감의 원칙이 적용된다.

투자자 대부분은 정보를 얻기 어려운 상황을 피하고 예측의 확실성과 정확성을 높이기 위해 헛수고를 한다. 그러나 대개는 불

---

5) 파레토 법칙Pareto principle.

확실성이 높을 때 가격이 낮다. 불확실성이 해소될 때쯤이면 가격이 상승했을 가능성이 높다.

투자자는 대개 완벽하지 않은 지식을 근거로 판단을 내릴 때 이익을 얻고, 불확실성의 위험을 감수할 때 충분한 보상을 받는다. 다른 투자자들이 답을 얻지 못한 마지막 세부 사항까지 조사하느라 시간을 쓰다가는 완전한 정보는 없지만 안전마진이 확보된 낮은 가격에 매수할 수 있는 기회를 잃을 수 있다.

역발상 가치투자 전략은 통계적 예측을 적용하기에 매우 적합하다. 모든 역발상 가치주에는 '부러진 다리'처럼 보이는 요소들이 있다. 내재가치는 불확실하다. 내재가치를 발견하려면 과거 재무 데이터(통계)로는 한 눈에 알 수 없는 사건, 즉 평균회귀를 생각해야하기 때문이다. 그렇다면 통계상의 기준사례를 근거로 저평가 상태인 적자 기업을 찾아야 한다. 이런 기업은 자산에 상응하는 이익창출능력을 회복한 상태로 자연스럽게 회귀할 것이기 때문이다. 그레이엄은 이렇게 말했다. "이런 주식들을(그레이엄이 언급한 것은 순-순 주식이지만 넓은 의미에서 모든 딥 밸류 주식에 적용된다) 매수하는 데 반대하는 이유는 이익이 감소하거나 손실이 지속되다가 자원을 소진해서 결국 내재가치가 매수한 가격 미만으로 내려갈 일말의 가능성이 있기 때문이다."[73] 지금까지 살펴본 것처럼 개별 기업 차원에서 이런 우려는 어느 정도 타당하다. 몬티어는

NCAV 전략으로 선택한 개별 주식에서 영구적 자본 손실이 발생할 가능성이 일반 주식보다 2.5배 더 높다는 사실을 발견했다(몬티어의 검토 결과, NCAV 주식 가운데 약 5%가 1년 이내에 주가가 90% 이상 하락했다. 전체 주식 중 같은 정도로 주가가 하락한 종목은 2%에 불과했다).[74] 그러나 개별 기업 차원에서 참인 것이 집단 차원에서는 참이 아니었다는 사실을 기억하자. 순-순 주식의 포트폴리오에서 손실이 발생한 햇수는 시장이 마이너스 수익률을 기록한 햇수보다 적었다(순-순 포트폴리오에서는 전체 23년 기간 중 총 3년 동안 손실이 발생했지만 시장이 마이너스 수익률을 기록한 것은 총 6년이었다).[75] 순-순 전략은 전체 기간 동안 시장을 이겼고, 돌이킬 수 없는 하락세를 경험할 가능성이 일반 주식에 비해 2.5배 높은데도 불구하고 손실을 기록한 햇수는 더 적었다. 순-순 주식에 관한 몬티어의 연구 결과는 딥 밸류 주식에 대한 우리의 태도를 상징적으로 보여준다. 두 개의 저평가된 주식 중 하나를 선택해야 하는 상황을 가정해보자. 하나는 매출, 이익 현금흐름의 성장률이 높고 자산 성장률도 양호하며 ROE와 ROIC도 높다. 다른 하나는 이익이 감소하고 매출 성장이 부진하며 현금흐름 창출도 더디고 자산 성장도 없으며 ROE도 미미하다. 우리는 전자를 택할 것이다. 어려울 것이 없는 결정이다. 고성장 가치주는 가공하지 않은 다이아몬드다. 다른 한 종목은 명백한 함정이 있는 가치주다. 즉, 저평가 상태지만 저평가된 타당한 이유가 있을 것이다. 그러나 이미 알고 있듯이 이것은 틀린 직관이다. 우리는 저평가된 두 주식의 통계적 기준사례를 무시했고 평균회귀 가능성을 제대로 고려하지 않았다.

딥 밸류 가치주 투자 수익은 이러한 편견, 즉 기준사례에 대한 무지와 평균회귀에 대한 무지에서 나온다. 우리는 딥 밸류 주식의 포트폴리오가 평균적으로 시장보다 수익률이 높고 손실이 발생하는 기간도 더 적다는 것을 알고 있다. 그럼에도 개별 딥 밸류 주식이 영구적인 자본 손실을 입을 가능성이 더 높다는 사실에 집착한다. 그 이유는 가치투자자를 자부하는 우리조차도 인지적 편견에 시달리고 행동 오류를 범하기 때문이다. 우리는 고성장 가치주가 저성장 혹은 무성장 가치주의 수익률을 하회한다는 분명한 연구 결과를 보고도 고성장 가치주를 선호한다. 다모다란은 이렇게 말했다.[76]

잘 나가는 좋은 기업을 매수하고 기업의 이익이 성장해 주가를 더 높이 끌어올릴 것이라는 기대를 바탕으로 한 모든 투자 전략은 위험하다. 현재 주가에 경영진과 기업의 자질이 이미 반영되었을 가능성을 무시한 전략이기 때문이다. 현재 주가가 타당하다면 (그리고 시장이 기업의 자질에 프리미엄을 지불하고 있다면) 가장 큰 위험은 시간이 지남에 따라 기업이 빛을 잃고 프리미엄도 사라질 수 있다는 것이다. 한편 시장이 기업의 가치를 과대평가한 상태라면 훗날 기업이 기대한 성장률을 달성하더라도 투자 수익은 저조할 가능성이 있다. 이 전략으로 시장 대비 초과 수익률을 달성하는 경우는 단 하나, 시장이 기업의 자질을 과소평가했을 때뿐이다.

1934년에 《증권분석》 초판이 발행되고 40년이 더 지난 1976년, 그레이엄은 〈파이낸셜 애널리스트 저널〉과의 인터뷰에서 기존의 입장을 뒤집으며 "뛰어난 가치투자 기회를 찾는 방법으로 더 이상 정교한 증권분석 기법을 옹호하지 않습니다."[77]라고 밝혔다. 대신, 그는 "한두 가지 기준을 적용해 주가가 가치를 제대로 반영하는지 확인하는 대단히 간소화된 접근법을 선호하고, 개별 주식이 아니라 포트폴리오 전체 성과로 결과를 판단합니다."라며 이렇게 조언했다.[78]

먼저, 주식을 제값보다 낮은 가격에 취득하고 있다는 것을 선험적으로 가리키는 확실한 매수 규칙이 필요합니다. 둘째, 이 접근법이 효과가 있으려면 충분히 많은 주식을 운용해야 합니다. 마지막으로, 매우 분명한 매도 지침이 필요합니다.

많은 분야에서 그러했듯이 그레이엄은 통계적 예측 기법과 같이 놀랍게 보이는 개념들을 자신의 시대보다 앞서 지지했다.
투자자로서 딥 밸류 전략을 수용하는 이유는 수익률 때문이기도 하지만 펀더멘털이 저점에 있고 전망도 좋지 않은 저평가된 주식을 찾아내는 데 딥 밸류 전략이 유용하기 때문이기도 하다. 딥 밸류 투자자들은 누가 보더라도 끌리지 않는 주식을 추구한다. 딥 밸류 주식이 시장의 성과를 상회한다는 사실을 연구 결과가 분명히 뒷받침하는데도 불구하고 손실을 두려워한 주주들이 지분에 대한 지배권을 양도할 가능성이 언제나 높기 때문이다. 우리의 직관은 과거 추세를 바탕으로 미래를 추론하려고 하고 따라서 기업의 실적에 평균회귀가 미치는 영향은 대부분의 투자자들에게 미스터리한 일이다. 평균회귀의 통계적 가능성에도 불구하고(평균회귀는 통계적으로 개연성 있는 결과다) 시장은 마치 평균회귀가 일어날 가능성이 거의 없는 것처럼 가격을 매긴다. 바로 이것이 딥 밸류 투자를 수익성 높은 흥미로운 전략으로 만든다. 평균회귀라는 용어 때문에 일반 투자자들에게 딥 밸류 투자가 다소 전문적인 영역으로 보일 수 있을 것 같다. 다음 장에서는 평균회귀의 여건이 갖춰졌다는 것을 인지하고 딥 밸류 전략을 도입해 평균회귀의 기회를 포착한 실제 사례를 살펴보겠다.

Deep Value

8장

기업사냥의
예술

기업 폭력의 역사

누군가 타인에게 위험이 목전에 닥쳤다는 느낌이 들게 만들고,
그것이 원인이 되어 그 상대가 탈출을 시도하고
실제로 탈출을 감행하다 부상을 당했다면
그런 마음 상태가 되도록 만든 사람이 그로 인한 부상에 책임이 있다
— 콜리지 대법원장Lord Coleridge C.J., 여왕 대 할리데이 형사 사건
Reg. v. Halliday(1889), 사건번호 LT 701[1]

defenestration(명사)
창문 밖으로 내던지기, 축출
— '(어디)로부터'라는 뜻의 라틴어 de와 '창문'이라는 뜻의
라틴어 fenestra가 합해진 단어에서 유래

티 분 피컨스[2]T. Boone Pickens는 시티즈 서비스Cities Service를 가리켜 '빅

오일[3]Big Oil의 경영에 무엇이 문제인지를 보여주는 전형적 사례'라

고 지적했다.[1] 시티즈 서비스는 면적이 40,470km²에 달하는 광구

에 대해 탐사 임차권exploration leases을 보유했지만 오랜 기간 이어진

---

1) 남편의 위협을 피해 달아나던 아내가 침실 창문을 통해 밖으로 뛰어내려 심각한 부상을 입고 남편이 형사기소된 가정폭력 사건이다.

2) 헤지펀드인 BP 캐피털 매니지먼트 회장을 지냈으며 에너지 분야 전문 투자로 유명하다. 2019년 91세로 세상을 떠났다.

3) 글로벌 석유 대기업.

부실한 경영 끝에 새로운 매장량을 발견하지 못하고 많던 석유와 가스 매장량을 고갈시켰다. 그러나 유가가 상승하며 거의 10년 내내 현금흐름이 크게 증가했고 이런 문제는 막대한 현금흐름에 가려 드러나지 않았다. 그러나 주가는 미래를 반영했고 회사 주식은 크게 저평가되었다. 석유·가스 기업들은 보유한 확인 매장량 proven reserves 가치보다도 낮은 가격에 거래되었다. 석유 산출 지역 대신 월스트리트에서 더 싸게 시추를 할 수 있다는 농담이 있을 정도였다.[2] 그중에서도 1982년의 시티즈 서비스만큼 저평가된 회사는 거의 없었다. 시티즈는 자산의 3분의 1 가격에 거래되었다.[3] 적대적 인수를 방어하는 수단은 회사의 거대한 규모였다. 시티즈는 1982년 미국에서 19번째로 큰 석유 회사였고 포천 500대 기업 38위에 올랐다.[4] 피컨스는 시티즈를 인수하고 싶었지만 자신이 보유한 메사 페트롤리움 Mesa Petroleum 보다 6배나 큰 60억 달러에 달하는 자산이 문제였다.

더 큰 석유회사에 투자한 뒤 주가 할인 폭을 축소할 수 있도록 회사의 가치를 높이는 방법을 전수하는 것이 메사의 사업 방식이었다. 그러나 경영 방식이 불만이라면 주식을 팔고 나가라는 것이 상대 회사 경영진의 일반적인 반응이었다. 피컨스는 이것이 "정원사의 잔디 깎는 방식이 마음에 들지 않으면 집을 팔면 된다."고 하는 것이나 마찬가지라고 비유했다.[5] 1970년대 말 석유·가스 산업을 조사한 피컨스가 경영이 부실하고 저평가된 기업들이 너무

많다는 것을 확인했다. 피컨스가 자서전에 기록한 내용은 마치 벤저민 그레이엄이 쓴 글처럼 보인다.[6]

한 기업의 시장가격과 그 기업이 가진 자산의 가치의 관계가 강한 흥미를 불러일으켰다. 일부 경영진을 포함한 많은 사람들은 주식시장을 비합리적인 메커니즘이라고 보기를 좋아한다. 나의 분석은 정반대였다. 장기적으로 볼 때, 시장은 자산을 최대한 활용할 수 있는 경영진의 능력을 가격에 반영한다. 그런 점에서 기업의 주가는 성적표와 같다. 메사의 주가는 거의 언제나 자산의 평가 가치에 근접하거나 그 이상이었다. 계속기업going concern은 최소한 자산의 평가 가치에 거래되어야 하고, 훌륭한 경영진이 있다면 그 이상에서 거래되어야 마땅하다. 경영진이 부실하면 주가도 하락해 대개 평가 가치에 크게 못 미치는 수준에서 거래된다.

그는 석유·가스 산업이 과잉자본 상태로, 유용하게 활용할 수 있는 수준보다 많은 현금흐름을 창출한다는 것을 파악했다. 많은 석유·가스 기업에서 매장량이 바닥나고 있었고, 생산한 매장량을 대체할 새로운 매장량을 발굴하지도 않았다. 1970년대 초반부터 후반까지 유가는 10배 상승했고 산업은 팽창했다.[7] 그러다 1970년대 후반 들어 금리와 시추 비용이 치솟으면서 석유 소비가 감소했고 원유 매장량은 과잉 상태가 되었다. 유가가 상승하고 탐사 개발비가 줄어드는 동안 석유·가스 기업은 많은 현금흐름을 창출하는 캐시카우로 변모했다. 경영자들은 관련 없는 업종의 회사들을 사들이면서 잉여현금흐름을 낭비했다. 석유·가스 기업들은 소매유통, 제조, 사무기기, 광업 분야로 영역을 확장했고,[8] 인수의 결과는 대개 처참했다.[9] 1980년대 초반, 심각하게 부적절한 자본 배분으로 인한 자본 파괴capital destruction는 계속될 가능성이 높아 보였고 당연히 시장은 그 예상을 석유·가스 기업의 가치평가에 반영했다. 또한 부적절한 자본 배분은 대규모 적대적 인수합병을 위한 완벽한 조건의 조합을 만들어냈다. 메사의 시티즈 인수 제의는 앞으로 석유·가스 산업은 물론 다른 산업에서도 고조될 기업의 지배권을 확보하기 위한 싸움의 도화선이 되었다.

피컨스, 석유업계를 떨게 하다

토마스 분 피컨스 주니어는 석유업계에서 성장했다. 그의 아버지는 랜드맨[4])landman이었다. 피컨스는 대학에서 지질학을 공부했다. 1951년에 학교를 졸업한 후, 그는 필립스 페트롤리움Phillips Petroleum

---

4) 토지 소유주와 협상해 제3의 탐광업자에게 광물에 대한 채굴 권리를 양도·매각하는 일을 중개하는 사업가.

에서 지질기술자로 일을 시작했다. 1917년에 초기 석유개발업자 [5]wildcatter 프랭크 필립스Frank Phillips가 설립한 필립스 페트롤리움은 피컨스가 입사할 당시 미국 20대 기업에 들었고 심하게 관료적이었다. 현장 지질기술자로 출발한 필립스는 빠르게 승진해 시추 현장 탐사 업무를 맡았다. 그러나 대기업의 관료주의를 견딜 수 없었던 피컨스는 1954년 말 회사를 나와 독립했다. 피컨스는 랜드맨으로서 팜아웃[6]farm-out 계약을 찾았다. 피컨스는 옛 고용주인 필립스를 찾아갔다. 필립스 페트롤리움은 시추에 별 관심이 없는 땅에 곧 만기가 될 임차권을 보유하고 있었다. 필립스의 동의를 얻은 피컨스는 독립 석유 거래업자에게 그 팜아웃 계약을 들고 갔고 중개 대가로 2,500달러를 받았다.

첫 번째 거래로 경험을 얻은 피컨스는 작은 석유 관련 사업체가 다룰 만한 전형적인 업무, 즉 지질학 컨설팅, 리스 탐사 및 개발, 팜아웃 계약 조성, 시추 현장 작업 등을 해오다가 합자회사 형태로 외부 자금을 조달해 직접 유정을 시추하는 사업을 구상했다. 이 합자회사는 피컨스의 작은 컨설팅 사업을 새로운 차원으로 끌어올렸다. 회사는 성장했고 1964년 초 메사 페트롤리움이라는 이름으로 상장했다. 그는 개별 유정에 지분 참여를 하는 것보다 유

---

5) 석유를 발견한 적이 없는 지역에 처음으로 진행하는 시추 작업을 와일드캣wildcat이라고 일컫는다. 그 시추 작업을 하는 사람을 가리키는 용어.

6) 특정 작업 수행을 전제 조건으로 한 개발권 양도 계약(팜인farm-in은 양수 계약을 가리킨다).

정에 지분을 가진 상장 기업의 주식을 갖는 것이 투자 분산과 유동성 측면에서 더 유리하다는 점을 투자자에게 내세웠다. 메사 페트롤리움은 1964년 4월 30일 초소형 상장 기업으로 출발했다. 사실 가장 작은 규모의 비상장 회사 주식이 거래되는 장외시장의 표준조차 충족할 수 없을 정도로 규모가 작았다. 주주는 단 239명에 불과했고 최고경영자이자 사장인 피컨스가 매수자와 매도자를 연결하는 중개 업무도 직접 담당했다. 메사 주식은 평균 6달러에 거래되었다. 상장 첫 해, 메사는 150만 달러 매출을 올렸다. 1968년 메사는 매출액 680만 달러로 150만 달러 이익을 올렸고 메사 주식은 아메리카증권거래소에서 주당 35달러에 거래되었다. 피컨스는 매력을 갖게 된 메사 주식을 활용해 첫 번째 인수에 나서기로 했다.

1968년 초, 피컨스는 휴고턴 프로덕션Hugoton Production Company을 분석하기 시작했다. 휴고턴은 다른 회사들과 여러 차례 합병을 시도했다가 중단한 적이 있어서 피컨스의 관심을 끌었다. 피컨스의 눈에 띈 것은 휴고턴이 보유한 480억m³에 달하는 가스 매장량이었다(메사의 매장량은 17.6억m³였다). 피컨스는 휴고턴의 경영진이 가스를 제값에 팔지 못한 채 방대한 매장량을 서서히 고갈시키고 있다고 보았다. 문제는 휴고턴의 경영을 맡은 투자회사 클라크 에스테이트Clarke Estates가 휴고턴의 잠재력을 극대화하기보다 휴고턴을 청산하는 데 더 관심이 있다는 것이었다. 피컨스는 더욱 공격적인 경영으로 아직 개발되지 않은 휴고턴의 자산을 기존 경영진보다 더 잘 활용할 수 있다고 생각했다. 피컨스는 휴고턴 사장 마이크 니콜라이와 점심 약속을 잡고 합병 이야기를 꺼냈다. 식사 도중 말을 아꼈던 니콜라스는 일주일 뒤 전화를 걸어 메사의 제안을 거절했다. 피컨스는 쉽게 단념하지 않았다. 휴고톤은 메사보다 덩치가 컸고 현금으로 인수하기에는 재원이 부족했다. 하지만 휴고턴 주주들에게 메사의 주식이 매력적일 수 있었다. 메사는 휴고턴 보통주 1주를 새로 발행한 메사 우선주 1주와 교환해주겠다고 제시했다. 메사 우선주 1주는 5년 뒤 메사 보통주 1.8주로 전환되며, 전환 전까지는 주당 2.5달리 배당금이 지급될 것이었다. 휴고턴의 배당금 2달러보다 50센트 많은 금액이었다. 피컨스는 메사 우선주에 지급할 배당금 대부분을 휴고턴에서 받을 배당금으로 충당하고 차액은 메사가 충당할 계획이었다. 피컨스는 가스 계약과 판매가 개선되기만 하면 메사가 우선주 배당금을 오랫동안 지급하지 않아도 된다는 데 베팅했다. 주가가 오르면 주주들 대부분이 우선주를 메사 보통주로 전환할 것이라는 계산이었다. 복잡한 주식교환 제의를 신고한 9월 말부터 10월 중순까지 메사는 휴고턴 보통주 17%를 확보했다. 지배권을 행사하기에 충분한 수준은 아니었지만, 피컨스의 표현을 빌리면 휴고턴을 '성가시게' 만들기에는 충분했다. 상황을 파악한 휴고턴 경영진은 10월 말, 로스앤젤레스 출신 백기사 리저브 오일 앤드 가스Reserve Oil & Gas와의 합병을 발표했다.

휴고턴 내규에는 주주 3분의 2가 찬성해야 합병이 성립한다는 조항이 있었다. 휴고턴 주식 17%를 보유한 메사로서는 리저브와의 합병을 확실히 저지할 수 있는 34% 지분을 확보하기까지 17% 지분이 추가로 필요했다. 피컨스는 휴고턴 주주들을 만나 메사가 더 나은 합병 상대라고 설득했다. 공개매수가 마무리될 무렵, 메사는 휴고턴 주식 28%를 확보했다. 문제가 있었다. 돈을 빌려 휴고턴 주식을 더 사들일 수도 있었지만 오랫동안 빚을 안고 갈 수는 없었다. 피컨스는 니콜라이에게 연락해, 공개매수 재개를 고려 중이라고 말했다. 니콜라이가 대답했다. "그렇게 해주시면 좋겠습니다."[10] 그는 생각할 시간을 구한 뒤 피컨스에게 전화를 걸었다. "뉴욕으로 오십시오. 조건을 논의해보죠."[11] 니콜라이는 피컨스를 설득해 메사 보통주 1.8주 대신 1.875주로 가격을 올렸다. 피컨스는 우선주에 지급될 배당금을 주당 2.5달러에서 2.20달러로 낮춰 '현실적인 타협'을 이뤘다. 1969년 4월, 메사와 휴고턴이 합병했고 메사가 존속기업이 되었다. 이 거래는 피컨스에게 분수령이 되었다. 메사를 더 큰 무대로 도약하게 했고, 회사를 확장할 자산과 재무상태표를 주었으며, 피컨스에게 절실히 필요했던 합병 거래를 경험하게 했다. 그것은 앞으로 일어날 일의 전조였다. 피컨스는 기업 인수를 메사의 핵심 성장 전략으로 삼기로 결심했다.

휴고턴 합병 후 8개월 만에 피컨스는 두 번째 목표물인 사우스랜드 로열티Southland Royalty Company를 발견했다. 사우스랜드는 주요 유전 지대인 서부 텍사스주 와델 랜치Waddell Ranch의 광물권[7]에 대주주 지분을 보유하고 있었다. 걸프 오일Gulf Oil은 1925년 와델 랜치에서 50년 동안 석유를 생산할 수 있는 리스 계약을 체결했다. 사우스랜드는 이용료를 벌어들였지만 탐사는 거의 하지 않았다. 대신 받은 이용료를 독특한 벤처 회사에 다양하게 투자했다. 그중에는 사탕 회사도 있어서 사우스랜드의 사장 밥 케인Bob Cain은 '캔디' 케인이라는 별명을 얻었다. 1960년대 후반, 걸프 오일 임차권의 만기가 다가오고 있었다. 와델 랜치 유정은 여전히 석유를 생산 중이었고, 채굴 가능 매장량은 1억 배럴 이상에 달해 리스 기간이 만료된 후에도 생산을 원활하게 지속할 것으로 보였다. 리스가 만료되면 광물권은 귀속될 것이고 그렇게 되면 사우스랜드는 업계 최대 민간 석유 기업 중 하나로 탈바꿈할 것이었다. 걸프 오일의 전략은 사우스랜드와 법정 다툼을 벌이는 것이었다. 법률적 지위는 사우스랜드가 강했지만 규모가 훨씬 작았고 걸프 오일은 사우스랜드를 협상 테이블로 끌어내기 위해 강한 압력을 가하고 있었다. 걸프는 사우스랜드에 소송을 제기하면서 협상에 나서지 않으면 사우스랜드를 인수하겠다는 메시지를 전달했다. 걸프는 같은 날

---

7) 자신이 소유한 토지에 있는 천연 자원에 대한 권리.

사우스랜드 주식 12%를 확보했다. 피컨스는 사우스랜드가 '저평가 상태이며, 설령 걸프에 지더라도 괜찮은 거래'[12]라고 보고, 사우스랜드에 대해 의논하기 위해 걸프 오일에 접근했다. 사우스랜드 주식 12%를 확보한 걸프는 주식을 보유한 자체가 소송에 편견을 불러일으킬 수 있다는 생각에 이제는 절실히 주식을 처분하고 싶어 했다. 너무나 절실했던 나머지 걸프는 피컨스에게 외상으로 주식을 제공했고, 피컨스는 재빨리 낚아챘다. 이로써 확실히 발을 들인 메사는 1969년 크리스마스 다음날 증권거래위원회에 거래 내역을 신고했다. 그러나 인수 제의(휴고턴 때와 같은 주식교환 제의)는 즉시 문제에 봉착했다. 피컨스는 사우스랜드 주식 30% 이상을 보유한 사우스랜드 내부자라는 거대한 집단을 간과했고 그들은 법적 투쟁을 벌일 준비가 되어 있었다. 그들은 유명한 인수 변호사 조 플롬Joe Flom을 고용했다. 플롬은 법정에서 메사의 주식교환 제의 공시를 문제 삼고 공격할 계획이었다. 플롬은 델라웨어 법원에서 메사를 이겼고, 이 판결로 증권거래위원회에 주식 발행 신고가 지연되었다. 피컨스는 성공 가능성이 낮다는 것을 깨닫고 4개월 만에 인수 계획을 접었다. 사우스랜드 주식을 시장에서 매각해 작게나마 이익을 낸 그는 귀한 교훈을 얻었다. 첫째, 주식교환 제의에는 현실적인 어려움이 있다는 것, 둘째, 실패한 인수 제안도 이익을 창출할 수 있다는 것이다.

피컨스와 시티즈 서비스

1982년 5월, 메사는 10억 달러 상당의 시티즈 주식을 보유하고 있었다. 피컨스는 이 주식을 담보로 13억 달러 대출을 추가로 받아 시티즈 보통주 51%를 주당 45달러에 인수할 계획이었다. 주당 45달러는 당시 시가 36달러보다 25% 높은 금액이었다. 피컨스는 웃돈을 지불하더라도 시티즈를 45달러에 살 수 있다면 여전히 싸다고 생각했다.[13] 유가가 배럴당 30달러를 넘는 시기에 시티즈의 원유 매장량에 배럴당 5달러도 안 되는 금액을 지불하는 셈이었다. 메사의 인수 계획에 대한 정보를 접한 시티즈가 선제적으로 메사를 인수하겠다고 발표했을 때 피컨스는 이미 인수 자금 조달을 마무리 짓고 있었다. 피컨스는 이 제안을 "어떤 면에서는, 농담 같았다."고 회상했다.[14] 시장에서 16.75달러에 거래되던 메사 주식을 인수하는 대가로 시티즈는 시가보다 겨우 1.5% 높은 주당 17달러를 제시했다. 그러나 시티즈의 인수 제의는 피컨스에게 시기적으로 상당히 불리했다. 인수제의법은 인수를 제의한 측이 공개매수 대상 주식의 값을 지불하기까지 20일간의 정지기간[8]standstill을 강제했다. 메사가 시티즈 주식을 사들이기에 앞서, 먼저 신고를 한 시티즈가 메사 주식을 매수할 기회를 가진 것이었다.

---

8) 시장가격보다 높은 가격에 인수 시도자의 주식을 사오거나 일정 기간 주식을 매수하지 않을 것을 강제하는 기간.

피컨스의 해결책은 '베어 허그[9]bear hug'였다. 주주들에게 직접적으로 다가가는 대신 이사회에 친절한 제안을 해서 응답할 수 밖에 없도록 압력을 가하려는 의도였다. 피컨스가 생각한 이 전략의 장점은, 언론에 보도할 거리를 만들어서 메사가 시티즈에 관심이 있다는 사실을 주주들에게 알리고, 공개매수를 위한 자금을 마련할 시간을 더 확보할 수 있다는 것이었다. 피컨스는 시티즈 회장 찰스 바이델리히Charles Waidelich에게 전화를 걸어 주당 50달러에 인수를 제안했다. 바이델리히는 그 거래에 관심이 없는 것은 물론이고 다른 이사회 구성원들에게 그 제의를 알릴 생각도 없다고 말했으나 상관없었다. 이 통화로 피컨스는 목적을 달성했으니까. 애초에 목적은 시티즈 이사회에 인수를 제안하고, 그것을 이용해서 아직 게임이 진행 중이라는 사실을 시티즈 주주들에게 알리는 것이었다.

피컨스의 팀은 서둘러 지분 투자자를 확보하고 차입으로 자금을 조달했다. 피컨스는 업계에서 '발견 비용finding costs'만 배럴당 15달러를 달리는 상황에서, 시티즈를 인수한다면 땅에 묻힌 원유를 배럴당 5달러에 사는 것이라고 강조했다. 계약금도 필요 없었다. 잠재적 투자자들은 그저 공개매수에 응하는 주식을 사는 데 동의

---

9) 시장가격보다 훨씬 높은 가격에 주식을 매수하겠다는 제안. 목표 기업의 경영진이나 주주가 매각 의향이 있는지 의심스러울 때 이용하는 인수 전략이다. 적대적 인수합병 전략과 유사하지만 주주들에게는 재정적으로 더 많은 이익을 주는 전략이다. 목표 회사가 베어 허그 제안을 거부하면 주주들의 최선의 이익을 위해 행동하지 않는다는 이유로 소송을 당할 위험이 있다. (출처: 인베스토피디아Investopedia.com)

하기만 하면 되었고, 주주들이 공개매수에 응할 때쯤이면 인수의 성공 여부를 확인할 수 있을 것이라고 설득했다. 설득력 있는 주장이었지만 시티즈의 메사 공개매수 제의가 머리 위에 드리운 상황이어서 피컨스도 상황이 어렵다는 것을 알았다. 메사의 제안에 관심을 가진 사람은 많았지만 실행하려는 사람은 없었다.

6월 17일 목요일, 걸프 오일이 시티즈 보통주 전부를 주당 63 달러에 매수하겠다는 제안을 발표했다. 인수 가격은 메사가 처음 생각한 가격보다 20달러 가까이 높았고, 공개매수 제의 전 시장 가격의 두 배에 해당하는 가격이었다. 시티즈 이사회가 그 제안을 받아들이기로 했다는 중요한 세부 사항도 함께 발표했다. 피컨스는 희열을 느꼈다. 시티즈에 대한 지배권을 가질 수는 없었지만 걸프의 제안이 대단히 좋았던 덕분에 대규모로 보유한 시티즈 주식에서 7,000만 달러 이익을 빠르게 확정할 수 있을 것이었다. 그러나 메사를 상대로 한 시티즈의 공개매수 제의가 아직 유효하다고 생각하자 꺼림칙한 기분이 들었다. 시티즈 변호사에게 연락을 취한 메사의 변호사는 나쁜 소식을 접했다. 메사가 보유한 시티즈 주식을 매입 가격에 시티즈에게 되판다면 공개매수 시도를 철회하겠다는 제안이 들어온 것이다. 그것은 시티즈 주식으로 차익을 얻을 가능성을 아예 제거하는 제안이었다.

피컨스는 격분했다. 피컨스는 걸프 오일의 최고경영자 지미 리 Jimmy Lee에게 전화를 걸어, 시티즈의 제안에 대해 얼마나 알고 있는

지 물었다. 리는 전혀 알지 못한다고 대답했다. 또한 시티즈를 주당 63달러에 사는 것 자체도 이미 큰 부담이고 메사에는 관심이 없다고 덧붙였다. 피컨스는 리에게 경고했다. 시티즈를 설득해서 메사에 대한 공개매수 제의를 철회시키지 못하면 걸프의 시티즈 인수를 망치겠다는 경고였다. 이 대화가 끝나고 얼마 지나지 않아 시티즈의 변호사가 다시 전화를 걸어왔다. 그는 메사가 가진 시티즈 지분을 걸프가 제시한 가격보다 8달러 낮은 주당 55달러에 사겠다고 제의했다. 걸프의 공개매수 제의가 불안하다는 것을 알고 있었던 피컨스는 이 제안을 받아들였다. 메사는 시티즈 주식으로 모든 비용을 제하고 3,000만 달러 수익을 올렸고 이는 25% 수익률에 해당했다. 피컨스가 바라던 대박은 아니었지만 투입한 시간에 비하면 좋은 수익이었다. 6주 후, 걸프는 시티즈에 대한 공개매수 제의를 철회했다. 시티즈 주가는 공개매수 제의 이전의 시가보다 낮은 30달러대 초반으로 폭락해서 지배권 경쟁이 부여한 가치가 어느 정도였는지를 효과적으로 보여주었다.

시티즈 이후, 피컨스는 저평가된 석유 회사를 목표로 여러 차례 덤볐고 몇 번은 잠복한 상태로 경쟁을 기다렸다. 인수를 시도할 때마다 피컨스는 자신이 그저 '돈을 벌 곳을 찾는 투자자'였다고 말했다.[15] 돈을 벌기 위해 석유산업의 구조조정을 이용한 것이다. 앞서 있었던 모든 작은 거래는 그의 표현에 따르면 '핵심 이벤트를 위한 준비운동'에 불과했다.[16] 그의 경력에서 가장 유명한 다음

거래가 그를 기다리고 있었다. 피컨스는 이 다음 거래를 가리켜 "합병의 역학 자체를 바꾸고 인수의 역사에서 이정표가 되었다." 고 설명했다.[17] 또한 이 거래는 드러내놓고 지배권 자체를 추구하는 대신 목표 기업의 구조조정을 유도하거나 제3의 인수자로 하여금 메사보다 더 높은 가격을 제시하도록 유도해서 목표 기업의 주가를 끌어올린 첫 사례였다. 시티즈와의 경험은 메사를 위해 특별한 무언가를 준비해 두었고 다음 프로젝트로 그것을 보여주었다.

걸프 오일 인수전

메사 페트롤리움이 규모가 20배나 큰 걸프 오일에 덤빈 것은 1980년대의 대표적인 인수전이었다. 메사의 인수 제의는 당시 기준으로 사상 최대 규모의 합병으로 이어졌고, 기업이 제 아무리 거대하다 해도 그것만으로 이미 굳어져 바뀌지 않는 무능력한 경영진을 보호할 수는 없다는 것을 보여주었다. 걸프는 200억 달러의 자산을 보유했고 연간 매출은 300억 달러, 이익은 65억 달러에 달했다. 시가총액은 70억 달러로, P/E 1배 미만이라는 믿기 어려운 낮은 배수에 거래되었다. 심지어 시티즈보다도 P/E가 낮았다. 회사의 거대한 규모 자체가 적대적 인수 시도에서 회사를 보호하므로 낮은 P/E가 용인되는 것이 전통적인 시각이었다.[10] 회사는 기업사냥꾼들의 위협에서 안전했고 주가는 인수 프리미엄을 전혀 반영하지 않았다. 애널리스트들은 걸프 인수가 매우 위험이 크다고 보았지만 피컨스는 크게 할인된 주가가 단점을 보완하고 꽤 좋은 수익률을 낼 수 있는 가능성이 있다고 보았다. 심하게 저평가된 상장 기업인 걸프는 '유가 폭락과 공급 과잉의 시기에 석유와 가스를 탐사하는 일' 자체보다 위험이 적었다.[18] 문제는 주요 석유 기업들의 '저평가 상태가 50년간 이어진' 상황에서 시장이 걸프의 내재가치를 인정하게 할 방법이었다.[19]

피컨스의 목표는 실제로 걸프를 인수하는 것이 아니라 걸프의 구조조정이었다. 방법은 걸프가 자사주를 매입하게 하거나, 로열티 트러스트[11]royalty trust를 이용하는 것이었다. 로열티 트러스트는 현금흐름을 주주들에게 직접 이전하는 구조로 대부분의 석유·가스 회사가 채택한 일반적인 기업 형태보다 세금 효율성이 높다. 모건스탠리는 로열티 트러스트가 주요 석유 회사의 가치를 최대 50% 높일 수 있다는 것을 보여주는 자세한 자료를 준비해 메사에 제시했다. 피컨스는 로열티 트러스트가 전체 주주가치 증대로 이어질 수 있고 그에 따라 주가도 오를 것이라고 기대했다. 피컨스가 보기에 걸프의 구조조정 필요성은 자명했다. 피컨스는 자서전

---

10) P/E가 낮은 기업은 상대적으로 투자 가치가 높아서 M&A 대상이 되기 쉽다.

11) 생산 유전을 신탁하고 이익의 일정 비율을 주주에게 배당한다. 이 경우, 배당하는 이익에 대해 회사에 과세하지 않는다.

에서, 걸프가 상당한 현금흐름을 창출하고 있었지만 그것을 재투자할 가능성은 낮았다고 회고했다. 과도하게 보유한 자본을 주주들에게 돌려줄 방법을 찾아야 할 때였다.

피컨스는 다른 여러 기업도 인수 목표로 고려했지만 그때마다 결론은 걸프였다. 과잉자본과 낮은 ROI return on investment·투자자본수익률는 업계의 전형적인 특징이었다. 중요한 것은 걸프 주가가 내재가치의 극히 일부만을 반영하고 있고 걸프가 연간 30억 달러에 달하는 강력한 현금흐름 창출 능력을 지녔으며 막대한 배당금을 지급하고 있다는 사실이었다. 실제로 걸프의 배당금은 메사가 취한 포지션의 보유 비용을 작게나마 플러스로 돌아서게 만들 정도로 상당했다. 걸프가 배당을 삭감하지만 않는다면 무기한으로 지분을 가져가도 된다는 뜻이었다. 피컨스는 걸프의 기초자산만도 주당 100달러 가치가 있다고 추정했다. 최고 53달러까지 상승했던 걸프 주가는 1983년 중반 30달러대에 머무른 채 반등할 기미를 보이지 않았다. 피컨스는 걸프 경영진의 평판이 매우 나쁜 것이 결정적인 이유라고 보았다. 1970년대에 일련의 추문과 중대한 과실로 이미 웃음거리가 되었던 경영진은 1982년 시티즈 서비스 인수에서 손을 떼면서 많은 투자자에게 큰 피해를 입혔다. 그 결과, 전문 투자 세계에서 신뢰 관계를 회복할 가능성도 사라졌다. 메사에 비해 규모는 엄청났지만 걸프는 제한적인 하락 위험, 커다란 상승 잠재력을 지닌 깊이 저평가된 전형적인 인수 대상이었다.

메사는 1983년 9월까지 걸프 오일 850만 주를 3억 5,000만 달러를 들여 매입했다. 걸프 오일 총 발행주식의 4.9%에 해당하는 규모로, 증권거래위원회 신고와 보유 내역 공시 의무가 발생하는 기준치인 5%에 약간 못 미쳤다.[20] 10월에는 걸프 총 발행주식의 9%에 해당하는 1,450만 주를 보유하고 증권거래위원회에 신고를 마쳤다. 취득 금액은 총 6억 3,800만 달러였다. 메사는 증권거래위원회에 5% 이상 주식보유를 신고하면서 '소극적 투자 목적'에 해당하는 13G[12] 공시를 냈다. 적대적 인수자로 익히 알려진 그의 명성은 걸프 경영진을 공포에 떨게 했다. 걸프 이사회는 12월 임시 주주총회 개최를 발표했다. 정관과 내규를 변경해 일부 주주권을 없애고 법인 설립 지역을 펜실베이니아에서 기존 경영진에 더 호의적인 델라웨어로 이전할 계획이었다. 피컨스는 계속해서 주식을 사들여 10월 말 기준으로 걸프 보통주 11%를 확보했다. 10월 31일, 메사는 인수 방어를 위한 재설립reincorporation을 저지하는 위임장 대결을 벌이겠다고 발표했다.[21]

임시주주총회 개최를 앞두고 피컨스는 언론, 그리고 걸프의 대형 기관투자가 주주를 대리하는 여러 위원회와의 회의를 통해 로열티 트러스트의 장점을 역설했다. 걸프의 현금흐름을 주주들과 나누는 가장 효율적인 방법이 로열티 트러스트이며, 오로지 행동

---

12) 경영 참여 목적에 해당하는 투자는 13D 양식으로 공시한다.

주의 투자자가 이 구상을 실행하는 것을 막기 위해 주주권을 없애고 회사를 재설립한다는 것은 타당하지 않다고 주장했다. 메사가 그린메일[13)greenmail]을 시도하는 것이 아닌지 우려하는 많은 투자자들을 위해, 피컨스는 11월에 기자회견을 열어 걸프의 모든 주주들과 동등한 위치에서 걸프 주식의 가치를 끌어올리는 일에 참여할 의도임을 분명히 밝혔다.[22] 메사는 그린메일을 하지 않을 것이었다. 또한 로열티 트러스트가 회사를 청산하는 수단으로 잘못 해석되면서 설득에 어려움을 겪었다. 피컨스는 걸프가 1971년 이후 기존에 생산한 매장량을 대체하는 새로운 매장량을 발굴하지도 않았고 회사는 이미 청산 단계에 있다고 지적했다.[23]

12월 10일 주주총회가 열릴 때까지 메사는 걸프 보통주 12%를 확보했다. 걸프의 최고경영자 지미 리는 피컨스를 '사기꾼'이라고 칭했다. 그는 피컨스에게 '치고 빠지기 전술의 역사'가 있으며 로열티 트러스트는 '회사를 무너뜨리고 주주 대다수에게 심각한 불이익을 줄 것'이라고 비난하는 것으로 이날 총회를 시작했다.[24] 그는 메사가 로열티 트러스트로 배당금을 지급하려고 걸프의 배당금을 삭감할 것이라고 말했다. 리가 발언을 마친 후, 피컨스는 청중석에 선 채 해명을 강요당했다. 피컨스는 다음과 같이 발언을 시작하며 그 상황을 오히려 유리하게 활용했다. "오늘 제

---

13) 대규모로 확보한 지분을 협상 도구로 활용해 경영자에게 주식을 프리미엄에 되사줄 것을 요구하는 행위.

게 걸프 직원 및 주주들과 같은 눈높이에서 발언할 기회를 주신데 감사합니다. 솔직히 이 자리가 제게는 가장 편안합니다."[25] 이말은 청중의 열렬한 박수를 이끌어냈다. 회의 결과를 기다리는 동안(걸프의 40만 주주들로부터 위임 받은 표를 집계하는 데만 몇 주가 걸릴 것으로 예상되었다) 메사는 계속해서 걸프 주식을 사들여, 총 발행주식의 13%에 해당하는 2,170만 주를 확보했다. 12월 말, 최종 집계 결과가 나왔다. 주주 52%로부터 지지를 얻은 걸프가 이겼지만 근소한 차이였다.

걸프를 구조조정하거나 매각할 필요가 있다는 피컨스의 생각은 변함이 없었다. 메사는 계속해서 밀어붙였다. 먼저 1983년 12월 29일에 걸프 이사회 각 구성원에게 전달한 57쪽 분량의 문서에 로열티 트러스트 형태로 구조조정할 때의 이점을 상세히 기술했다. 걸프는 두 페이지로 된 퉁명스러운 답변으로 이 구상을 일축했다. 압박을 지속하기 위해 메사는 시티즈 서비스 대결에서 사용한 전략을 꺼내 들었다. 1984년 1월 말, 걸프 주식 최소 1,350만 주를 주당 65달러에 매수하겠다는 부분 공개매수를 제의한 것이다. 걸프 주가는 37달러에서 62달러로 뛰었다. 3월 5일 정오, 피컨스는 마침내 기다려온 소식을 들었다. 걸프가 소컬Socal과 합병 계약을 체결했다고 발표한 것이다. 소컬이 주당 80달러, 총 132억 달러의 공개매수 대금을 현금으로 지급하는 방식이었다. 주주들이 합병을 승인하면 메사의 투자 부서는 보유한 걸프 주식 2,170만 주로 총 7억 6,000만 달러 이익을 올릴 수 있었다. 6월 15일 임시주총에서 걸프 주주들은 소컬과의 합병을 승인했다. 메사의 걸프 주식 매입 가격은 주당 평균 45달러였으니 소컬이 제시한 주당 80달러에 걸프 주식을 판다면 약 10억 달러를 투자해 12개월 만에 80% 수익률을 달성하는 것이었다. 표면적으로 인수에는 실패했지만 어느 모로 보아도 놀라운 수익률이었다. 피컨스는 자서전에서 이렇게 회고했다. "이것이 바로 비즈니스 라운드테이블14)business roundtable에서 '급습'이라고 일컫는 방식이다."26

나는 이렇게 생각한다. 우리가 걸프에 했던 것처럼 어떤 회사의 주식에 10억 달러를 투자한다면 그 사람은 사냥꾼이 아니라 아주 큰 주주다. 주주로서 모든 권리를 누려야 하고, 그 권리에는 모든 주주를 이롭게 할 변화에 대해 경영진과 열린 대화를 나누는 것도 포함된다. 우리는 특별한 요구를 하지 않았다. 그저 대화를 원했을 뿐이다.

걸프 이후에도 주요 석유 회사들을 구조조정하려는 메사의 시도는 계속됐다. 메사는 필립스Philips와 유노칼Unocal을 상대로 적대적인 인수를 시도했다. 메사의 압박으로 촉발된 필립스와 유노칼

---

14) 미국 대기업 최고경영자들의 협의체.

의 자본재편[15]recapitalization은 두 회사의 기존 주주들에게 상당한 이익을 가져다주었다. 두 기업 모두 지배권을 확보하지는 못했지만 메사는 두 번 다 상당한 투자 수익을 달성하고 빠져나왔다. 필립스는 구조조정에 동의하고 주식의 38%를 되샀는데, 3개월이라는 짧은 기간에 메사에게 9,000만 달러, 40%에 달하는 수익을 안겨주었다.[27] 유노칼도 자사주 매입에 동의했고 피컨스는 10억 달러를 투자해 8,300만 달러를 벌었다.[28] 두 기업 모두 현금배당을 늘리고, 자산을 매각하고, 탐사개발비를 대폭 절감했다. 석유·가스 기업들이 과잉자본 상태이며 생산능력을 축소할 필요가 있다는 피컨스의 주장은 업계와 학계에서 점차 받아들여졌다.

자본 배분과 구조조정을 이끌어내다

업계를 구조조정하려는 피컨스의 노력은 결국 업계 전체가 자본을 환원하고 효율성을 개선하도록 이끌었다. 조지 베이커George Baker와 조지 스미스George Smith는《새로운 금융 자본가(The New Financial Capitalists)》에서 걸프가 다른 구조를 택했을 때 로열티 트러스트 구조를 도입하려고 한 피컨스의 노력은 LBO를 활용하는 것과

---

15) 기업의 자본구조 변경.

같은 목적을 달성했다고 보았다.[29]

석유 매장량을 포함한 자산을 소유하게 된 기업들은 다음 인수 자금을 마련하기 위해 거액의 부채를 조달해야 했다. 인수를 할 때마다 늘 기존 주주들에 대한 거액의 현금 지급이 요구되었고 공개매수 과정에서 지급액이 올라갔다. 지급액은 석유 매장량을 처분해서 조달했고, 따라서 매장량은 (잉여현금흐름을 주주에게 보내는 통로로서) 로열티 트러스트와 거의 같은 기능을 했다. 로열티 트러스트는 가치를 현실화하는 또 다른 기법인 LBO와 근본적으로 같은 동기를 갖는다.

LBO와 마찬가지로 피컨스의 로열티 트러스트는 마이클 젠슨 Michael C. Jensen(대리인 이론을 연구한 경제학자이자 하버드대학교 명예교수)이 '잉여현금흐름의 대리인 비용agency costs of free cash flow'이라고 표현한 문제를 해결하는 하나의 장치일 뿐이었다.[30] 젠슨은 과도한 잉여현금흐름이 배당 정책을 둘러싸고 주주와 경영자 사이에 이해상충 문제를 야기한다고 주장했다. 젠슨은 경영자로 하여금 '자본비용에도 못 미치는 수익을 내는 투자나 조직의 비효율적인 부분(고액 연봉과 기타 특혜를 에둘러 표현한 것이었다)에 낭비하지 않고 현금을 토해내도록' 동기를 부여할 방법이 문제라고 지적했다.[31] 젠슨은 배당을 늘리겠다는 약속은 나중에 어길 수 있어 충분하지 않다고 보았다. 해결책은 부채였다. 부채는 미래에 발생하는 현금흐름을 지출하겠다는 약속을 강제하고, 따라서 경영자 재량으로 쓸 수 있는 현금흐름을 줄임으로써 잉여현금흐름의 대리인 비용을 감소시킨다. 젠슨은 이것을 부채의 '통제 가설control hypothesis'이라고 불렀다. 부채는 잉여현금흐름의 배분에 관한 경영진의 재량을 축소해 잉여현금흐름의 대리인 비용을 줄인다. 차입매수 회사 주주들의 판단에 따라 처음부터 잉여현금흐름을 부채 상환에 지출하도록 배분하기 때문이다.

또한 젠슨은 "부채 상환에 실패했을 때 발생할 위협이 효과적인 동기 부여 요인이 되어 조직의 효율성을 높이도록 강제한다."고 주장했다.[32] 또한 경영자 입장에서도 부채를 이용해 "잉여현금흐름을 주주에게 환원하기 위해 필요한 긴축재정을 하는 것에 대한 조직의 저항을 물리칠 수 있다는 유인이 있다."고 말했다.[33] 그러나 버핏은 동기 부여 요인으로서 부채의 효과를 그다지 확신하지 못했다. 1990년 주주서한에서 버핏은, '운전대에 칼을 꽂은 채 운전한다면 더욱 조심히 차를 몰게 될 것처럼 과도한 부채 부담은 경영자들로 하여금 전에 없는 노력을 기울이게 만들 것'이라면서도 다음과 같이 경계했다.[34]

주의를 환기하는 이런 장치가 크게 경각심을 불러일으킨다는 사실은 인정합니다. 그러나 도로에 작게 파인 포트홀이나 얇게 낀

얼음에 미끄러진다면 굳이 겪지 않아도 됐을 치명적인 사고로 귀결된다는 것도 분명합니다. 사업이라는 길 위에는 수많은 포트홀이 존재합니다. 그것을 모두 피해야만 성공하는 계획이라면 결국 재앙을 자초하는 계획이 될 것입니다.

피컨스가 구상한 로열티 트러스트는 과도한 현금흐름을 내부에 유보하려는 유혹을 제거하고 운전대에 장착한 LBO의 칼을 영리하게 피하는 것이었다. 젠슨은 잉여현금흐름의 대리인 비용의 논거로, 1970년대 후반에서 1980년대 초 사이 석유·가스 산업이 탐사 및 개발에 과도한 투자를 했다는 사실을 보여주는 두 건의 연구를 인용했다. 먼저, 석유·가스 산업 내 658개 회사를 조사한 결과, 1975~1981년 탐사 및 개발에 지출을 늘린 회사는 주가가 하락했고 지출을 줄인 회사는 주가가 상승했다.[35] 산업재 기업들의 경우 연구·개발비가 증가할 때 주가도 상당히 큰 폭으로 상승했고 비용이 줄면 주가도 하락했다는 점에서 이 결과는 인상적이다. 또한 30대 석유회사들의 탐사·개발비 대비 실제 수익을 검토한 연구에서, 1982~1984년까지 이들 기업의 투자금 대비 세후 이익률은 업계 평균 10%에도 못 미쳤다.[36] 젠슨이 추정한 결과, 석유·가스 산업에 1달러를 투자해 얻을 수 있는 미래 순현금흐름의 현재가치는 당시 기준으로 60~90센트 수준이었다. 업계 전체로서도 부적절한 자본 배분이었지만, 거듭되는 재투자라는 러닝

머신 위를 달리는 데 익숙해진 업계 내부 사람들은 문제를 쉽게 인지하지 못했다. 그레이엄을 추종하는 침입자들에게 업계에 만연한 부적절한 자본 배분 문제를 지적하고 기업들을 재편할 때가 무르익었다. 그레이엄은 경영진과 친분을 쌓는 것을 '자력구제'라고 표현하면서도 투자자는 외부인으로서 경영진에 맞서야 한다고 강조했다. 피컨스와 메사는 그 역할에 발을 들여놓았고 의외의 방법으로 이익을 얻었다. 그리고 그 방법은 다른 투자자들의 본보기가 되어 석유·가스 이외의 다른 산업에서 그대로 재현되었다. 그 투자자들 가운데 많은 사람이 오늘날 행동주의 투자자들의 선구자 역할을 했다. 피컨스는 1980년대 인수 열풍의 선두에 있었다. 하지만 과잉자본 상태에 있는 기업의 경영진으로 하여금 주주 친화적인 행보에 나서도록 하는 촉매로서 이른바 '짝퉁 인수'의 효과를 피컨스보다 앞서 알아차린 사람이 있었다.

담배꽁초였던 버크셔 해서웨이

1962년, 그레이엄을 추종하는 가치투자자 댄 코윈Dan Cowin은 매사추세츠주 뉴베드퍼드에 있는 한 섬유회사로 동료인 버핏의 주의를 끌었다. 회사는 순유동자산 가치 2,200만 달러의 3분의 1 수준인 주당 19.46달러에 거래되고 있었다.[37] 버핏은 그 회사를 인수해서 청산하거나, 당시 사장이던 시버리 스탠턴Seabury Stanton이 정기적인 자사주 매입을 승인하면 자신이 가진 지분을 회사에 되팔겠다고 생각했다. 스탠턴은 섬유 제조 설비에 재투자되지 않은 여분의 현금을 이용해 2~3년마다 공개매수 방법으로 자사주를 사들였다. 다음번 공개매수 전에 미리 주식을 사두었다가 회사가 공개매수를 발표하면 그때 매도할 생각이었다.[38] 버핏의 투자조합은 1962년 12월 12일 주당 7.50달러에 총 2,000주를 매수한 것을 시작으로 그 섬유 회사의 주식을 사 모으기 시작했고 그 회사는 바로 버크셔 해서웨이였다.[39] 코윈의 역할은 버핏의 아메리칸 익스프레스 투자에서 헨리 브랜트가 맡았던 것과 같이 소문을 수집하는 역할이었다. 코윈은 버크셔의 이사회 구성원인 오티스 스탠턴Otis Stanton이 동생이자 사장인 시버리와 갈등을 겪고 있다는 사실을 알았다. 시버리가 아들 잭을 후임으로 지목하면서 빚어진 갈등이었다.[40] 잭의 능력이 자리에 미치지 못한다고 생각한 오티스는 무슨 일이 있더라도 잭에게 지배권을 넘기지 않을 작정이었다. 시버리의 후임으로 오티스가 염두에 둔 사람은 제조 부문 부사장 켄 체이스Ken Chace였다. 하버드를 졸업한 시버리는 1934년부터 버크셔를 경영해왔다. 시버리는 스스로를, 사업이 잘 안 되고 전망도 극히 불투명해서 남들이 새로운 장비에 주주들의 돈을 지출하기를 주저할 때 장비 현대화에 수백만 달러를 쏟아 부어 회사를 살린 영웅으로 여겼다.[41] 말콤 체이스Malcolm Chase 버크셔 회장(켄 체이스 부사장과는 아무 관계도 아니다)의 조카이자 하버드 경영대학원을 졸업한 니콜라스 브래디Nicholas Brady는 버크셔에 관한 논문을 썼는데, 자신의 연구 결과를 보고 회사에 실망한 나머지 가지고 있던 버크셔 주식을 처분했다.[42] 말콤 체이스가 시버리의 현대화 계획에 동조하기를 거부했던 것을 보면 조카의 논문을 주의 깊게 읽었던 것인지도 모른다. 그러나 자신이 섬유공장의 구세주라는 시버리의 생각이 결국 이겼고 그는 현대화 작업에 수백만 달러 규모의 투자를 이어갔다.[43] 그러나 현실적으로 취약한 섬유 사업의 경제성이 부족한 경영능력을 압도하며 시버리는 술에 빠졌고 코윈은 절차에 따라 버핏에게 보고했다. 그러나 시버리에게도 버핏의 존재를 눈앞에 닥친 인수 위협으로 파악할 정도의 판단력은 아직 있었다. 시버리는 버핏이 모은 버크셔 주식에 몇 차례 공개매수를 제의하는 것으로 대응했다. 이것은 버핏이 주식을 사들이기 전에 생각했던 몇 가지 출구 전략 중 하나였다. 가장 최근의 공개매수 제의로 버크셔 주가가 주당 9~10달러 선으로 올라갔을 때 버핏은 뉴베드퍼드로 가서 시버리를 만나 다음 공개매수 계획을 논의하기로 결정했다. 버핏은 훗날 전기 작가 앨리스 슈뢰더에게 시버리 스탠턴이 이렇게 물었다고 말했다. "아마 조만간 우리가 공개매수를 제의할 겁니다. 얼마면 파시겠습니까?"[44]

버핏: 공개매수를 제의한다면, 주당 11.50달러에 팔겠습니다.
스탠턴: 그런데 우리가 공개매수를 제의하면 응한다고 약속할

수 있습니까?

버핏: 지금부터 20년 뒤가 아니라 꽤 가까운 미래라면, 좋습니다.

이 만남 직후, 버크셔 해서웨이는 버핏을 비롯한 다른 주주들에게 편지를 보내 주식을 넘겨주면 주당 11.375달러에 사겠다고 제의했다.[45] 버핏과 시버리가 합의한 수준보다 주당 0.125달러나 낮은 가격에 버핏은 격분했다. 버핏은 자신의 지분을 시버리와 버크셔 해서웨이에 되파는 대신 회사를 인수하기로 결심했다. 버핏은 오티스 스탠턴에게 접근해 주식을 사겠다고 제안했다. 오티스는 버핏이 시버리에게도 같은 제안을 한다는 조건으로 승낙했고 버핏도 선뜻 그 조건을 받아들였다.[46] 오티스가 넘긴 주식으로 버핏의 버크셔 해서웨이 지분은 49%로 확대됐고, 이사회를 장악하기에 충분했다. 1965년 4월 열린 임시주총에서 버핏은 버크셔 해서웨이 이사로 공식 선출됐다.[47] 한 달 뒤 시버리와 그의 아들 잭은 이사직을 사임했고 버핏은 회장으로 선출되었다. 〈뉴베드퍼드 스탠더드 타임즈〉는 이 인수 건을 기사로 다뤘다. 앞서 뎀스터 밀을 청산하려고 했을 때 뎀스터 공장이 있던 비어트리스 지역 사람들의 거센 항의에 직면했던 버핏은 뉴베드퍼드에서 같은 경험을 반복하지 않으려고 버크셔를 청산하려는 것이 아니라 경영할 계획임을 신문에 빠르게 확인해 주었다. 훗날 버핏은 버크셔에 대해 이렇게 말했다.[48]

그렇게 담배꽁초를 구해서 피워보았습니다. 길을 걷다 보면 담배꽁초가 보일 겁니다. 약간 눅눅하고 역겹고 불쾌하지만 어쨌든 공짜로 얻은 것이죠. 한 모금 정도는 피울 수도 있을 겁니다. 버크셔에는 더 이상 피울 것이 남아 있지 않았습니다. 입 안에 남은 것이라고는 축축한 꽁초뿐이었죠. 그것이 1965년의 버크셔 해서웨이였습니다. 그 꽁초에 큰돈이 묶였습니다. 버크셔 해서웨이를 아예 몰랐다면 오히려 나았을 겁니다.

버핏은 1985년 주주서한에서 섬유 산업을 거론했다. 그는 원자재 기반 산업의 생산능력 과잉이 1970년대 석유·가스 산업과 비슷하게 심각하고, 업계 전체적으로 고질적인 자본 배분 문제에 시달리고 있다고 설명했다. 버핏의 통찰력 있는 투자와 적절한 자본 배분으로 버크셔는 섬유 사업에 거액의 자본 지출을 하지 않을 수 있었고 버핏과 버크셔 모두 통상적인 ROI 잣대로 보면 직접적인 승리자였다. 하지만 버핏은 다음과 같은 이유로 그것이 '환상에 불과한' 이익이었다고 설명했다.[49]

국내외를 막론하고 많은 경쟁업체가 같은 곳에 지출을 늘리고 있었고, 그런 기업이 어느 정도 늘면 결국 투자로 절감한 비용이 새로운 기준이 되어 업계 전체의 제품 가격을 끌어 내렸습니다. 개별적으로 보면 각 기업의 자본투자 결정은 효율적인 비용 지출이었고 합리적이었습니다. 그러나 전체적으로 보면 그것은 서로를 파괴하는 비합리적인 결정이었습니다(행진을 구경할 때 더 잘 보려고 모두가 까치발을 든다고 생각해 보십시오). 투자가 끝날 때마다 모든 참가자가 더 많은 돈을 게임에 걸었고 수익은 빈약했습니다. 그 결과, 우리는 비참한 선택에 직면했습니다. 즉, 막대한 자본을 투자하면 섬유 사업을 유지하는 데 도움은 되겠지만 계속해서 투자를 늘리면 수익은 형편없을 것입니다. 게다가 투자를 하더라도 해외 경쟁업체들이 인건비 측면에서 더 크고 지속적인 우위를 유지할 것입니다. 그렇다고 투자를 거부하면 국내 섬유업체들에 비해서도 점점 더 경쟁력을 잃을 것입니다. 저는 언제나 우디 앨런이 영화에서 말한 바로 그 자리에 제가 서 있다고 생각합니다. "역사상 그 어느 때보다도 인류는 갈림길에 더 가까이 직면해 있습니다. 한쪽은 체념과 완전한 절망으로, 다른 한쪽은 완전한 소멸로 이어지는 길입니다. 우리에게 올바른 선택을 할 지혜가 있기를 기도합시다."

버핏은 서서히 버크셔의 섬유 사업을 정리했다. 그가 경영권을 가졌을 당시만 해도 섬유는 버크셔의 유일한 사업이었다. 버핏은 단순히 재투자를 거듭하는 대신 재고, 미수금, 고정자산을 위한 자금을 조달할 수 있는 보험 자본과 같이 전망이 더 나은 쪽으로 방향을 전환했다. 같은 이유로 내린 여러 결정이 마침내 버크셔를 강력한 투자 회사로 탈바꿈시켰다. 회사를 청산하지 않고 섬유 사업으로 버티겠다고 결정한 경쟁 업체들의 실적은 저조했다. 버핏이 1964년 버크셔 해서웨이의 경영권을 인수했을 당시부터 21년 뒤 섬유 사업을 완전히 정리할 때까지 미국 최대 섬유 기업이었던 벌링턴 인더스트리Burlington Industries의 행보는 버핏에게 '유익한' 교훈이 되었다.[50]

1964년 벌링턴의 매출은 12억 달러였고 우리는 5,000만 달러였습니다. 벌링턴은 유통과 생산에서 우리가 감히 필적하기를 바랄 수도 없을 만큼 강했고 당연히 실적도 우리보다 훨씬 뛰어났습니다. 1964년 말 벌링턴 주가는 60달러였습니다. 우리는 13달러였습니다.

벌링턴은 섬유 사업을 계속하기로 결정했고 1985년에는 약 28억 달러의 매출을 올렸습니다. 1964~1985년 사이 벌링턴의 자본적 지출(설비투자)은 약 30억 달러에 달했습니다. 미국의 어느 섬유 회사보다 많고 벌링턴 1주당 200달러에 해당하는 규모였습니다. 벌링턴 주가는 1주당 60달러였습니다. 투자의 상당 부분은 비용 개선과 확장에 쓰였다고 확신합니다. 섬유 사업을 계속하려는 벌링턴의 기본적인 의지를 감안할 때 이러한 결정은 상당히 합리적인 것이었다고 생각합니다.

그럼에도 불구하고 벌링턴의 판매량은 매출액 기준으로 감소해서, 현재 매출 및 자본 대비 이익률은 20년 전보다 훨씬 낮습니다. 1965년에 2대 1 비율로[16] 액면 분할된 기준으로 주가는 현재 34달러이고, 조정 기준으로는 1964년의 60달러를 약간 웃돌고 있습니다. 한편, 소비자 물가지수는 3배 이상 상승했습니다. 따라서, 벌링턴 주식의 구매력은 1964년 말의 3분의 1 수준에 그칩니다. 정기적으로 배당을 지급했지만 배당금의 구매력도 크게 축소되었습니다. 주주들에게 닥친 이 파괴적인 결과는 수많은 두뇌와 에너지를 결함이 있는 전제에 적용할 때 어떤 일이 일어날 수 있는지 보여줍니다.

버핏은 끝없는 손실에 시달리던 버크셔의 섬유 사업에 대한 경험을 바탕으로 이렇게 결론을 내렸다. "오랫동안 물이 새 온 배에 타야 한다면 물이 새는 걸 계속 막기보다 배를 교체하는 데 힘을 쓰는 편이 더 생산적일 것이다."[51]

섬유 사업에서 버핏이 그랬던 것처럼 피컨스는 석유·가스 산업의 재투자 개념에 대한 부담을 내려놓았다. 피컨스는 자본을 배분해 시장 수익률보다 낮은 수익을 거두는 것이 부질없다는 것을 알았고, 더 나은 전망이 없는 상황이라면 과잉자본을 주주들의 손에 돌려주어 수익을 실현할 기회를 만들 수 있다는 것을 알았다.

---

16) 주식 수를 두 배로 늘리고, 주가는 절반으로 낮추는 분할 방식.

투자자본이 제한적이었던 피컨스는 이 목적을 달성하기 위해 창의력을 발휘했다. 여기서 중요한 요소는 기업 지배권 시장이었다. 즉, 기존 경영진을 대체할 경영진이 있어서 경영권을 두고 경쟁을 벌이는 것이다. 주식시장은 상장 기업에 대한 비자발적인 지배권 교환을 가능하게 하고, 따라서 기업의 지배권을 두고 경쟁을 벌이는 시장을 조성한다. 피컨스는 주요 기업의 지배권을 가진 적도 없고, 구체적으로 자신의 로열티 트러스트 구상을 채택해서 구조조정을 해야 한다고 당위성을 설명하지도 않았다. 하지만 피컨스는 메사가 주목한 기업 하나하나에 실제로 즉각적인 변화를 유발했다. 많은 언론이 그의 인수 작전을 가리켜, 있지도 않은 적에게 덤비느라 힘을 낭비하는 돈키호테식 접근법이라고 해석했다. 부실한 경영 탓에 심하게 저평가된 기업에 이목을 끌려는 그의 노력을 실패한 인수 시도로 오해했다. 그러나 제대로 주목한 투자자들도 있었다. 잘못된 경영과 발굴되지 않은 내재가치를 밖으로 드러내는 데 있어서 널리 홍보된 위임장 경쟁과 공개매수보다 더 좋은 발판은 없었다. 이들은 피컨스가 석유·가스 산업에서 해낸 것처럼 다른 산업에서도 기업 지배권 시장을 촉매로 활용해 기업의 자발적인 구조조정을 유도하고 더 큰 기업이 인수에 나서도록 유도하는 것이 가능하다고 보았다.

저평가된 주식을 산 다음 인수나 청산과 같은 촉매를 이용해 투자 수익을 거둘 수 있다는 것을 실제로 목격한 이른바 '인수 기업가'와 '기업사냥꾼'들은 1980년대부터 기업을 괴롭히기 시작했다. 야심만이 가득했던 이 세력들은 심하게 저평가된 많은 회사들, 그리고 지배권을 갖기 위해 맹렬히 다투는 시장에서 창출되는 유동성을 이용해서 엄청난 이익을 거두었다. 어떤 이들은 레버리지를 이용해 기업을 통째로 인수하려고 했고, 어떤 이들은 이사회를 장악해 청산이나 매각을 추진하려고 했다. 지배권을 확보하려는 대결이 '진행 중'인 상태로 보이게 만들어서 더 높은 가격에 회사를 인수할 또 다른 인수자가 나타나게 하려는 이들도 있었다. 그러나 이들 대부분은 1987년 주식시장 붕괴와 함께 휩쓸려 나갔다. 1990년대 초에는 이들이 부지런히 열정을 발휘할 만큼 저평가된 회사가 드물었다. 2000년 닷컴 거품 붕괴 이후, 새로운 종족이 출현했다. 이들은 비옥한 투자 환경을 발견했다. 과잉자본화된 기술 기업들이 간신히 청산가치 수준이나 심지어 현금을 얹어 주기까지 하는 가격에 할인되어 거래되고 있었던 것이다. 10여 년 만에 처음으로, 이제는 행동주의 투자자의 모습을 하고 기업사냥꾼이 돌아왔다. 이번에도 그 선두에는 아이칸이 있었다.

Deep Value

9장

한니발의
승리 활용법

행동주의 투자의 수익

"한니발은 전투에서 이겼지만 승리를 활용하는 법은 알지 못했다."
― 페트라르카 소네트(Sonnet) 82(83),
몽테뉴, 《수상록(Complete Essays)》

사실 하이퍼모던 이론은 일반적으로 시작 단계에서, 오래된 원칙을
다소 새로운 전술을 매개로 적용한 것에 지나지 않는다. 펀더멘털에 달라진 것은 없다.
달라진 것은 오로지 형태일 뿐이고 언제나 결과가 좋은 것도 아니다.
― '인간 체스 기계'로 불린 호세 라울 카파블랑카Jose Raul Capablanca,
《Chess Fundamentals(체스 펀더멘털)》(1934)

2009년은 매사추세츠주 케임브리지에 위치한 거대 생명공학
회사 젠자임 코퍼레이션Genzyme Corporation에게 끔찍한 해였다. 6월, 올
스턴 랜딩Allston Landing 공장이 바이러스에 오염됐다는 사실을 발견하
면서 문제가 시작됐다.[1] 그보다 앞선 2월, 미국 식품의약국은 젠
자임이 신청한 폼페Pompe병이라는 희귀질환 치료제 신약 후보 루
미자임Lumizyme 승인 절차의 일환으로 해당 공장이 5월에 검사를 통
과해야 한다고 미리 경고한 바 있었다. 식품의약국은 6월 오염 사
건으로 루미자임 승인을 연기하고 공장 폐쇄를 명령한 뒤, 5주 동

안 조사와 오염 제거 작업을 실시할 것을 지시했다. 바이러스 오염과 일정 지연이 당혹스러운 것은 당연했고, 진짜 문제는 이제 막 시작되고 있었다. 5주간 설비가 멈추면서 가장 중요한 약품들의 재고 확보에 문제가 발생했다. 구명 의약품 재고가 바닥을 드러내면서 공급이 심각하게 부족해졌다. 희귀 유전병 치료제 세레자임Cerezyme과 파브라자임Fabrazyme의 재고가 소진되었고 이 약품이 절실히 필요한 환자들도 약을 구할 수 없었다. 젠자임은 유일한 고셰병Gaucher's disease 치료제인 세레자임으로 연간 12억 5,000만 달러 규모의 시장을 독점했다.[2] 규제 당국은 공급량 확보를 위해 젠자임의 경쟁업체 두 곳에 세레자임을 대체하는 약품으로 시장에 뛰어들도록 허용했고, 젠자임은 귀중한 독점적 지위를 잃었다. 또한 젠자임은 세레자임 재고 가치를 상각해야 했다.[3] 바이러스 오염의 원인은 확인되지 않았다.[4]

오염의 여파는 설비 폐쇄 조치가 풀린 후에도 계속됐다. 미 식품의약국은 9월에 백혈병 치료제 클로라Clolar 승인을 거부했고 11월에는 루미자임 승인을 최종적으로 거부했다. 같은 달 젠자임은 임상 3상에 실패한 신장질환 치료제 제3후보물질을 탈락시켰다. 젠자임이 사상 최악의 영업 위기를 극복하려고 애쓰고 있을 때, 더 심각한 오염이 추가로 발견됐다. 올스턴 랜딩 공장에서 생산한 일부 주사용 약물이 담긴 병에서 육안으로 확인되는 입자를 의사들이 발견한 것이다.[5] 입자는 쇳가루, 고무, 섬유, 오래된 장비에서 떨어져 나온 파편, 조잡한 제조 과정에서 들어간 이물질 등으로 확인되었다.[6] 새로운 오염 사건은 젠자임의 연간 매출 46억 달러의 거의 절반을 차지하는 다섯 가지 약품에 영향을 미쳤다.[7] CBS 머니 워치MoneyWatch에서 짐 에드워즈 기자는 이렇게 말했다. "이쯤 되면 젠자임은 확실히 성인의 관리와 감독이 필요해 보인다."[8]

위기가 겹치며 젠자임의 사업은 큰 타격을 입었다. 2009년 1월, 시장에서 추정한 젠자임의 EPS는 전년도 4.01달러보다 많은 4.70달러였다.[9] 그러나 오염이 발견되고 구명 의약품 재고가 바닥나면서 시장은 이익과 매출 전망을 네 차례나 하향 조정했다. 마침내 회사가 발표한 2009년 추정 EPS는 전년 대비 43% 감소한 2.27달러였다.[10] 이에 타격을 받은 젠자임의 주가는 48달러로 고점(80달러) 대비 40%나 급락하면서 5년 만에 최저치를 기록했다. 같은 기간, 뉴욕증권거래소 아르카 바이오테크놀로지 인덱스NYSE Arca Biotechnology Index를 구성하는 대형 바이오테크 경쟁사들의 주가는 46% 상승해 젠자임을 크게 앞섰다.[11] 그러나 젠자임 CEO 헨리 터미어Henri Termeer에게 2009년은 3,500만 달러를 급여로 벌어들인 꽤 괜찮은 해였다.[12] 경제 전문 매체 〈더스트리트TheStreet〉는 '방대한 부실 경영'을 지적하며 터미어를 2009년 생명공학 부문 최악의 CEO로 선정했다.[13]

주주들은 분노를 터뜨렸다. 경영진이 수익성이 덜한 다른 회사를 인수해 사업을 다각화하느라 젠자임이 보유한 최고의 자산에 소홀했으며 크게 성공한 희귀질환 치료제 사업에 대한 투자 부족이 오염, 생산 중단, 재고 소진이라는 형태로 나타났다는 비난이 제기됐다.[14] 투자자문사 샌퍼드 번스타인 앤드 컴퍼니Sanford C. Bernstein & Company의 생명공학 담당 애널리스트는 젠자임을 가리켜, "본업이 자본 부족으로 허덕이고 온갖 문제를 안고 있는 것도 당연하다."고 지적했다.[15] 젠자임에게는 "모든 것을 되돌려 바로잡고 복합기업이 되어버린 지금의 젠자임을 해체할 새로운 경영진이 필요하다."는 조언도 덧붙였다.[16] 불투명한 회계 처리와 표준에 맞지 않는 재무 보고에 주주들도 불만을 토로했다.[17] 이사회 구성원들은 수동적이었고 서로의 유대 관계는 지나치게 긴밀했으며 25년 동안 젠자임을 경영해 온 터미어라는 거물 앞에서 꼼짝하지 못했다.[18] 젠자임의 설립자인 셰리든 스나이더Sheridan Snyder는 마침내 터미어에게 사임을 요구했다. 이에 대해 터미어는 CNBC에, '회사가 2010년 상반기까지 회복할 것이고 주가는 2008년에 기록했던 고점을 되찾을 것'이라며 사임할 이유가 없다고 주장해 부족한 현실 인식을 그대로 드러냈다.[19] 로이터는 젠자임 주식 50만 주를 보유한 어느 포트폴리오 매니저의 의견을 보도했다. "저나 월스트리트 사람들은 헨리가 지난 몇 년 동안 일을 잘 수행하지 못했다고 봅니다. 경영진 교체를 환영할 투자자들이 있을 겁니다."[20]

아이칸의 생명공학 업종 담당 애널리스트 알렉스 데너Alex Denner

는 오랫동안 젠자임을 분석했다.[21] 아이칸은 2007년에 젠자임에 소극적 지분 1%를 보유했지만 주가가 오를 때 모두 처분했다. 데너는 아이칸에게 젠자임이 관심을 받을 준비가 되었다고 알렸다. 젠자임의 사업은 경영진의 실책으로 인해 일련의 위기를 겪고 있었고 기업 지배구조 문제가 있었으며 주주들은 불행했다. 다각화로 많은 사업을 영위했지만 유용한 사업은 일부에 지나지 않았다. 그러나 마구잡이로 늘린 의약품, 본업과 무관한 수술 용품과 진단제품의 덤불 속에 저평가된 보석이 숨어 있었다. 기회는 젠자임의 본업인 희귀질환 치료제 사업에 있었다.[22] 데너는 젠자임이 인수한 기업들이 매출을 20억 달러 늘려줬지만 이익에는 아무런 도움이 되지 않는다고 보았다.[23] 게다가 다른 회사를 인수하느라 희귀질환 사업부의 자본이 유출됐다. 데너는 상황을 이렇게 요약했다.[24]

젠자임은 황금거위를 가지고 있었다. 아침에 거위가 먹을 수 있도록 건초만 조금 놓아두면 되는데 젠자임은 그것조차 하지 않았다.

터미어도 할 말은 있었다. 터미어는 〈포브스〉와의 인터뷰에서 다각화가 생존과 성장에 필수였다고 주장했다. "제품의 수익성이 매우 높았습니다. 이 사실이 재무제표에 드러나지 않아서 그랬겠지만 아이칸의 가정은 틀렸습니다."[25]

젠자임에 대한 설명을 들으며 아이칸은 데너에게 질문을 쏟아 냈다. "생산 차질이 어느 정도지? 식품의약국이 굉장히 화가 났을 텐데, 이 문제가 앞으로 젠자임에게 불리하게 작용하지는 않을까? 곧 의료 개혁이 있을 텐데, 의회가 젠자임에서 가장 잘 팔리는 의약품의 가격에 상한선을 정할 가능성은 없을까?"[26] 데너의 답변에 만족한 아이칸은 젠자임의 주가가 '부당한 이유'로 하락했다고 결론을 내렸다.[27] 아이칸은 생산 차질이 단기적으로 투자자들을 겁먹게 한 것은 맞다면서도 이렇게 말했다. "장기적으로는 별 문제가 되지 않을 것이라고 생각했습니다. 게다가 젠자임은 아무도 가치를 부여하지 않는 훌륭한 파이프라인을 보유하고 있었습니다."[28] 아이칸은 포지션을 취하기로 마음 먹었다. "알렉스에게, '훌륭해. 우리에게는 대단한 기회야. 살 수 있는 만큼 전부 삽시다.'라고 했죠."[29] 2009년 9월 말 기준으로 아이칸은 총 7,300만 달러를 들여 젠자임 주식 150만 주를 취득했다. 주당 평균 매입가는 50.47달러였다. 하지만 아직 젠자임 전체 주식의 0.5%에 불과했다. 아이칸은 주식을 계속해서 사들였다. 2009년 말 무렵, 아이칸은 총 480만 주를 매입해 2% 지분을 확보했다. 아직 증권거래위원회에 13D 공시를 해야 하는 수준은 아니었지만 발판으로 삼기에는 충분한 규모였다.

황금거위를 가진 이상적인 산업, 생명공학

아이칸은 데너와 함께 젠자임을 목표로 삼기 이전부터 생명공학 산업에 정통했다. 2002년 임클론 시스템ImClone Systems을 목표로 첫 번째 인수전에 나선 이래로 생명공학 분야는 그에게 행복한 사냥터였다. 대장암 치료에 사용하는 항암제 얼비툭스Erbitux의 승인을 미국 식품의약국이 거부하자 임클론의 주가는 주당 74달러에서 15달러로 폭락했다. 아이칸은 임클론 설립자이자 CEO인 새뮤얼 왁설Samuel D. Waksal과의 친분 때문에 1995년부터 임클론에 소극적 지분 5.1%를 보유하고 있었다.[30] 식품의약국이 얼비툭스 승인을 거부하고 주가가 18달러 선에서 거래되면서, 아이칸은 연방거래위원회Federal Trade Commission와 법무부에 지분을 최대 40%까지 늘리겠다고 신청해 승인을 받아냈다.[31] 임클론은 이것을 얼비툭스에 대한 지지의 뜻으로 해석했다. 한편, 왁설을 비롯한 임클론의 몇몇 임원들이 얼비툭스 승인 거부 소식을 발표하기 직전에 주식을 매각했다는 사실이 드러나면서 임클론은 집단소송에 직면했고 비공식적으로도 수많은 연방정부 기관의 조사를 받았다.[32] 결국 왁설과 임원들은 마사 스튜어트처럼 내부자 거래로 유죄 판결을 받았다. 임클론은 아이칸이 반대한 인물을 임시 CEO로 임명하고, 아이칸의 뜻에 반하여 다른 회사와 합병하려고 했다. 임시 CEO가 취임한 후, 아이칸은 임클론 주식 13.8%에 해당하는 3억

9,050만 달러 상당의 주식 보유를 신고하는 13D 공시를 내며 행동주의 주주 운동을 시작했다. 임클론은 위임장 대결에서, 주당 36달러 공개매수 제안이 있었고 결론은 아이칸에게 달려있었는데 아이칸이 제안을 거절했다고 항의했다. 아이칸은 그것이 '터무니없는' 제안이었기 때문에 거절했다고 주장했다. 가격이 너무 낮았고 공개매수를 제안한 측의 고평가된 주가를 기준으로 제안한 가격이었다는 것이다. 아이칸은 압박의 강도를 높였고 2006년 10월에 임클론 이사회 의장에 선출되었다. 아이칸 외에도 데너를 포함한 아이칸측 인사 네 명이 이사로 선임되었다.

2008년 7월, 브리스톨-마이어스 스큅Bristol-Myers Squibb이 주당 60달러, 총 45억 달러에 임클론을 인수하겠다고 발표했고, 아이칸은 그 제의를 쭉 무시하다가 9월이 되어 거절했다. 아이칸의 매수 가격보다 80% 높고 아이칸이 보유한 지분의 가치를 7억 달러로 평가한 가격이었다. 그러나 아이칸은 한 대형 제약업체(아이칸은 이름을 공개하기를 거부했다)로부터 기업 실사를 조건으로 주당 70달러에 인수 제의를 받았다고 발표했다.[33] 9월 22일, 브리스톨-마이어스는 임클론 회장인 아이칸에게 가격을 62달러로 올려 제안하는 편지를 보냈다. 아이칸을 믿지 않거나, 익명의 매수 후보자의 제의를 진지하게 받아들이지 않는다는 뜻이었다[34](임클론 주식은 시장에서 59.40달러에 거래되어 시장이 브리스톨-마이어스에 동의한다는 것을 시사했다[35]). 62달러를 제안한 새로운 편지에서, 브리스톨-마이어스는 아이칸을 비롯한 이사회 구성원들을 제거하기 위한 위임장 대결을 벌이거나, 임클론 주주들로부터 직접 현금으로 주식을 매수하겠다고 위협했다.[36] 두 가지 모두 아이칸이 선호하는 전술이었다. 언론도 이 상황을 주목했다. 아이칸은 가장 어렵고 중요한 순간이라는 것을 알았다.[37] 아이칸은 다음날 브리스톨-마이어스에 짧게 답장을 보내, 70달러를 제안한 대형 제약사의 실사가 끝나는 9월 28일까지 1주일도 채 남지 않은 점을 감안할 때, 62달러는 '터무니없는' 적대적 제안이라며 거절했다.[38] 10월 6일, 임클론은 정말로 일라이 릴리 앤드 컴퍼니Eli Lilly and Company와 주당 70달러, 총 65억 달러 규모의 현금 지급 방식 합병 계약을 발표했다.[39] 일라이 릴리가 제시한 가격은 2006년 임클론이 제안 받았다고 주장한 가격(36달러)보다 34달러 높았고, 브리스톨-마이어스가 처음 제시한 가격(60달러)보다 10달러, 브리스톨-마이어스의 공개매수 제안 가격(62달러)보다 8달러 높았다. 아이칸은 이 거래를 발표한 보도자료에서 다음과 같이 밝혔다. "일라이 릴리와의 거래는 과거의 이사회가 찬성했던 2006년의 거래를 반대한 우리의 결정이 옳았다는 것을 입증한다고 생각합니다. 우리가 반대하지 않았다면 임클론은 주당 약 36달러에 매각되었을 겁니다."[40] 일라이 릴리의 제안으로 아이칸은 2006년 2월 13D 공시 기준으로 임클론 지분에서 누적 수익률 109%, 연평균수익률 40%를 달성했다.

아이칸은 젠자임 이전부터 일련의 생명공학 기업에 투자한 이래로 산업을 면밀히 추적했고, 주주들과 소통할 때도 임클론으로 거둔 성공을 자주 강조했다. 2006년 임클론에서 위임장 대결을 벌인 이후 다음 목표는 짧은 저항 끝에 2007년 아스트라제네카AstraZeneca에 156억 달러에 매각된 메드이뮨MedImmune이었다. 2008년 3월에는 엔존 파마슈티컬스Enzon Pharmaceuticals, 2008년 5월에는 애밀린 파마슈티컬스Amylin Pharmaceuticals에 도전해 절반의 성공을 거두었다. 임클론 매각 절차가 끝나는 2008년 10월이 되기도 전에 바이오젠 아이덱Biogen Idec으로 시선을 돌린 아이칸은 8월에 6% 지분을 보유했다고 신고했다. 이사회 진입을 시도했지만 2009년과 2010년 위임장 대결에서 연이어 실패했다. 아이칸은 지배권을 갖지는 못했지만 주가가 급등한 뒤 2011년 6월 주식을 전량 처분해 90% 수익을 실현했다. 바이오젠 아이덱, 메드이뮨, 임클론 시스템, 애밀린 파마슈티컬스, 엔존 파마슈티컬스는 모두 젠자임보다 훨씬 규모가 작은 회사였지만 기회의 크기는 같았다.

1980년대 석유·가스 산업, 1960년대 섬유 산업과 마찬가지로 생명공학 산업에는 자본이 넘쳐났지만 새로운 투자로 얻는 이익은 미미했고, 기존의 대형 제약사들은 새로운 치료제에 굶주려 있었다. 아이칸은 이 산업에 매료되었다. 신약 개발에 소요되는 긴 리드타임lead time(생명공학 기술은 상업화까지 12~15년이 소요될 수 있다), 임상시험 단계의 높은 실패율, 연구에서 치료로 이어지기까지 요구되는 막대한 투자로 인해 대형 제약사들은 신약을 자체 개발하기보다 신약을 사는 편이 위험성이 낮다고 판단했다.[41] 시장은 신약 후보물질 승인을 받는 데 실패한 생명공학 회사들의 주식을 빠르게 내다 팔았고, 아이칸은 두려움을 이용해 그 제약사들을 선점했다. 기존 의약품의 특허가 만료되면서 제네릭 의약품(복제약)의 경쟁에 직면한 그들은 새로운 기회를 간절히 찾고 있었다. 아이칸은 자신의 전략을 〈포브스〉에 이렇게 설명했다. "그런 기업의 경영진은 대개 지출을 과도하게 늘리지만 시작한 일을 끝마치기에는 자금이 부족합니다. 이런 회사들을 인수하고 싶지만 기회를 잡지 못하는 구애자들이 문 밖에 서 있습니다. 우리는 그 문을 열도록 돕는 것이죠."[42] 젠자임도 다르지 않았다.

아이칸의 전형적인 표적, 부진한 실적과 저평가 주식

젠자임은 아이칸의 전형적인 표적이었다. 심한 저평가 상태였고 연이은 위기로 휘청거렸다. 주주들은 경영진에 불만을 품었고 기업의 지배구조는 취약했으며 업계는 구조조정이 필요했다. 2010년 2월, 아이칸은 젠자임 이사회에 자신이 지명한 이사 4인을 진출시키겠다고 발표했다.[43] 아이칸은 계획을 제시하며 늘 그랬듯이 임클론으로 거둔 성공을 강조했다.

젠자임의 과거 경영 실적이 얼마나 부진했는지 생각하면 잘못된 것을 바로잡기 위해 도움을 주는 것이 우리의 첫 번째 과제일 것입니다. 우리는 많은 주주들로부터 현재 이사회에 대한 신뢰가 거의 없고 이사회가 재편되어야 한다는 이야기를 듣고 있습니다.

젠자임으로 임클론에서 거둔 성공을 재현할 수 있다고 판단한 아이칸은 매수자를 찾기에 앞서 직접 회사의 방향 전환을 준비했다.

아이칸은 2010년 3월 말까지 570만 주를 추가로 매수해 주당 평균 매입가 54.94달러에 총 1,050만 주를 확보했다.[44] 아이칸의 포트폴리오에서 젠자임의 비중은 17%가 되었다.[45] 아이칸의 압력으로 젠자임은 20억 달러 규모의 자사주 매입에 동의했다.[46] 이 결정은 의도한 효과를 낳았다. 즉, 주가가 급등한 것이다. 젠자임의 수혜가 예상되었던 그때, 올스턴 랜딩 공장에 정전이 발생했고 또다시 생산 차질에 이목이 쏠렸다. 정전 사태로 세레자임과 파브라자임의 공급은 더욱 제한되었다. 게다가 젠자임은 정전 사태와 그것이 의약품 공급에 미친 영향을 21일이 지나도록 공시하지 않았다. 아이칸은 그것이 문제를 더욱 악화시킨다고 보았다.

6월, 아이칸은 젠자임 주주들에게 자신이 추천한 이사 후보를 지지하는 편지를 보냈다. 편지는 이렇게 시작했다. "피할 수도 있었던 실책을 끊임없이 저지르고, 수준 이하의 방식으로 생산 차질 문제를 처리하는 경영진으로 인해 젠자임에 대한 여러분의 투자금이 잠식되는 것을 보는 데 지쳤습니다. 여러분도 그렇습니까?" 편지는 중요한 문제들을 굵은 글씨로 강조했다. "**심각한 생산 차질로 인해 단기 및 장기 주주가치가 현저하게 손상되었습니다.**" 아이칸은 이사회가 "운전대를 잡고 잠들어 있다"고 지적하며 터미어를 '회사의 제왕'으로 묘사했다. "경영 실패와 부실한 전략 기획의 결과로 젠자임은 회사의 주된 수익 창출원인 유전 질환 치료제에서 나오는 매출과 이익을 경쟁자들에게 영원히 내주었습니다. 게다가 회사는 구명 의약품의 가장 중요한 시장인 미국과 유럽에서 환자, 의사 그리고 규제 당국의 신용을 크게 잃었습니다." 아이칸의 해법은, '생산 위기를 해결하고, 믿음과 신용 회복을 위해 힘을 쓸 이사회를 새로 구성해 젠자임의 경영에 대한 감독을 대대적으로 개편하는 것'이었다. 그 일을 할 사람은 이른바 '아이칸 인사Icahn Slate'들이었다. "이들은 임클론 이사로 있으면서 2006년 10월부터 2008년 11월 일라이 릴리에 매각될 때까지 주가를 126% 끌어올린 일련의 방안을 주도했습니다. 2년간에 걸쳐 시행된 임클론 구상에는 브리스톨-마이어스 스큅과의 협력 관계 회복을 통한 주력 제품 얼비툭스의 판매 촉진, 비용 절감, 자원 재분배 및 법적 분쟁 해결이 포함되었습니다. 아이칸 팀은 브리스톨-마이어스가 제안한 인수 가격인 주당 60달러에 대응하는 제안을 할 상대를 확보하는 데 적극적으로 관여했고, 결과적으로 주당 70달러에 임클론을 매각할 수 있었습니다. 이 모든 과정이 문건으로 공개되어 있습니다."[47]

젠자임은 주주들에게 보낸 위임장 설명서[1]proxy statement에서 아이칸 인사들에게 이해상충 문제가 있다고 알렸다. 데너와 아이칸이 젠자임의 의약품과 경쟁 관계에 있는 약품을 생산하는 다른 여러 생명공학 기업에 이사로 참여하고 있다는 것이 이유였다.[48] 일부 주주들이 이 문제를 심각하게 받아들이면서 아이칸 인사들의 이사회 진출을 걱정해야 할 정도였다. 그대로 질 수 없었던 아이칸은 행동주의 투자자이자 최근 젠자임 이사회에 합류한 랠프 휘트워스Ralph Whitworth를 접촉해 데너를 이사회에 올릴 수 있을지 확인했다. 데너를 올리는 것은 어렵지만 자신이 독립이사 몇 명은 새로 선출할 수 있다는 것이 휘트워스의 대답이었다. 휘트워스는 이미 그 문제를 터미어와 의논한 적이 있었다. 그때 휘트워스는 터미어에게 이런게 조언했다. "밖에는 아직 칼 아이칸이 있고 지금 단단히 화가 나 있어요. 소란을 가라앉히고 내부에서 문제를 해결합시다."[49] 휘트워스가 제시한 조건에 동의한 아이칸은 며칠 후 새로운 이사 두 명이 선임되자 자신이 제시한 명단을 철회했다.

터미어로서는 한숨 돌렸을지 몰라도 그 순간은 오래가지 않았

---

1) 의결권 대리행사를 권유할 때 주주들이 충분한 정보에 기초해 위임 여부를 판단할 수 있도록 제공하는 설명서.

다. 아이칸이 불러들인 것은 아니지만 행동주의 투자자 두 사람이 만들어낸 기회를 분명히 인지한 거대 제약회사 사노피-아벤티스Sanofi-Aventis가 젠자임을 에워싸기 시작했다. 8월, 사노피-아벤티스는 주당 69달러, 총 185억 달러에 젠자임을 인수하겠다고 비공식적으로 제의했다. 인수 제의가 있었던 것으로 보인다는 언론 보도에 젠자임 주가는 52주 최고가인 70달러로 치솟았다. 젠자임은 제안을 거절했다. 그러자 사노피-아벤티스는 적대적 인수로 전략을 전환해, 같은 가격에 공개매수를 실시하겠다고 선언하고 주주들을 직접 공략했다. 10월 보도자료에서 사노피-아벤티스는 '(젠자임과의 합병) 시도가 매번 거부당해서' 적대적 공개매수를 시작했다고 설명했다. "젠자임 주주들과의 최근 회의 결과, 주주들은 이 인수 거래를 지지하고 있으며 우리와 건설적 토론에 나서지 않는 젠자임의 태도에 실망하고 있습니다. 우리로서는 젠자임 주주들에게 직접 공개매수 제안을 할 수밖에 없습니다."[50]

사노피-아벤티스 CEO 크리스 비바커Chris Viehbacher는 아이칸을 만나 이렇게 말했다. "보세요, 젠자임은 훌륭한 회사이고 굳이 싸우면서까지 80달러 미만에 팔라고 할 생각은 없습니다. 저 역시 적어도 80달러는 지불해야 한다고 생각합니다. 그게 아니라면 저부터도 우리 회사의 이 거래를 지지하지 않을 겁니다. 오히려 (터미어와) 동맹을 맺겠죠."[51] 터미어는 매각을 꺼렸지만 2011년 1월 비바커를 만났다. 두 사람은 거래의 전체적인 구조에 합의했다.

사노피-아벤티스는 인수 가격을 주당 74달러로 올려 총 201억 달러를 지불하고, 조건부 가격 청구권contingent value right을 부여하기로 합의했다. 조건부 가격 청구권은 2020년까지 유효한 유가증권으로, 특정 의약품 매출이 원대한 목표를 달성할 경우 젠자임은 이 청구권을 행사해 주당 최대 14달러, 총 38억 달러를 추가로 받을 수 있었다.[52] 조건부 가격 청구권을 포함하지 않더라도 생명공학 산업 역사상 두 번째로 큰 인수였다.

젠자임은 아이칸의 전형적인 표적이었다. 아이칸과 휘트워스에 의해 매각이 앞당겨졌을 수도 있겠지만 어느 기사에서 지적했듯이 올스턴 공장이 삐걱댄 순간 매각은 '피할 수 없는' 일이 되었다.[53] ROIC가 하락하는 과잉자본화된 산업에서, 주가 급락은 젠자임을 대형 제약사의 확실한 표적이 되게 만들었다.[54]

그렇게 해서 젠자임이 레이더에 잡혔고, 사람들이 계산을 해보기 시작했습니다. 이런 거래는 이곳 생태계의 일부입니다. 대형 제약사들은 새로운 수입원이 절실하고 그런 점에서 생명공학 기업들은 매력적인 대상입니다.

아이칸과 휘트워스는 젠자임이 인수 대상이 될 수 있다고 생각했고, 피할 수 없는 일을 현실로 만들기 위해 움직였다. 6억 달러를 투자해 18개월이 채 지나기도 전에 40% 수익을 거두었으니 아이칸에게 성공한 작전이었다.

킹슬리와 아이칸이 아이칸 선언을 작성한 이후 40년 동안 아이칸의 철학이나 전략은 크게 변하지 않았다. 아이칸의 기법을 가리키는 이름이 기업사냥에서 행동주의 투자로 발전했고, 자본이 성장하면서 더 큰 기업들을 표적으로 삼았지만 그는 1970년대와 마찬가지로 여전히 저평가된 주식에 크게 포지션을 취해서 그들의 운명을 지배하려고 시도한다. 1980년대에 아이칸과 같은 길을 걸었던 많은 동시대 사람들이 중간에 실패했지만 아이칸은 1990년대 줄곧 활동을 멈추지 않았고 2000년대에도 꾸준히 기업에 변화를 요구했다. 아이칸 특유의 행동주의에는 언제나 단순한 기회주의 이상의 것이 있었다. 아이칸은 주가를 평가 가치 아래로 깊이 끌어내리는 위기를 찾고, 그것에 수반되는 주주들의 좌절감을 이용해 회사를 장악했다.

전략은 통했다. 아이칸은 위대한 가치투자자라고 주장할 자격이 있었다. 13D 공시일로부터 매도일까지를 기준으로 측정한 수익률은 놀라웠다. 리서치 서비스 업체 13D 모니터13D Monitor에 따르면 2013년 6월 30일 기준으로 아이칸의 연평균수익률은 29%였다. 같은 기간 S&P500은 6.9% 상승했다.[55] 아이칸은 계속해서 새로운 위기를 모색하며 행동주의를 추구한다. 위기 자체가 목적이 아니라, 위기가 긴박함과 기회를 만들기 때문이다. 위기는 험악할수록 더욱 좋다. 아이칸은 2012년 5월, 또 다른 생명공학 기업인 포레스트 래버러토리Forest Laboratories를 인수했다. 회사의 최고 의약품인 항우울제 렉사프로Lexapro의 특허가 만료되고 두 달이 지난 뒤였다. 2012년 5월에는 체서피크 에너지Chesapeake Energy도 다시[2] 사들였다. 천연가스 가격이 급락했고 체서피크가 부채 부담에 굴복할 것처럼 보였기 때문이다. 앞서 주가가 52주 최고가에서 55% 급락한 뒤, 아이칸은 13D 공시에 첨부한 이사회에 보내는 서한에서 이렇게 강조했다. "체서피크가 세계 최고 수준의 석유 및 가스 자산을 소장했다고 믿지만 현재의 낮은 주가 수준은 그 자산의 가치를 반영하지 않고 있습니다. 오히려 계속해서 달라지는 사업 전략, 필요한 자본과 실제로 조달한 자본의 큰 격차, 열악한 지배구조, 확인되지 않은 위험과 관련된 막대한 위험 때문에 주가가 고전하고 있습니다."[56] 아이칸은 언제나처럼 자신의 성공 사례를 언급하는 것을 잊지 않으며 주주 관여의 필요성을 호소했다.[57]

소수 주주의 대표를 적은 숫자나마 이사회에 진출시키는 것은 기업에 책임감을 심어주는 매우 강력한 도구라고 믿습니다. 이것은 모토로라Motorola, 바이오젠Biogen, 젠자임, 하인 셀레스티얼Hain Celestial을 비롯해 소수 주주들의 대표를 이사로 선임한 여러 기업에서 입증된 사실입니다.

---

2) 2010년 12월에 체서피크 에너지 지분 5.8%를 보유한 적이 있었다.

행동주의 투자 결과와 주가 추이

아이칸의 수익률도 뛰어났지만 행동주의 전략 역시 전반적으로 강력한 수익률을 달성하며 장기적으로나 단기적으로 시장을 크게 이겼다(행동주의 투자자들의 평균 투자 기간은 2년 이상으로 알려진 것과 다르게 장기 투자를 하는 경향이 있다[58]). 13D 공시(대개 행동주의 참여 의도를 최초로 공개하는 절차)는 흔히 긍정적인 촉매로 작용해 목표 기업의 주가를 단기적으로 끌어올린다. 2007년, 금융 연구자인 에이프릴 클라인April Klein과 이매뉴얼 수르Emanuel Zur는 (행동주의자가 13D 공시로 경영진의 의사 결정에 영향을 미칠 의사가 있음을 명시하는) '대결적confrontational' 행동주의자 운동이 13D 공시일을 전후해 목표 기업에 상당히 긍정적인 시장의 반응을 불러 일으켰으며, 그다음 해에는 상당한 수익률을 창출했다는 사실을 확인했다. 평균적으로, 목표 기업의 주가는 공시 직후 시장 대비 7%p 초과 상승했다.[59] 공시 이후 남은 한 해 동안 시장 대비 10.2%p 초과 상승했고 그다음 해에는 11.4%p 초과 상승했다.[60] 2008년, 알론 브라브Alon Brav, 웨이 장Wei Jiang, 랜들 토머스Randall Thomas, 프랭크 파트노이Frank Partnoy는 13D 공시 20일 전부터 20일 후까지의 주가 추이를 검토해 행동주의 운동의 단기 영향을 측정했다.[61] 검토 결과, 공시 10일 전부터 하루 전까지 해당 기업들의 주가는 시장 대비 3.2%p 초과 상승했다. 공시 당일과 다음날에는 2%p 초과 상승했다. 공시 이후

20일 동안에는 2%p 초과 상승해 총 초과 수익률은 7.2%p에 달했다. [그림 9-1]은 13D 공시 전후의 '비정상적인' 수익률, 즉 시장 대비 초과 수익률을 보여준다.

[그림 9-1] 13D 공시 전후 매수 후 보유 전략의 초과수익률

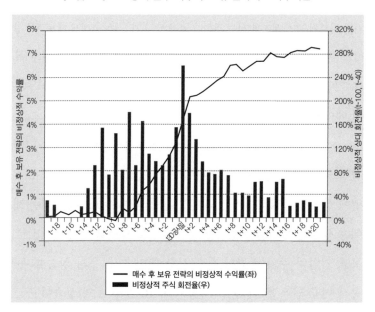

출처: Alon P. Brav, Wei Jiang, Randall S. Thomas, Frank Partnoy. '헤지펀드 행동주의, 기업 지배구조 그리고 기업의 실적(Hedge Fund Activism, Corporate Governance, and Firm Performance)', Journal of Finance 63(May)(2008): 1729.

어떤 유형의 행동주의 운동인지에 따라 수익률도 달라진다. 브라브 등의 연구 결과, 표적 기업의 매각을 추구했을 때 가장 높은 10.94%p 초과수익률을 달성했다. 경영 전략과 관련된 행동주의

운동, 예를 들어 사업이 지나치게 다각화된 기업에 비 필수 자산을 분사 조치해서 다시 본업에 집중하도록 강력히 요구했을 때는 4.37%p 초과수익률을 기록했다. 목표를 명시하지 않고 주주가치 향상과 효율성 개선을 요구하거나 단순히 저평가 개선을 추구한 행동주의 운동의 초과수익률은 4.99%p였다. 브라브 등은 자본 구조 및 기업 지배구조 문제를 목표로 삼은 행동주의 운동은 초과 수익을 거의 창출하지 못한다는 사실을 발견했다.

그러나 기업 지배구조 혁신이 기업을 매각할 때 가장 큰 프리미엄 요인이라는 사실을 확인한 다른 연구가 있다.[62] 행동주의 전략을 최종 목적의 맥락에서 검토한 이 연구는 행동주의자들이 평균적으로 특정한 목표를 성공적으로 달성했다는 사실을 확인했다. 예를 들어, 경영 전략에 초점을 맞춘 행동주의 운동은 매출을 늘리고 이익률을 개선하며 ROA를 향상시켜 수익성 있는 사업을 구축했다. 목표 기업의 매각을 추구한 운동은 일반적인 경우보다 더 높은 가격에 두 배 더 많은 매각 거래를 성사시켰다(목표 기업이 스스로를 매물로 내놓으며 매각을 요구한 경우에는 시장가격 대비 평균 24.6% 프리미엄이 지급되었다). 자본 구조에 초점을 맞춘 행동주의 운동은 배당성향을 10% 이상 높이고 부채를 감소시켰다. 마지막으로, 기업지배구조와 관련된 행동주의 운동은 해당 기업들이 일반적인 목표 기업에 비해 보유한 자산의 규모를 줄이면서 대리인 비용도 감소하는 효과가 있었다(대리인 비용은 경영진으로 하여금 수익성을 희생해서 자산을 늘리는 방식으로 초과현금흐름의 낭비를 초래한다는 마이클 젠슨의 연구 결과를 기억하자).

앞서 보았듯이 깊이 저평가된 주식의 수익률은 상당하다. 그렇다면 행동주의 투자 수익률 가운데 어느 정도가 단순히 저평가된 주식을 선택했기 때문에 얻은 수익률일까? 다시 말해, 행동주의는 과연 저평가된 주식을 선택하는 전략 이상의 수익률을 달성하며 부가적인 가치를 창출하는 전략일까? 2009년, 예일대학교의 벤저민 솔러즈Benjamin Solarz가 이 질문을 떠올렸다.[63] 그는 행동주의자들의 포트폴리오를 살펴보고, '행동주의' 운동과 '소극적' 투자(행동주의로 귀결되지 않는 투자)의 성과를 추적했다. 솔러즈의 검토

[그림 9-2] 행동주의 투자의 단기 수익률이 수동적 투자 수익률 상회

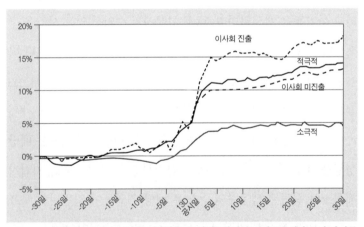

출처: Benjamin S. Solarz, '가면을 쓴 선택? 헤지펀드 행동주의가 부가 가치를 창출한다는 새로운 증거(Stock Picking in Disguise? New Evidence that Hedge Fund Activism Adds Value)', Editorial Objective 1001(2010): 101.

결과, 행동주의자들이 보유한 주식은 소극적 투자자의 주식 대비 첫 두 달 동안 3.8%p 초과 상승했고, 2년 동안 무려 18.4%p 초과 상승했다. [그림 9-2]는 행동주의 투자와 소극적 투자의 단기간 (61일) 수익률이다.

[그림 9-3]은 행동주의 투자와 소극적 투자의 장기간(25개월) 수익률이다.

[그림 9-3] 행동주의 투자의 장기 수익률이 수동적 투자 수익률 상회

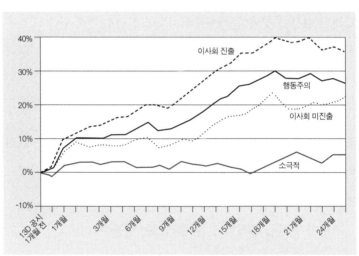

출처: Benjamin S. Solarz, '가면을 쓴 선택? 헤지펀드 행동주의가 부가 가치를 창출한다는 새로운 증거', Editorial Objective 1001(2010): 101.

브라브 등도 이 질문을 검토하고, 행동주의 전략이 종목 선정 이상으로 투자 성과에 기여한다는 몇 가지 단서를 발견했다. 첫

째, 적대적, 공격적, 혹은 대결적 행동주의 운동(위임장 대결, 소송, 적
대적 인수 제의, 위임장 대결 및 소송 제기 위협, 경영진을 비난하거나 대체할
목적의 언론 매체 활동 등)은 우호적인 활동보다 더 높은 수익을 올렸
다(11.8% 대 5.3%). 또한, 주가가 저평가 상태라는 신념에 찬 발언
보다는 해당 기업을 위한 행동주의자들의 구체적인 계획, 즉 경영
전략의 변화나 매각 발표에 시장은 훨씬 더 긍정적으로 반응했다.
아마도 솔러즈의 연구 결과에서 보듯 행동주의자들이 표적이 된
기업을 더 자주 매각하고, 비슷한 기업에 비해 더 높은 가격에 매
각하기 때문일 것이다. 행동주의자들이 선택한 것이 단순히 깊은
저평가 상태의 주식이었다면 구체적인 계획을 발표했다고 해서
그것이 더 높은 수익률로 이어지지는 않을 것이다. 또한 행동주의
자들이 표적으로 삼은 주식은 해당 기업의 매각이라는 변인을 통
제한 후에도 초과수익률을 달성한다. [그림 9-4]는 행동주의 전
략이 기업을 매각하지 않더라도 주가를 개선시키며 매각 자체도
매우 높은 수익률을 달성한다는 것을 보여준다.

저평가 변인을 통제한 결과, 솔러즈는 행동주의 전략이 기업의
매각 여부와 관계없이 소극적 투자보다 꾸준히 우수한 성과를 올
린다는 사실을 발견했다.

행동주의자들은 실제로 목표 기업의 펀더멘털 성과를 개선시
킬까? 그런 것으로 보인다. 솔러즈의 연구 결과, 행동주의 투자 이
후 이익률과 ROA 개선, 배당성향 확대, 레버리지 축소, 자산 감소

[그림 9-4] 행동주의는 기업 매각 이상의 부가 가치를 창출한다.

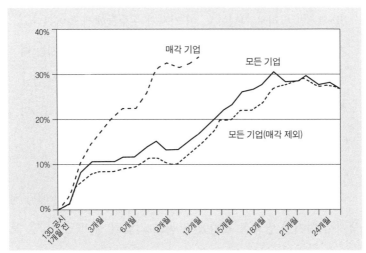

출처: Benjamin S. Solarz, '가면을 쓴 선택? 헤지펀드 행동주의가 부가 가치를
창출한다는 새로운 증거', Editorial Objective 1001(2010): 101.

가 관찰되었다. 브라브 등은 목표 기업의 ROA(자산 대비 EBITDA
기준)가 어느 정도 개선되었고 ROE는 현저히 개선되었음을 발견
했다. 이는 해당 기업들이 부채를 조달해 재무상태표를 유리하게
관리했다는 것을 시사한다. 또한 목표 기업의 고정자산 투자와 자
본지출도 감소한다. 브라브 등은 행동주의자들이 종종 임원들의
보수를 삭감하고 CEO를 축출하는 데 성공하며, 이것이 주주 이
익에 상당하고도 직접적인 영향을 미친다는 점을 강조했다. 연구
결과, 행동주의 투자 이후 CEO의 급여는 연간 80만~100만 달러
감소했고 이는 기업의 내재가치에 상당한 영향을 미쳤다.[64]

행동주의로 인한 최고위 임원들의 급여 감소분을 연간 총 400만~500만 달러로 가정하고, 이 가치가 주주들에게 돌아간다고 가정하자(세금 문제 등은 제외한다). 이 소득 흐름의 현재 가치는 대략 5,000만 달러인데 이는 전형적인 표적 기업 시가총액의 상당한 부분에 해당한다(우리가 검토한 표본 기업들의 평균 시가총액은 7억 6,000만 달러다).

솔러즈와 마찬가지로 브라브 등도 행동주의 전과 후의 배당 정책에서 현저한 변화를 확인했다. 목표 기업의 총 배당성향을 보면, 행동주의 투자 이전에는 동종업체 평균과 차이가 없지만 행동주의 투자 1년 후에는 그 차이가 상당히 확대된다(1.66%p). 브라브 등의 표본에서 14.5% 기업에 해당하는 청산, 매각, 상장 폐지 처리를 기존 주주를 위해 할 수 있는 최대의 배당이라고 정의하면, 행동주의 이후 배당성향은 일반적인 지표로 산출한 배당성향보다 훨씬 더 높아진다.

니콜 보이슨Nicole M. Boyson과 로버트 무라디언Robert M. Mooradian도 비슷한 결과를 확인했는데 이는 행동주의자들이 목표 기업의 단기 및 장기 성과를 크게 개선한다는 뜻이다.[65] 이러한 성과 개선에는 현금 보유량 감소도 포함되었는데, 이는 행동주의자들이 잉여현금흐름과 관련된 대리인 비용을 줄인다는 또 다른 증거다.

이들의 연구는 행동주의 투자자, 특히 공격적인 자세로 명확히 정의된 목표를 추구하는 행동주의 투자자들은 목표 기업의 단기 주가와 장기적 영업 실적을 모두 개선한다는 것을 분명히 보여준다.[66] 이 과정에서 행동주의 투자자는 자신들의 투자자들에게 더 강력한 수익을 안겨준다. 13D 공시는 단기적인 주가 상승을 예고한다. 한편, 관여한 투자자들이 적용한 규율, 즉 기업 지배구조 개선과 대리인 비용 절감은 장기 영업 실적 개선으로 이어진다. 아마도 대리인 비용(임원 보상, 사업 다각화, 현금 비축)이 회사의 가치를 떨어뜨리고 이것이 바로 행동주의 투자자들이 표적으로 삼는 문제들이기 때문일 것이다. 행동주의 투자자의 이익은 다른 주주들과 일치하고, 따라서 행동주의 투자자는 기업의 숨겨진 가치를 '잠금 해제'시키기 위해 노력한다.

그레이엄은 내재가치 대비 시장가격의 할인 정도가 경영진의 성과를 평가하는 기준이라고 설명했다. 그레이엄은 주식이 내재가치에서 크게 할인된 가격에 거래될 경우 경영진은 "정책을 재검토하고 그 사업을 계속하기로 한 결정을 주주들에게 솔직하게 변호하는 등 시장의 호가와 내재가치 사이의 명백한 차이를 바로잡기 위한 모든 적절한 조치를 취해야 한다."고 말했다.[67] 경영진이 협조적이지 않을 경우 주주들은 기업의 소유주로서 권리를 깨닫고 정책 재검토를 요구해야 한다. 그레이엄은 보호해야 할 중요한 이해관계가 있고 일반 주주들의 이익을 위해 행동하는 영향력 있는 주주 집단에게는 "일반 주주들에게 부여된 것보다 더 정중

한 발언의 기회가 기업 내부 구성원과 동료 주주들로부터 주어져야 한다."고 강조했다.[68]

주주들이 기업의 소유주로서 권리를 깨달았다면, 금고가 현금으로 넘쳐나고 금고의 주인인 주주들이 조건에 상관없이 앞다투어 지분을 처분하는 제정신이 아닌 광경을 눈앞에서 보게 되지는 않았을 것이다.

행동주의에 대한 연구도 그레이엄의 논지를 뒷받침한다. 관여하는 주주engaged shareholder는 경영자가 다른 의제를 추구하는 대신 주주가치 창출에 집중하게 만들어서 대리인 비용을 줄일 수 있다. 주주라면 누구나 할 수 있는 일이지만 그러려면 그레이엄이 지적하듯 소유주로서 가진 힘을 깨달아야 한다. 행동주의 투자자들은 실적이 저조한 경영자를 제거하고, 가치를 파괴하는 인수합병을 중단하며, 초과 현금을 토해내게 하고, 자본구조를 최적화하고, 심지어 회사를 매각하도록 이사회를 압박한다. 이것은 모두 오로지 주주가치 향상을 위한 것이다. 포트폴리오 측면에서 보면, 행동주의가 들어설 조건이 갖추어진 기업은 사업 비대칭적이고 시장을 초과하는 수익률을 올린다. 행동주의자는 이러한 속성을 이용해 주가가 떨어진 기업에 소수 지분을 크게 취한 다음, 변화를 강력히 요구해 빠른 해결을 기대할 수 있도록 함으로써 위험을 줄인다.

　이처럼 목표가 잘 정의된 적극적 행동주의는 목표 기업의 단기적 주가와 장기적인 영업성과를 크게 향상시키고, 이것은 깊은 저평가 주식의 단순한 평균회귀 이상의 결과이다. 시장이 이를 인정하듯 주가는 13D 공시 직후 급등한다. 행동주의자들이 진입하기 전에 그들의 표적이 될 만한 기업을 발견한다면 기회가 있을 것이다. 다음 장에서는 그런 기업을 찾는 간단한 방법을 살펴보겠다.

Deep Value

10장

딥 밸류 전략 적용하기

행동주의자의 표적이 될 가능성이 있는
깊은 저평가 기업을 찾는 법

> **그레이엄:** "경영진은 선도 기업을 평가하는 매우 중요한 요소이며 2류 기업의 시장가격에 큰 영향을 미치는 요소입니다. 그렇다고 해서 경영진이 2류 기업의 가치에 오랫동안 부담이 되는 것은 아닙니다. 경영진이 부실하다면 경영진을 개선해서 기업의 가치를 끌어올리려는 세력들이 늘 있기 때문입니다.
> **의장:** "대량 매수를 하는 특수한 거래 시, 일반적으로 해당 기업에 대한 지배권을 확보하려고 합니까?"
> **그레이엄:** "아니요. 그런 경우는 드뭅니다. 지난 몇 년간 투자한 400여 개 기업 가운데 지배권 확보에 관심을 가질 만한 기업은 서너 곳 밖에는 되지 않았을 겁니다."
> — 벤저민 그레이엄. 제 84차 의회 제 1차 회기. 주식 매수와 매도에 영향을 미치는 요인들에 관한 상원 은행 및 통화위원회 청문회(1955.3.3)[1]

> 행복한 가정은 모두 비슷하지만 불행한 가정은 저마다의 방식으로 불행하다.
> — 레오 톨스토이, 《안나 카레니나(Anna Karenina)》(1877)

톨스토이가 행복한 가정은 모두 비슷하다고 했듯이 '훌륭한 기업'도 마찬가지다. 결점이 있으면 내재가치가 최적의 가치보다 낮게 평가되고 시장가격은 그 내재가치보다 더 낮게 형성된다. 행동주의 투자자들이 찾는 것은 불행한 가정, 즉 버핏이 말한 훌륭한 기업의 속성을 전혀 갖지 않은 '훌륭하지 않은' 기업이다. 이런 기업들에는 결점을 보완하고 시장가격 할인을 해소해서 '훌륭한 기업'이 되었을 때 발현될 수 있는 잠재적 가치에 최대한 가깝게 내재가치를 개선할 기회가 존재한다. 칼 아이칸은 이것을 옵션 트레이더로서 자신이 하는 차익거래에 빗대어 설명했다.[2]

> 이 일도 특별히 다를 것이 없다. 싼 기업의 주식을 사고 내가 산 기업의 자산 가치를 들여다본다. 여기서 조금 복잡해진다. 기본적으로 왜 그렇게 저렴한지 알아보면 부실한 경영진이 원인인 경우가 자주 있다(사실은 대개 그렇다). 일종의 차익거래라고 할 수 있다. 특정 기업의 주식을 많이 사서 내부로 진입한 다음 변화를 일으키려고 노력하는 것이다.

연구에 따르면 행동주의 투자자들이 표적으로 삼는 전형적인 기업은 최근 주가가 부진하고, 밸류에이션 배수가 낮으며, 현금 보유량이 많고, 성장 기회가 거의 없는 기업이다. 브라브 등이 2001~2005년 행동주의자들이 관여한 기업들을 검토한 결과,[3] 깊은 저평가 상태, 그리고 다른 기업에 비해 풍부한 현금 창출이 표적 기업의 전형적인 특징이라는 것을 발견했다. 이들 기업은 상대적으로 많은 현금흐름을 창출했지만 배당수익률과 배당성향(사업으로 창출한 현금 대비 지급되는 배당금의 비율)을 기준으로 한 주주 환원은 상대적으로 저조했다. 다른 자산의 크기나 사업의 규모에 비해 상대적으로 많은 양의 현금을 재무상태표에 쌓아둔 것이다. 1994~2005년 행동주의 운동을 검토한 또 다른 연구들도 행동주의자들의 전형적인 표적을 '성장 전망이 좋지 않고, 잉여현금흐름이 많아서 대리인 비용 부담에 시달리고 있을 가능성이 있는 캐시카우, 즉 많은 현금을 창출하는 기업'이라고 설명했다.[4] 잉여현금흐름이 주주와 경영진 사이에 배당 정책과 관련해 이해 상충 문제를 야기한다는 마이클 젠슨의 이론을 반영한 것이다. 젠슨은 자본을 재투자해 얻는 수익보다 비용이 더 크거나 자본이 '조직의 비효율성'에 낭비될 가능성이 있더라도 경영진은 현금을 재투자해 자산을 성장시키는 것을 선호하는 반면 주주들은 현금이 자신들에게 돌아오기를 선호한다고 가정했다.[5] 1960년대 섬유 산업은 이런 이해 상충에 시달렸고 당시 담배꽁초였던 버크셔 해서웨이도 바로 이런 상황에서 워런 버핏의 표적이 되었다. 이 문제는 1980년대 석유·가스 산업에도 만연했고 결국 걸프 오일과 기타 기업들을 상대로 한 티 분 피컨스의 구조조정 시도로 이어졌다. 칼 아이칸도 2000년대 초반 생명공학 산업에 같은 불만을 품었다. 행동주의자들을 끌어당기는 전형적인 특징, 즉 깊은 저평가, 많은 현금 보유량 그리고 낮은 배당성향을 파악하는 데 적합한 밸류에이션 척도가 그레이엄의 NCAV 기법과 기업배수다. 이제 이 두 가지 척도의 수익률을 검토하고 이를 적용해 행동주의자들의 표적이 될 가능성이 있는 깊은 저평가 상태의 기업들을 찾아보자.

담배꽁초, 순유동자산, 청산

데이비드 아인혼David Einhorn은 1996년 그린라이트 캐피털Greenlight
Capital을 설립했다. 당시 운용자산AUM 규모는 90만 달러에 불과했
다. 아인혼은 그레이엄의 순-순 규칙을 적용해 파산에서 막 벗어
난 소형 유통업체 C. R. 앤서니C. R. Anthony 주식을 사서 일찌감치 성
공을 거두었다. C. R. 앤서니는 NCAV 3,600만 달러의 절반 가
격(시가총액)에 나스닥 시장에서 거래되었다. 아인혼은 그린라이
트를 설립한 첫 달인 1996년 5월 말에 펀드 자산의 15%(약 13만
5,000달러)를 C. R. 앤서니에 투자했다. 운명의 여신 포르투나가
아인혼에게 미소를 지었다. C. R. 앤서니에 포지션을 취하자마자
스테이지 스토어스[1]Stage Stores가 인수를 논의하기 위해 C. R. 앤서
니에 접근한 것이다. 그 결과 연말 기준으로 아인혼은 C. R. 앤서
니 지분 15%에서 500% 수익률을 달성했고 그린라이트는 그해
37% 수익률을 기록하며 운용자산을 1,300만 달러로 불렸다.[6] 아
인혼이 C. R. 앤서니로 달성한 높은 수익률은 예외적인 것이었다
고 하더라도 그레이엄의 NCAV 기준을 충족하는 주식은 일반적
으로 수익률이 매우 높다. 2장에서 언급했듯이 그레이엄이 설립
한 자산운용사 그레이엄-뉴먼은 순-순 전략으로 30여 년간 연

---

1) 미국의 저가 의류·잡화 브랜드 전문 백화점.

평균수익률 20%를 달성했다. 순-순 전략에 1만 달러를 투자했다면 30년 뒤에는 237만 4,000달러로 불어났다는 뜻이다. [그림 10-1]은 1970년 12월~2013년 12월 그레이엄의 NCAV 기준에 부합하는 종목들로 구성한 포트폴리오의 수익률이다.

[그림 10-1] 그레이엄의 NCAV 주식 포트폴리오 vs. 소형주 지수 수익률
(1970~2013년)

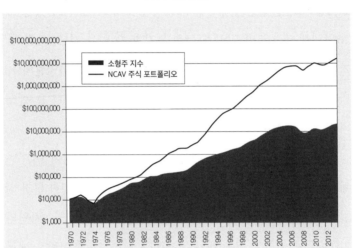

NCAV 전략에 투자한 1만 달러는 연평균수익률 38.7%를 기록하며 44년 뒤 무려 127억 달러로 불어난다. 반면 소형주 지수는 같은 기간 연평균수익률 19.7%에 2,240만 달러로 불어나는 데 그친다. NCAV 전략의 연평균수익률은 달성하기도 어렵고 천문학적으로 높은 수익률이다. 다만 그레이엄의 표현을 빌리면 '적용

범위가 심하게 제한적'이라는 것이 이 전략의 문제이다. NCAV 기준을 충족하는 주식이 너무 적고 유동성이 부족한 데다 매우 희귀하기 때문이다. 이런 주식들은 강세장이 만연할 때는 모습을 감추고 오로지 약세장의 저점에서만 대량으로 등장한다. 따라서 실제로 주식을 살 필요가 없는 [그림 10-1]의 모의실험에서 이 전략에 투자한 자본의 규모는 상당히 과장된 것이다. NCAV 주식 포트폴리오의 각 종목에 동일한 금액을 투자한다고 가정했을 때, 2014년에 총 100만 달러 이상을 투자할 수 있을 정도로 NCAV 기준을 충족하는 종목의 수가 많지 않았을 것이다. 아인혼의 13만 5,000달러 포지션은 1996년 5월 거래가 가능했던 C. R. 앤서니 주식의 대부분에 해당할 것이다.

이러한 한계에도 불구하고 순-순 전략은 그레이엄이 1976년에 강조했듯이 개인 투자자들에게 '실패하지 않는 체계적 투자 방법'이다. 단, 그레이엄은 이것이 '개별 기업이 아니라 집단 차원의 기대수익률'이라는 점을 재차 강조했다. 또한 순-순 전략은 행동주의 투자자들이 선호하는 밸류에이션 방법이다. 그레이엄의 전형적인 순-순 주식은 비록 그 수가 적고 자주 등장하지는 않지만 행동주의자들의 표적이 되는 기업들의 요건의 많은 부분을 충족한다. 그레이엄은 청산가치를 대체할 수단으로 순-순 규칙을 이용했다. 그러므로 순-순 가치 대비 크게 할인되어 거래되는 주식은 깊은 저평가 상태라는 강력한 논거가 성립한다. 순-순 규칙으로 구한 내재가치의 대부분은 유동자산에서 나온다(여기서 유동자산은 현금과 언제든지 현금화가 가능한 기타 자산, 즉 재고와 매출채권을 포함한다). 따라서 순-순 기준을 충족하는 기업들은 재무상태표에 유동성이 높은 자산을 보유하고 있으며 배당성향이 낮은 편이다. 이러한 속성이 경영진에 불만을 가진 주주들과 결합되어 순-순 주식은 행동주의자들에게 매력적인 표적이 된다.

그레이엄은 청산가치 미만에 거래되는 종목들을 가리켜, 시장에서 '살아있는 것보다 죽는 편이 더 낫다'고 판단한 종목이라고 했다. 따라서 순-순 주식의 주주는 사업을 계속한다는 사실에 암묵적으로 혹은 명시적으로 극도의 불쾌감을 드러낸다. 행동주의 투자자가 시장가격 할인을 제거할 수 있는 가장 직접적인 수단은 회사의 청산이지만 실제로 청산되는 회사는 전체 순-순 주식의 5%에 불과할 정도로 드물다. 좀 더 간접적인 방법으로는 부분 청산이 있다. 부분 청산은 배당성향을 개선하는 효과가 있다. 연구 결과, 배당성향이 낮은 순-순 주식은 배당성향이 높은 순-순 주식의 수익률을 앞선다. 그레이엄은 투자자들에게 영업이익을 내고 배당을 지급하는 순-순 주식을 매수하라고 권고했지만 앞서 보았듯 실제로는 영업에서 손실이 발생하는 순-순 주식의 수익률이 이익이 발생하는 순-순 주식보다 높고, 배당을 지급하지 않는 순-순 주식의 수익률이 배당을 지급하는 순-순 주식보다 높은 경향이 있다. 순-순 주식의 문제는 희소성과 작은 규모이다. 찾아내기가 어렵고, 실제로 찾더라도 많은 자본을 흡수하기에는 회사의 규모가 지나치게 작은 경우가 대부분이다. 두 번째 전략, 즉 기업인수배수 acquirer's multiple 라고도 일컫는 기업배수는 재무상태표상으로 유동성 수준이 높은 주식을 내재가치 대비 크게 할인된 가격에 산다는 그레이엄의 순-순 철학을 수용하지만 그레이엄의 순-순 방식보다 계산이 쉽고 저평가된 대형주를 찾아낼 수 있다는 이점이 있다.

행동주의와 인수자의 배수

대니얼 러브Daniel Loeb는 1995년에 단 330만 달러로 헤지펀드 서드 포인트 매니지먼트Third Point Management를 설립했다. 서드 포인트의 운용자산은 연평균 17.8%라는 놀라운 성장세를 기록하며 2013년 기준 140억 달러로 불어났다.[7] 러브는 행동주의자 펀드 매니저 로버트 채프먼Robert Chapman Jr.이 최초로 활용한 전략을 즐겨 구사했는데, 바로 언론 매체를 활용하는 아이칸의 전략에 뿌리를 둔 전략이었다. 채프먼과 러브는 경영진에게 보내는 공개서한을 13D 공시 양식과 함께 제출했다. 독설과 신랄하고 냉소적인 어조로 가득한 이 편지의 목적은 이목을 끄는 것이었다. 러브는 '행동주의자 서신 분야의 헌터 톰슨'으로 불렸다. 곤조 양식이라는 실험적 저널리즘을 창시한 미국의 저널리스트이자 작가 헌터 톰슨을 가리키는 것이다. 곤조 저널리즘은 통렬하게 사회를 관찰하는 동시에 재미와 즐거움을 선사하기 위해 (작가 톰 울프의 표현을 빌리면) '거친 창작의 힘과 그보다 더 거친 수사'를 이용한다.[8] 톰슨과 마찬가지로 러브는 주관적인 의견을 신랄하게 펼치며 자신이 비난하려는 행위나 상황을 강조한다. 러브는 이용할 수 있는 다른 법적 수단이 제한적일 경우에만 음해성 편지poison pen letter를 활용한다고 말했다.[9]

'포이즌 필[2]poison pills'과 같은 부자연스러운 장벽을 세운 기업, 이사진의 임기 만료 시점이 시차를 두고 발생하도록 설계해서 임시주주총회 소집을 불가능하게 한 기업들에 대해서 우리로서는 사회적으로 압박을 가하는 것 외에는 다른 대안이 없습니다. 그들이 자초한 현상입니다. 차라리 투표에 부칠 수 있다면 더 좋겠습니다.

이런 편지의 목적은 두 가지다. 첫째, 마케팅을 위한 소책자 역할이다. 기업의 저평가 상태에 다른 투자자들이 주목하게 만들고, 구조조정이나 주주환원과 같이 밸류에이션 할인을 제거하기 위한 다양한 조치의 윤곽을 보여주는 것이다. 둘째, 경영진을 난처하게 해서 러브가 처방한 '알약'을 삼킬 수밖에 없도록 만드는 것이다.

---

2) 비상시 기존 주주에게 시가보다 훨씬 싼 가격에 신주를 매입할 수 있는 권리를 주는 방법으로, 기업의 대표적인 경영권 방어 수단이다.

러브가 처음으로 13D 공시에 첨부한 편지는 2000년 9월 애그리브랜드 인터내셔널Agribrands International 최고경영자 윌리엄 스티리츠William Stiritz에게 보낸 것이었는데 하나의 예술 작품이라고 해도 좋을 편지였다. 애그리브랜드는 랠코프Ralcorp와 합병하기로 이미 합의한 상태였다. 애그리브랜드 주주들은 보유한 주식 1주당 합병 후 신설회사의 주식 3주를 받고 랠코프 주주는 1주를 받는 조건이었다. 또는 애그리브랜드 주식 1주당 39달러, 랠코프 주식 1주당 15달러의 현금으로 교환하는 방법도 선택할 수 있었는데, 이는 애그리브랜드 인수 가격이 4억 2,000만 달러라는 뜻이었다. 재무상태표에 있는 1억 6,000만 달러 현금과 연간 EBITDA 9,000만 달러를 감안하면 이것은 애그리브랜드의 사업 가치를 EBITDA의 3배 미만으로 평가한 것이어서 지나치게 낮은 가격이었다. 또한 러브가 보기에는 이 합병 자체를 정당화할 전략적인 이유도 전혀 없었다.

러브는 제시된 합병 가격이 애그리브랜드의 가치를 완전하고 정당하게 반영하지 못한다고 주장했다.[10]

현재 가격에서 애그리브랜드의 기업가치(EV)는 EBITDA 대비 2.9배에 불과하며, 푸르덴셜 시큐리티가 추정한 2000년 회계연도(8월 31일 마감) 이익의 9.2배, 2001년 이익의 7.9배에 불과합니다. 푸르덴셜의 추정치는 1억 2,000만 달러 규모 생명보험 계약의 해약 부담금_{surrender value} 1,000만 달러를 고려하지 않은 수치입니다. 또한 사료와 가공 식품의 영양 성분을 강화하기 위해 첨가하는 비타민 가격 담합 건으로 로슈 홀딩 및 기타 5개 기업을 상대로 제기한 2억 4,200만 달러 손해배상 집단소송에서 소송 참여자로서 애그리브랜드가 받게 될 가능성이 있는 상당한 배상금도 반영되지 않았습니다.

러브는 새로운 매각 절차를 밟든지 차입형 자본재조정[3]leveraged recapitalization, 네덜란드 경매 방식[4]Dutch tender offer의 공개 특별 배당금 지급 등 자본 구조조정을 단행해서 인수 가격을 높여야 한다고 제안했다. 러브는 자신에게 합병을 저지할 만큼 충분한 주식이 있다고 강조하면서 경영진에게 회사의 가치를 실현할 대안을 생각하라고 요구했다.[11]

랠코프와의 합병에 반대하는 것은 우리만이 아닙니다. 우리처럼 좌절감을 느낀 다른 대주주들과 나눈 비공식적인 대화를 볼 때 애그리브랜드가 합병을 위해 필요한 3분의 2 이상 과반수 주주의 승인을 획득할 가능성은 낮습니다. 이에 우리는 500만 달러

---

3) 차입형 리캡recap.

4) 매도자가 제시한 최고가를 수락하는 입찰자가 나타날 때까지 가격을 내리며 제시하는 경매 방식. 내림입찰 경매.

해약보상금break-up fee을 지급하고 공식적으로 회사를 매물로 내놓거나, LBO나 자본재조정 등 주주가치 극대화를 위한 대안을 고려할 것을 촉구합니다.

러브의 편지는 효과를 발휘했다. 12월에 애그리브랜드는 랠코프와의 합병을 중단하고 당시 제시된 가격보다 40% 높은 주당 54.50달러에 카길Cargill과 인수 계약을 체결했다. 새로 제시된 가격은 애그리브랜드의 가치를 5억 8,000만 달러로 평가했는데 이는 애그리브랜드의 사업 가치를 EBITDA의 5배에 가깝게 매긴 것이었다. 카길의 인수 제의 덕분에 서드 포인트는 투자금 1,860만 달러로 3개월이 채 지나기도 전에 900만 달러를 벌어들여 48% 수익률을 달성했다. 2001년 4월, 러브는 스티리츠에게 보낸 후속 서한에서 이렇게 말했다. "2000년 9월 8일자 편지에서 제안한 내용에 부합하는 일련의 조치를 취하신 데 찬사와 지원을 보냅니다."[12] 앞서 보낸 편지가 어떤 영향을 미쳤는지는 알 수 없지만 그 시기가 절묘했고, 러브가 애초의 합병 계획을 무산시키고 최종 인수를 이끌었다고 주장할 만한 근거는 분명히 되었다.

기업가치 3배 미만의 인수 가격은 애그리브랜드를 저평가한 것이라는 러브의 분석은 거의 확실히 옳았다. 앞 장에서 살펴본 것처럼 EBIT나 EBITDA 대비 기업가치 배수(기업배수)는 가장 예측력이 높은 밸류에이션 척도다. [그림 10-2]는 1951년 1월부터

[그림 10-2] 밸류스탁(기업배수 기준), 올스탁 포트폴리오 수익률 비교.
시가총액 가중 기준(1951~2013년)

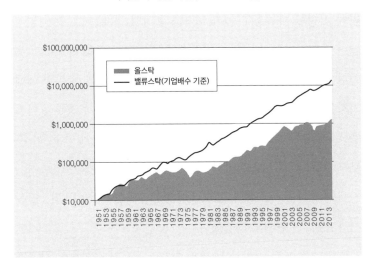

2013년 12월까지의 EV/EBIT 순으로 선별한 가치주로 구성한 10분위 포트폴리오의 시가총액 가중 수익률이다. 우리는 뉴욕증권거래소, 나스닥, 아메리카증권거래소AMEX에 상장된 주식 가운데 매년 시가총액 상위 40% 주식을 후보군(유니버스)으로 추리고 그 가운데서 가치주를 찾았다. 후보군에서 가장 작은 주식의 시가총액은 2013년 12월 기준 18억 달러로 러셀1000 지수와 견줄 만한 구성이었다. 이처럼 시가총액 하한선을 높이고, 나아가 시가총액 가중 방식으로 포트폴리오를 구성한 이유는 두 가지다. 첫째, 소형주일수록 매수-매도 호가의 격차가 더 클 수 있고 이런 주식들은 시장가격에 거래하기가 어렵다. 즉, 시장가격보다 비싸게 사고, 시장가격보다 싸게 팔 가능성이 높다. 둘째, 대형주일수록 투자에 적합할 가능성이 높다. 순-순 주식의 문제는 그 수가 많지 않아서 모의실험의 수익률이 실제 투자자의 경험을 반영하지 못한다는 것이다. 대형주일수록 더 많은 투자자들에게 충분한 매매 기회를 제공할 가능성이 높다. 우리는 후보군 종목들 전부를 시가총액으로 가중해 하나의 포트폴리오(올스탁All Stocks)에 담고, 이 후보군 종목들 가운데 선별한 가치주 포트폴리오(밸류스탁Value Stocks) 전체와 성과를 비교했다. 포트폴리오의 수익률은 매년 1월 1일을 시작으로 1년 단위로 측정했다.

[그림 10-2]는 가치주 10분위 포트폴리오의 수익률이 시가총액으로 가중한 올스탁 포트폴리오를 상당히 큰 폭으로 꾸준히 앞섰다는 것을 보여준다. 가치주 포트폴리오는 전체 기간 동안 연평균 12.50% 수익률을 기록한 반면, 올스탁 포트폴리오의 수익률은 8.36%였다. 즉, 가치주 포트폴리오에 투자한 1만 달러는 63년 뒤 1,490만 달러로 불어난 반면 올스탁 포트폴리오에 투자한 1만 달러는 145만 달러가 되었다는 뜻이다.

시장을 대표하는 주식이자 이 모의실험자의 투자에 적합한 주식들의 후보군인 올스탁 포트폴리오에는 많은 종목이 포함되어 있다. 마지막으로 포트폴리오를 구성한 2012년 12월 31일 기준으로 올스탁 포트폴리오는 약 1,140개 종목을 담고 있다. 이것은 각각의 가치 10분위 포트폴리오에 100개 이상의 종목이 포함되었다는 뜻인데 대부분의 투자자에게는 너무 많은 숫자다. 우리는 가치 10분위 포트폴리오 안에서 수익률이 특별히 좋은 종목을 찾고 낮은 종목을 버려야 한다. 그러나 포트폴리오의 크기를 줄이면 개별 종목의 성과가 전체 포트폴리오의 성과에 더 큰 영향을 미칠 위험이 있다. 우리는 이 실험의 목적에 맞도록 가치주 포트폴리오의 크기를 절반으로 줄여 60개 미만의 종목으로 구성했다. 이것도 여전히 많지만(개인 투자자에게는 지나치게 많다) 평가 지표의 유용성을 볼 수 있고 개별 주식이 결과에 과도한 영향을 미치지 않는 수준이다.

우량 가치주, 비우량 가치주

포트폴리오 관리가 좀 더 쉽도록 후보군을 축소하는 방법은 다양하다. 먼저, 마법공식처럼 버핏식의 퀄리티 지표를 이용할 수 있다. 우리는 앞서 마법공식에서 이용하는 퀄리티 지표인 ROIC가 기업배수의 성과를 더 끌어올리지는 못한다는 것을 확인했다. ROIC와 같은 목적으로 시험할 수 있는 또 다른 퀄리티 지표로 로버트 노비-막스Robert Novy-Marx의 총자산total assets 대비 매출총이익gross profit 비율, 즉 GP/A가 있다.[13]

GP/A(매출총이익/총자산) = (매출-매출원가)÷총자산 그린블라트의 지표와 달리, 노비-막스는 GP/A 지표를 단독으로 활용해서 시장을 이기는 주식을 찾을 수 있다고 주장했다.[14] GP/A의 기대수익률 횡단면 예측 능력은 P/B와 거의 같다.

노비-막스의 GP/A 지표는 총자산 1달러당 매출총이익이 더 큰 종목에 더 높은 점수를 준다. 즉, 그린블라트와 마찬가지로 기업의 영업 성과를 평가하지만 그린블라트의 ROIC와는 다른 지표를 활용하는 것이다. 두 지표는 미묘하게 다르다. 첫째, 노비-막스의 GP/A는 손익계산서 상단에서 사업의 수익성을 측정한다. ROIC는 손익계산서 하단에서 재구성된 EBIT를 이용한다. 이에 노비-막스는 매출총이익이 '더 깨끗한' 수익성 척도라고 주장했다.[15]

손익계산서의 하단으로 내려갈수록 수익성 지표들은 오염되고 진정한 경제적 수익성과는 관련성이 적어진다. 예를 들어 경쟁사보다 적은 생산 비용으로 큰 매출을 올리는 회사는 분명히 수익성도 더 높다. 그럼에도 불구하고 이익은 경쟁사보다 적을 수 있다. 매출을 빠르게 늘리기 위해 공격적으로 광고를 하거나 영업 인력에 지급하는 수수료를 높인다면 그것이 최선의 방법이라고 하더라도 당기순이익은 수익성이 낮은 경쟁업체보다 작을 수도 있다. 마찬가지로 생산 경쟁력을 높이기 위해 연구·개발비를 지출하거나 경쟁우위를 유지하기 위해 조직자본organizational capital에 투자하면 현재의 이익이 줄어든다. 게다가 회사의 영업 규모를 직접적으로 확대시키는 자본적 지출capex이 늘면 잉여현금흐름이 경쟁사 대비 상대적으로 줄어든다. 이러한 사실은 생산성을 평가하는 실증적 대용 지표가 필요하며 이때 매출총이익을 이용할 것을 제안한다.

둘째, 분모가 다르다. 그린블라트는 ROIC 지표의 분모로 '투하자본'을 이용하고 노비-막스는 총자산(A)을 이용한다. 그린블라트의 투하자본과 마찬가지로 총자산은 경영진이 도입한 자본구조와는 무관하다는 점에서 회사의 자본구조와는 별개인 매출총이익과 잘 어울린다. 현금을 다른 자산과 동일하게 취급한다는 점도 그린블라트와 다르다. 그린블라트는 순현금을 차감해 투하자본을 구한다. 즉, 그린블라트가 현금을 많이 보유한 회사에 더 나은 비율로 보상을 주는 반면 노비-막스는 상대적으로 많은 현금을 보유한 회사에 불이익을 준다.

현금을 많이 보유한 기업에 불이익을 주는 노비-막스의 방식은 개별 기업을 기준으로 보면 타당하지 않다고 생각될 수 있지만 EV 배수로 찾은 가치주 전체로 보면 유용하다. EV 배수의 문제점 가운데 하나는 이 배수가 수많은 작은 '현금보관함' 기업, 즉 시가총액에 비해 순현금 규모가 큰 기업들까지 찾아낸다는 것이다. 이런 기업들이 현금이 많은 이유는 대개 주요 사업이 매각되었거나 마치 흔적기관처럼 명맥만 유지하고 있기 때문이다. 이런 주식은 현금이나 마찬가지여서 주가가 하락할 위험이 거의 없지만 상승 여력도 거의 없다. GP/A 지표는 현금을 보유한 회사에 불이익을 주기 때문에 현금보관함 기업을 걸러내고 저평가된 고수익 기업을 찾는 데 특히 유용할 것이다. 문제는 이런 작은 차이가 저평가된 주식의 수익률에 유의미한 차이를 만드는가 하는 것이다. [그림 10-3]은 노비-막스의 GP/A 지표를 이용해 [그림 10-2]의 가치주 포트폴리오 주식들을 다시 분류해 구성한 포트폴리오의 성과이다. 가치주 포트폴리오 안에서 GP/A 값이 높은 상위 50% 주식은 '우량 밸류스탁' 포트폴리오에 담고 GP/A 값 하위 50% 주식은 '비우량 밸류스탁' 포트폴리오에 담았다.

[그림 10-3] 올밸류, 우량 밸류, 비우량 밸류, 올스탁 포트폴리오 수익률 비교.
시가총액 가중 기준(1951~2013년)

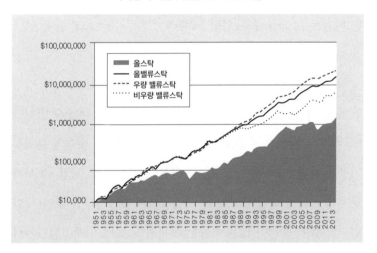

10분위로 나눈 114개 가치주를 모두 포함하는 '올밸류스탁All Value Stocks' 포트폴리오의 연평균수익률은 12.50%, 올스탁 포트폴리오는 8.36%였다. 비우량 가치주 포트폴리오는 10.79% 수익률로 올밸류스탁을 하회한 반면 우량 가치주는 전체 기간 동안 13.37% 수익률을 기록해 올밸류스탁을 상회했다. 연평균수익률 차이는 크지 않지만 우량 가치주 포트폴리오에 투자한 1만 달러는 63년 뒤 2,400만 달러로 불어나고 비우량 가치주 포트폴리오에 투자한 1만 달러는 570만 달러로 불어나는 데 그치는 셈이다. 63년 뒤 우량 가치주 포트폴리오는 비우량 가치주 포트폴리오보다 4배 이상 많은 자본금을 돌려주었다. [그림 10-3]은 노비-막스의 GP/A 지표를 이용해 가치 10분위 그룹에서 우량 주식을 찾는 것이 좋은 전략임을 보여준다. 이 결과는 비우량 주식의 수익률이 우량 주식을 앞서는 경향이 있다는 이 책의 논지와는 맞지 않는 것처럼 보인다.

그러나 이 결론에는 몇 가지 문제가 있다. 첫째, 우량 가치주 포트폴리오가 비우량 가치주 포트폴리오를 일관되게 이기는 것은 아니다. 검토 기간 전체 가운데 전반부에 해당하는 1982년까지는 우량 가치주 포트폴리오의 수익률이 비우량 가치주 포트폴리오를 약간 하회했다(그림 10-3). 즉, 우량 가치주 포트폴리오가 인상적인 성과를 거둔 것은 인정하지만 그것은 모두 검토 기간 후반부에 일어난 일이었다. 또한 우량 포트폴리오는 전체 기간 63년 중 총 27년간 비우량 포트폴리오의 수익률을 하회했다. 전체의 43%에 해당하는 기간에는 비우량 포트폴리오가 더 나은 선택이었다는 뜻이다. 놀랍게도 연평균수익률CAGR 기준으로 우량 포트폴리오가 비우량 포트폴리오를 이긴 후반 32년 동안에도 총 17년간은 비우량 포트폴리오의 수익률이 더 높았다. 또한 5년 롤링 기준으로도 우량 포트폴리오는 전체의 31%에 해당하는 기간 동안 비우량 포트폴리오의 수익률을 하회했다. 비우량-우량 포트폴리오의 상대 성과는 이처럼 일관성이 부족하고 따라서 우량 포트폴리오가 이긴다는 것을 보증할 만큼 확신을 주지 못한다. 우량 지표의 두 번째 문제는 세계 주식시장을 대상으로 검토했을 때 그 성과가 복제되지 않았다는 것이다. 이는 퀄리티와 수익률의 관계가 랜덤, 즉 무작위적 우연에 기인한 것일 수도 있음을 의미한다. 수익률을 예측하는 능력이 있는 듯 보이지만 그 성과가 단지 우연의 결과였고, 따라서 시험한 데이터의 밖에서는 같은 결과를 얻을 수 없는 거짓 양성false positive 지표들은 찾아보면 많이 있다. 우량 지표의 상대성과도 거짓 상관관계일 가능성이 있다. GP/A 값이 우량 가치주를 찾아내는 데 유용한 지표라는 주장에는 타당한 이유가 있고, 일부 증거들이 미약하게나마 그 주장을 뒷받침한다. 하지만 이 사실만으로 GP/A 값을 이용해 훗날 비우량 가치주를 이길 우량 가치주를 찾을 수 있다고 분명하게 결론을 내리기에는 증거와 초과수익률의 크기가 충분하지 않다.

딥 밸류 주식

우리는 이미 기업배수가 저평가된 주식을 찾아 주식을 고평가-저평가 포트폴리오로 분류하는 데 가장 적합한 척도라는 사실을 알고 있다. 노비-막스는 GP/A로 찾은 주식의 수익률의 상대 강도가 P/B로 찾은 가치주에 필적한다고 주장한다. 4장에서 보았듯이 P/B의 수익률 예측 능력은 보통 수준으로, 고평가-저평가 주식을 구분하는 데 특별히 뛰어난 성능을 보이는 것은 아니다.

가장 단순한 것이 가장 좋은 해법일지도 모른다. 즉, 기업배수를 이용해 가치주 포트폴리오를 재분류하는 것이다. 기업배수가 전체 주식시장에서 저평가 및 고평가된 주식을 찾고 분류하는 데 매우 유용한 지표였던 것을 생각하면 가치 10분위 포트폴리오에서 저평가 주식을 찾는 데도 효과가 없을 리 없다. [그림 10-4]는 [그림 10-2]의 가치주 포트폴리오를 구성하는 주식들을 기업배수를 이용해 다시 두 그룹으로 분류한 포트폴리오의 성과다. 여기서 우리는 '딥 밸류' 주식을 싼 주식들 중에서도 가장 싼 주식, 즉 10분위로 나눈 가치주 포트폴리오에서 하위 50%에 해당하는 분위에 속하는 주식이라고 정의하겠다. 따라서 '딥 밸류스탁Deep Value Stocks' 포트폴리오는 가치주 포트폴리오를 구성하는 주식 가운데 EBIT/EV 비율 기준 상위 50% 주식이 포함되고, '글래머(인기) 밸류스탁Glamour Value Stocks' 포트폴리오에는 EBIT/EV 비율 하위 50% 주식이 포함된다.

올밸류스탁 포트폴리오의 연평균수익률은 12.50%, 올스탁 포트폴리오는 8.36% 였다. 글래머 밸류스탁(전체 가치주 가운데 고평가된 50%) 포트폴리오는 전체 기간 동안 8.84% 수익률로 올밸류 포트폴리오를 하회했다. 딥 밸류스탁 포트폴리오는 전체 기간 동안 15.72% 수익률로 올밸류 포트폴리오를 크게 상회했다. 딥 밸류 주식들의 상대적 강세는 기말 자본에 상당한 차이를 만든다. 올스탁 포트폴리오에 투자한 1만 달러는 63년 뒤 145만 달러로 불어난다. 같은 금액을 같은 기간 투자했을 때 올밸류 포트폴리오는 1,490만 달러, 글래머 밸류 포트폴리오는 무려 8,540만 달러로 불어난다. [표 10-1]은 올밸류, 글래머 밸류, 딥 밸류 포트폴리오의 전체 기간 수익률이다.

[표 10-1] 올밸류, 딥 밸류, 글래머 밸류 포트폴리오 수익률(1951~2013년)

	딥 밸류	글래머 밸류	올밸류
CAGR	15.72%	8.84%	8.36%
산술평균	16.22%	9.61%	12.91%
표준편차	13.63%	14.40%	14.35%
샤프비율	1.28	0.64	0.92

출처: Eyquem Investment Management LLC, Compustat

[그림 10-4] 올밸류, 딥 밸류, 글래머 밸류, 올스탁 포트폴리오 수익률 비교.
시가총액 가중(1951~2013년)

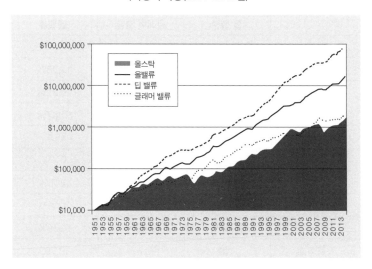

[그림 10-4]와 [표 10-1]은 딥 밸류 포트폴리오의 수익률이 전 기간에 걸쳐 다른 포트폴리오를 앞섰다는 것을 보여준다. 전체 기간을 10년 단위로 나누어도 같은 결과를 얻을까? 퀄리티 지표의 성과가 부진했던 시기에 밸류 지표가 기록한 꾸준한 성과가 두드러진다.

다음 페이지 [표 10-2]는 올 밸류, 글래머 밸류, 딥 밸류 포트폴리오의 10년 단위 수익률이다.

[표 10-2] 올 밸류, 글래머 밸류, 딥 밸류 포트폴리오
10년 단위 수익률(1951~2013년)

	딥 밸류	글래머 밸류	올밸류
1951~1959			
CAGR	15.74%	12.30%	14.39%
산술평균	15.82%	14.34%	15.82%
표준편차	20.40%	23.63%	21.47%
샤프 비율	0.85	0.61	0.74
1960~1969			
CAGR	19.24%	5.90%	12.71%
산술평균	18.16%	4.65%	11.40%
표준편차	15.42%	9.89%	14.38%
샤프 비율	1.18	0.47	0.79
1970~1979			
CAGR	8.27%	9.13%	8.82%
산술평균	9.44%	11.12%	10.28%
표준편차	7.86%	14.35%	11.30%
샤프 비율	1.20	0.77	0.91
1980~1989			
CAGR	14.92%	13.10%	14.18%
산술평균	15.21%	13.14%	14.18%
표준편차	11.69%	13.91%	12.55%
샤프 비율	1.30	0.95	1.13
1990~1999			
CAGR	23.95%	6.92%	15.52%
산술평균	22.91%	5.09%	14.00%
표준편차	10.99%	12.56%	14.68%

샤프 비율	2.08	0.41	0.95
2000~2013			
CAGR	12.97%	8.00%	10.69%
산술평균	14.92%	9.73%	12.32%
표준편차	12.97%	11.41%	12.27%
샤프 비율	1.15	0.85	1.00

출처: Eyquem Investment Management LLC, Compustat

[그림 10-5]는 각 포트폴리오의 10년 단위 연평균수익률이다.

[그림 10-5] 올밸류, 딥 밸류, 글래머 밸류 포트폴리오 CAGR 비교. 시가총액 가중(1951~2013년)

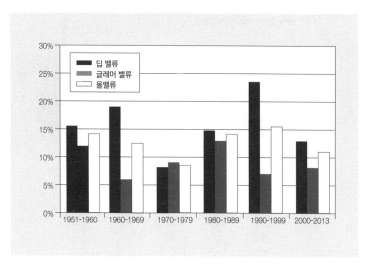

[표 10-2] 및 [그림 10-5]는 딥 밸류 포트폴리오가 글래머

밸류와 올밸류 포트폴리오를 지속적으로 능가했음을 보여준다. 딥 밸류 포트폴리오가 다른 포트폴리오를 하회했던 기간은 1970~1979년이 유일하다.

연도별로 각 포트폴리오의 기업배수를 구하면 이러한 성과를 이끈 요인이 무엇인지 더 쉽게 이해할 수 있다. [그림 10-6]은 검토 기간 동안 매년 글래머 밸류 및 딥 밸류 주식들의 기업배수 평균이다.

[그림 10-6] 딥 밸류, 글래머 밸류 주식 기업배수 평균(1951~2013년)

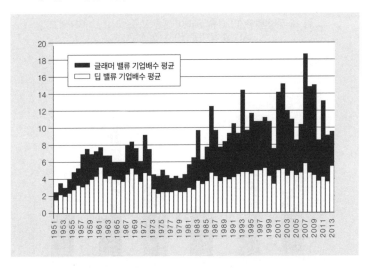

[그림 10-6]은 딥 밸류 포트폴리오가 글래머 밸류 포트폴리오를 종합적으로 능가하는 이유를 명확히 보여준다. 딥 밸류 포트폴리오는 연간 기업배수 기준으로 글래머 밸류 포트폴리오보다 평

균적으로 상당히 저렴했다. 전체 기간 동안 글래머 밸류 포트폴리오 주식의 평균 기업배수는 8.2배였고 딥 밸류 포트폴리오 주식은 그 절반에 못 미치는 3.91배였다.[5] 이 그림으로 1970년대에 딥 밸류 포트폴리오가 글래머 밸류 포트폴리오의 성과를 하회한 이유도 설명이 가능할 것이다. 1970년대는 두 포트폴리오 모두 밸류에이션 저점에 근접했던 시기다. 이때보다 더 밸류에이션이 낮았던 구간은 1950년대 초반이 유일하다. 또한 딥 밸류와 글래머 밸류 포트폴리오의 평균 기업배수 격차가 가장 좁혀진 시기이기도 하다. 1970년대와 1990년대를 비교해보자. 딥 밸류와 글래머 밸류 포트폴리오의 기업배수 격차는 1990년대를 지나는 동안 가장 크게 벌어졌다. 딥 밸류 포트폴리오의 상대적 강세가 가장 두드러진 시기도 1990년대이다.

마지막으로 노비-막스의 GP/A 비율을 기준으로 포트폴리오의 성과를 검토할 수 있다. [그림 10-7]은 매년 글래머 밸류 및 딥 밸류 주식들의 GP/A 평균이다.

[그림 10-7]은 글래머 밸류 포트폴리오가 노비-막스의 GP/A 값을 기준으로 조금 더 양질의 주식을 포함하고 있음을 보여준다. 글래머 밸류 포트폴리오 주식의 GP/A 비율이 더 높았던 기간은 전체 63년 기간 중 총 49년에 달했다. 63년간 총 자산에 투자된

---

5) EV/EBIT 기준이다.

[그림 10-7] 딥 밸류, 글래머 밸류 주식 GP/A 평균(1951~2013년)

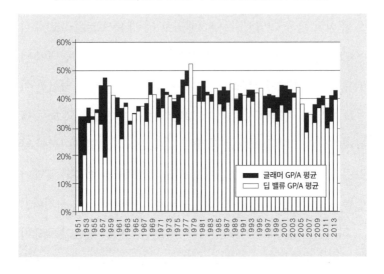

1달러당 벌어들인 평균 매출총이익 비율은 글래머 밸류 포트폴리오가 43%, 딥 밸류 포트폴리오가 39%였다. 이 분석을 통해 우리는 딥 밸류 포트폴리오가 우량 주식을 더 많이 담고 있기 때문에 딥 밸류가 글래머 밸류 대비 상대 강세를 기록한 것은 아니라는 결론을 얻을 수 있다. 딥 밸류 포트폴리오는 노비-막스의 퀄리티 지표가 대략 비슷한 주식들로 이루어져 있었다. 글래머 밸류 포트폴리오는 대부분의 기간 동안 평균적으로 퀄리티 지표가 좀더 높은 주식들로 이루어졌지만 수익률은 오히려 딥 밸류 포트폴리오를 하회했다.

S&P500이나 러셀1000 등 주식시장 지수 대부분이 시가총액

에 따라 가중치를 적용하므로 우리도 시가총액 가중 기준 수익률을 조사했다. 이는 올스탁 포트폴리오가 시가총액 가중 지수를 대체하기에 타당하며 다양한 포트폴리오 대비 상대 수익률을 검토하기에 적합하다는 뜻이다. 시가총액에 따라 가중치를 부여하여 주식시장 지수를 구성하는 것은 합리적인 방법이다. 그러나 우리는 시가총액에 따라 포트폴리오를 구성하지는 않을 것이다. 다시 말해, 그 주식의 시가총액 크기에 따라 자본을 할당하지는 않는다는 뜻이다.

포트폴리오를 구성하는 가장 간단한 방법은 각 주식마다 동일한 가중치를 적용하는 것이다. 각 포트폴리오의 주식에 시가총액을 기준으로 가중치를 부여하는 대신 동일한 가중치를 적용하면 포트폴리오의 성과가 크게 향상되는 것을 볼 수 있다. [그림 10-8]은 동일한 가중치를 적용한 딥 밸류 포트폴리오의 성과를 시가총액으로 가중치를 적용한 결과와 비교해 보여준다. 딥 밸류 포트폴리오를 구성하는 주식들에 단순히 동일한 가중치를 부여하자 전체 기간 동안 연평균수익률은 무려 21.30%에 달했고 시가총액 가중 포트폴리오 대비 매년 평균 5.58%p 높은 수익률을 달성했다. 최초에 투자한 1만 달러는 63년 뒤 16억 달러로 불어났을 것이며 이는 비교 대상인 시가총액 가중 포트폴리오보다 19배 가까이 많은 금액이다. 여기서도 이 모의실험은 현실을 앞서간다. 이 정도 규모의 자본이라면 동일 가중 딥 밸류 포트폴리오는 전략의 한계를 무시할 수 있을 것이다.

[그림 10-8] 시가총액 가중 및 동일 가중 딥 밸류(기업배수 기준) 포트폴리오와
올스탁 포트폴리오 성과 비교(1951~2013년)

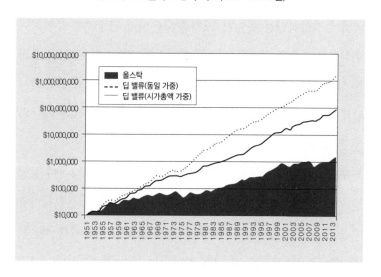

이것은 일반적으로는 내재가치, 특히 기업배수가 주식을 평가
할 때 유용한 지표라는 것을 보여준다. 우리는 기업배수가 일반
주식시장에서 저평가된 주식을 식별하는 데 유용하다는 사실을
이미 확인했다. 기업배수 기준으로 구성한 10분위 포트폴리오의
경우 가장 저평가된 분위의 포트폴리오가 가장 높은 수익률을 기
록했고, 가장 고평가된 분위의 포트폴리오가 가장 낮은 수익률을
보였다. 검토 대상을 가치 10분위로 제한해도 밸류에이션 배수가
가장 낮은 주식들로 이루어진 포트폴리오의 성과가 가장 비싼(가

장 고평가된) 가치주의 성과를 상회했다. 노비-막스의 GP/A 비율은 여러 퀄리티 지표 가운데서도 일반 주식시장에서 시장을 이기는 주식을 선별하는 데 특히 유용해 보인다. GP/A가 다른 가치주를 이기는 우량 가치주를 찾아낼 수 있다는 증거가 불충분하게나마 있기는 하지만 그런 결과가 반복될 것이라는 결론은 내릴 수 없다. 어쨌든 GP/A를 기준으로 구성한 포트폴리오는 오로지 가치 지표만을 기준으로 찾은 주식들로 구성한 비슷한 크기의 포트폴리오의 성과를 하회한다. 이는 가치평가가 투자 성과를 결정하는 매우 강력한 요인이며 퀄리티 지표보다 중요하다는 주장을 뒷받침하는 것으로 보인다.

그레이엄의 순-순 규칙과 마찬가지로 기업배수는 행동주의자들이 표적으로 삼는 기업의 요건을 충족하는 주식을 찾아낸다. 하지만 순-순 지표와 달리 기업배수는 대형주로 확장 가능하다는 이점이 있다. 기업배수가 EV 대비 EBIT 혹은 EBITDA 비율이 높은 주식을 찾는다는 점을 기억하자. EV는 시가총액에서 순현금을 차감하고 부채, 우선주, 소수 지분 그리고 퇴직급여충당금 부족분underfunded pension costs이 있을 경우 그것까지 합산해 산출한다. EV는 기업 전체를 인수할 때 드는 실제 비용으로 여겨진다. 기업배수는 영업이익에 비해 현금이 많고 부채가 적은 기업에 좋은 점수를 주는데 기업배수의 실질적인 쓸모가 여기에 있다. 투자자들에게는 긍정적으로 보일지 몰라도 사업 규모에 비해 현금을 지나치게 많이 쌓아두는 기업들이 있다. 젠슨이 지적한 잉여현금흐름이 많은 기업의 대리인 비용 문제에서 보듯 자산 성장을 위해 현금을 유보하고 배당성향을 낮게 유지하려는 경영진과 배당성향을 높여 현금을 돌려주기를 선호하는 주주들 사이에는 긴장관계가 존재한다. 기업배수는 '게으른' 재무상태표를 가지고, 숨겨지거나 아직 실현되지 않은 잠재력을 가진 많은 저평가된 기업을 찾아낸다. 행동주의자들은 이처럼 저평가되고 현금이 풍부한 기업을 표적으로 삼아 내재가치를 개선하고 배당성향을 높여 내재가치 대비 시장가격의 할인 폭을 줄이려고 한다.

딥 밸류 행동주의

현금을 쌓아두면서 그 행위를 합리화하려는 사람들은 이렇게 상정하기를 좋아합니다. "주주들에게 현금을 배분한다면 그것은 현금을 잘 활용할 방법이 없다는 뜻이니 더 이상 성장 기업이 아니라는 신호가 되지 않겠는가?" 저는 오히려 수년간 재무상태표에 수백억 달러가 쌓이도록 내버려두는 것 역시 현금을 잘 활용할 방법을 찾을 능력이 없다는 사실을 드러내는 것 아닌가? 하는 생각이 제일 먼저 듭니다.

—데이비드 아인혼의 제안서,
'아이-우선주: 가치를 잠금해제(iPrefs: Unlocking Value)'(2013)

행동주의자들의 전형적인 요구를 보면 그들이 찾는 것이 유동성이 높은 재무상태표를 보유하여 추후 배당성향을 높이고 내재가치를 개선해 시장가격의 할인 폭을 줄일 수 있는 저평가된 기업이라는 견해를 뒷받침한다. 행동주의자들은 결점 하나하나에 초점을 맞추지 않고 '부실한 경영진'이라는 단어로 수많은 죄악을 대체한다. 브라브 등에 따르면 행동주의 운동이 바로잡겠다고 표방하는 1차 목표는 대개 7개 범주 가운데 하나에 해당한다. 각각의 범주는 바로잡는 것이 가능하고 그 결과 기업의 내재가치를 개선하여 시장가격의 할인 폭을 줄일 수 있는 뚜렷한 결함에 집중한다. 각 범주의 목표는 상호 배타적이지 않다. 한 가지 범주의 행동주의 운동이 여러 문제를 해결할 수 있다는 뜻이다. 7개 범주의 목표를 가장 일반적인 것부터 순서대로 나열하면 다음과 같다.

1. **저평가:** 오로지 '주주가치 극대화' 측면에서 다룬다. 브라브 등이 검토한 경영관여engagements 사례 가운데 절반 이상이(50.7%) 이 범주에 속한다.

2. **운영의 비효율성:** 일반적인 운영의 비효율성을 문제 삼고 비용 절감 및 세금 효율성 개선을 제안한다.

3. **미흡한 주주환원 정책과 과잉자본화:** 초과 현금을 줄이거나 레버리지를 늘리고 배당 및 자사주 매입으로 주주 환원을 확대하려고 한다. 증자를 중단하거나 축소하게 하고 부채 구조조정을 시

도하기도 한다.

4. 과도한 다각화: 표적 기업의 사업이 과도하게 다각화된 경우 사업부 분할이나 사업 전략의 재초점화refocusing를 제안한다. 표적 기업이 합병이나 인수 대상이 되는 경우에는 인수를 중단시키거나 가격을 높일 방법을 찾는다.

5. 독립성: 표적 기업을 인수하거나 제3자에게 매각을 강제한다.

6. 열악한 지배구조: 인수 방어 시도 무력화(이사회 매년 선출, 포이즌 필 시도 무력화 등), CEO 또는 이사회 의장 축출, 이사회의 독립성과 공정한 대표성에 이의 제기, 공시 개선 요구, 비리 가능성에 대한 의문 제기, 임원 보상 수준 및 임원의 성과–보수 민감도pay-for performance sensitivity에 대한 이의 제기 등으로 기업의 지배구조를 개선한다.

7. 과소 자본: 이사회 대의권board representation의 우호적 행사를 대가로 사업 성장에 필요한 자금을 제공한다. 파산이나 재정적 불안으로 인한 기업 구조조정에 필요한 자금을 제공한다.

포괄적인 의미의 '저평가'와 비용 절감을 완곡하게 표현한 '운영의 효율성'은 차치하고, 행동주의자들이 세 번째로 가장 흔하게 표적 기업에 요구하는 것은 더 많은 부채를 조달해서라도 주주환원을 늘리라는 것이었다. 다음으로 가장 흔한 불만은 과도한 사업 다각화였다. 행동주의자들은 사업의 재초점화를 요구하거나 더 이상의 다각화를 저지하고 표적 기업이 제3자에게 인수되는 것을 막으려고 했다. 모두 잉여현금흐름이 많은 기업에서 주주와 경영자 사이에 젠슨이 지적한 대리인 갈등이 불거졌을 때 행동주의자들이 요구할 것이라고 예상할 수 있는 사안들이다. 브라브 등도 행동주의 활동의 통상적인 이유로 인수 방어 철회, CEO 축출, 이사회 독립성 증진, 임원 보상 축소 등 기업 지배구조 전반의 문제를 언급했다.

2013년 초반, 데이비드 아인혼은 애플을 상대로 회사가 보유한 막대한 현금을 주주에게 환원하라고 요구하기 시작했다. 아인혼은 아이라 손 콘퍼런스Ira W. Sohn Conference에서 애플이 재무상태표에 1,370억 달러에 가까운 현금을 보유하고 있다고 언급하며, "S&P500 기업 전체에서 17개 기업을 제외한 총 시가총액보다 더 많은 현금을 쌓아두고 있다는 것은 애플의 자본 배분에 근본적인 결함이 있음을 드러내는 것이다."라고 주장했다.[16] 아인혼은 너무 많은 현금을 보유하면 기회비용 문제가 발생한다고 지적했다. 약간의 이자를 벌 수 있겠지만 이는 물가상승률에도 못 미치는 수익률이다. 아인혼은 이를 '재고가치 하락'에 비유하며 현금의 실제 가치가 매일 조금씩 하락하고 있다고 강조했다.[17]

더 나쁜 것은 수익이 자본비용보다 훨씬 낮다는 것입니다. 자기자본만으로 기업을 운영하는 회사는 자본비용이 특히 큽니다.

값비싼 자기자본으로 사업에 필요한 자금과 외환자금까지 감당하기 때문입니다.

재무 이론상으로는 차입금이 없거나 순현금 상태인 재무상태표라면 더 높은 P/E로 보상이 주어져야 할 것입니다. 하지만 이처럼 지나치게 보수적인 장기 자본 운용은 실제로는 시장에서 할인 요인입니다.

현금으로 벌어들이는 수익은 자본비용보다 작을 것이고 미래에 발생하는 이익을 재투자해도 수익률은 낮을 것이 분명합니다. 결과적으로 시장은 재무상태표상의 현금을 할인할 뿐만 아니라 미래 현금흐름을 재투자해도 최적의 수익률을 기대할 수 없다고 판단하고 이것이 P/E를 끌어내립니다.

아인혼은 자본비용이 10%일 때 애플이 보유한 현금에서 연간 137억 달러, 즉 EPS 14달러에 가까운 기회비용이 발생한다고 주장했다. 아인혼은 해결책으로 기존 주주들에게 이른바 '아이-우선주(iPrefs)', 즉 고수익 우선주를 발행할 것을 제시했다. 이렇게 잔뜩 비대해진 재무상태표에서 현금을 덜어냄으로써 애플이 상당한 주주가치를 '잠금해제'할 수 있다는 것이었다.[18] 애플이 막대한 현금을 쌓아두는 것을 비판한 행동주의자는 아인혼 말고도 또 있었다. 아인혼이 아이라 손 콘퍼런스에서 자신의 구상을 공개한 직후 아이칸은 애플의 CEO 팀 쿡Tim Cook에게 보낸 공개서한에서

1,500억 달러 규모의 자사주 매입으로 주주들에게 현금을 환원할 것을 제안했다.[19]

> 우리는 지난번 만나서 주식이 저평가 상태라는 데 의견을 같이 했습니다. 지금처럼 극적인 저평가 상태는 대개 단기적인 예외 현상입니다. 대규모 자사주 매입을 하기에 아직은 적절하지만 기회가 영원하지는 않을 것입니다. 현재까지 내린 이사회의 조치(3년간 600억 달러 자사주 매입)가 대규모 자사주 매입처럼 보일 수도 있겠지만 현재 애플이 재무상태표상으로 보유한 1,470억 달러의 현금과 내년에 예상되는 510억 달러 EBIT(월스트리트 컨센서스 예상치)를 감안할 때 결코 충분한 규모가 아닙니다.
>
> …
>
> 이처럼 밸류에이션 괴리가 크고 재무상태표에 막대한 현금을 보유한 상황에서, 이사회가 즉각 1,500억 달러 규모의 공개매수를 발표하고 자사주 매입에 나서지 않는 이유를 상상하기 어렵습니다(소요 자금은 차입금을 이용하거나 차입금과 대차대조표상의 현금을 더해 조달하면 될 것입니다).

아이칸은 애플이 3% 이자율로 1,500억 달러를 빌리기로 하고 주당 525달러에 공개매수에 나선다면 EPS가 33% 증가하므로 밸류에이션 배수가 그대로라고 가정할 때 주식의 가치가 33% 상승할 것이라고 보았다. 아이칸은 연평균 EBIT 성장률 7.5%가 지속되고 EBIT 배수가 2013년 7배에서 11배로 상승한다고 가정하여 애플 주가가 향후 3년간 525달러에서 1,250달러로 상승할 것으로 예상했다. 아인혼 역시 프레젠테이션에서 애플이 자사주 매입을 해야 한다고 주장했다. 아인혼이 제안한 자사주 매입 규모는 아이칸의 절반이었고 애플에게 차입을 요구하지도 않았다.

아인혼과 아이칸은 왜 애플이 보유한 현금이 주목을 받도록 했을까? 과잉자본화가 내재가치에 미치는 영향과 기업배수의 효용을 보여주는 한 가지 사례를 들어보겠다. 오렌지 주식회사라는 회사가 있다고 가정해보자. 시가총액은 5억 달러, 연간 순이익 3,700만 달러, EBIT는 5,000만 달러다(또한 자본지출capex은 감가상각비와 일치해서 EBIT는 영업활동으로 인한 현금흐름과 같고 순이익은 잉여현금흐름과 같다고 가정한다). 재무상태표상 순현금 및 현금등가물은 1억 5,000만 달러다. 또한 장기채권에서 3% 이자가 발생한다고 가정하자. [표 10-3]은 오렌지 주식회사의 재무제표, 통계 및 각종 비율이다.

이 회사의 P/E는 14배다($5억÷$3,700만). 이것은 EY 7.4%($3,700만÷$5억)에 해당한다. 회사와 사업 고유의 위험을 떠안지 않고서도 장기채권 이자율 3%의 2배가 넘는 수익률이 가능하다는 점을 감안하면 비싸지 않다. GP/A는 31%를 약간 넘는데($3,700만÷$2억 2,500만, 여기서 2억 2,500만 달러는 순현금과 현금등가물 1억 5,000만 달

[표 10-3] 오렌지 주식회사 요약 재무제표, 통계 및 비율

요약 재무제표	
순현금 및 현금등가물	$1억 5,000만
기타 자산	$7,500만
총자산	$2억 2,500만
요약 손익계산서	
매출총이익	$7,000만
EBIT	$5,000만
순이익	$3,700만
기타 통계 및 비율	
시가총액	$5억
EV	$3,500만
P/E	14×
이익수익률(EY)	7.4%
기업배수	7×
총자산매출총이익률GP on assets	93%
장기채권 이자율	3%

러와 기타 자산 7,500만 달러의 합) 장기 채권 이자율의 10배가 넘는 훌륭한 수준이다. 기업배수 기준으로는 더욱 흥미롭다. 회사의 주가는 EV/EBIT의 7배에 해당한다($3억 5,000만 ÷ $5,000만). 재무상태표상 현금 비율이 매우 높고 현금흐름이 우수해서 현금의 대부분 또는 전부를 주주들에게 돌려주는 데 무리가 없다.

아인혼은 얼마나 많은 가치를 '잠금해제'시킬 수 있을지 알려면

시장이 해당 기업의 현금에 얼마나 점수를 주고 있는지 추정해야한다고 강조한다. 시장에서 현금의 가치가 전혀 인정받지 못한 상태에서 현금을 모두 환원하는 방식으로 구조조정을 수행하면 환원된 현금이 가치를 되찾는다. 배당금으로 1억 5,000만 달러 전체를 잠금 해제한다는 뜻이다. 총자산매출총이익률이 93%($7,000만÷$7,500만) 이상으로 증가하면 이것이 가능하다. 이 경우 P/E 14배 이상이 정당화되고 이는 시가총액 5억 달러를 유지한다는 뜻이다. 즉, 주주들은 1억 5,000만 달러를 돌려받고도 동일한 시가총액 5억 달러 상당의 주식을 보유하게 된다. 한편 회사가 보유한 현금에 시장이 이미 어느 정도 점수를 주고 있었다면 잠금해제되는 가치의 크기도 줄어들 것이다.[20]

시장이 어느 정도 점수를 주고 있는지 확실히 알 방법이 없는 만큼 얼마나 많은 가치가 잠금해제될지 알 방법은 없습니다. 다만 그 범위는 0부터 배분된 현금의 가치 이하일 것입니다.
주의할 것은 애플이 현재의 현금과 미래 발생할 현금을 무한정 묶어두지 않을 수 있는 더 나은 정책을 채택하면 이것이 시장에 반영되는 만큼 애플은 더 높은 P/E 비율로 시장에서 보상을 받을 것이라는 사실입니다.

아인혼은 이 분석법이 자본화가 부적절한 기업에 특히 유용하다고 주장한다. 내재가치 개념이 '기업이 창출한 현금흐름은 기업의 자본비용을 최소화하도록 최적의 방식으로 조달된 자금'이라고 간주하기 때문이다. 실제로 대부분의 상장 기업은 적절하게 자본화되었고 내재가치에 상응하는 시장가격에 거래된다. 따라서 아인혼의 방법이 기업 대부분의 내재가치를 향상시키는 것은 아니다. 그러나 적절하게 자본화되지 않아서 자본비용을 최소화하지 못한 기업이라면 초과현금 보유 수준을 낮추어 내재가치를 개선할 수 있다. 이렇게 해서 시장가격 할인이 제거되면 기업은 충분히 실현된 내재가치에 가까운 가격에 거래될 수 있다. 기업배수는 아직 내재가치를 발굴하지 못한 저평가된 회사를 찾아내는 데 유용하다. 발굴하지 못한 내재가치를 개선하려는 행동주의자가 나타나지 않더라도 시장가격을 바로잡으려는 다른 힘이 작용해 탁월한 수익을 만들어 낸다.

아인혼과 아이칸의 행동주의 운동 마무리 단계에서 애플이 초과자본 1,500억 달러를 주주들에게 돌려준 일은 이 전략이 가진 힘을 분명히 보여준다. 두 사람이 6개월 동안 편지를 쓰고 CEO를 만나며 촉구한 끝에 애플은 2013년 마침내 자사주 매입을 시작했다. 애플은 2014년 2월까지 총 400억 달러 상당의 자사주를 매입했다. 12개월에 걸친 주식시장 사상 최대 규모의 자사주 매입이었다.[21] 얼마 지나지 않아 아이칸은 애플 주주들에게 보내는 공개서한에서 애플에 제안한 더 큰 규모의 자사주 매입 계획을 철회한다고 밝혔다. "우리가 요청한 자사주 매입 목표에 이미 거의 도달한 상황에서 구속력이 없는 제안을 지속할 이유가 없습니다."[22] 아이칸이 계획을 철회한 뒤 4월에 애플은 실제로 자사주 매입과 배당을 늘려서 1,300억 달러 자본을 주주들에게 환원하겠다고 발표했다. 이미 움직이기 시작했던 주가는 이 발표로 급등했다. 2013년 5월 388달러에서 거래되던 애플 주가는 2014년 4월 자본 환원 발표 이후 주당 604달러까지 치솟았다. 초대형 주식이 1년이 채 안 되는 기간에 무려 56% 주가 상승률을 기록한 것이다. 〈월스트리트 저널〉은 이렇게 보도했다. "칼 아이칸은 패배마저도 상당한 수익으로 바꾸는 능력이 있음을 다시 한 번 입증했다."[23]

결론

"금융에는 이타주의라는 것이 거의 없습니다. 경영진을 상대로 벌이는 전쟁에는 시간, 에너지 그리고 돈이 필요합니다. 개인이 그저 옳은 일을 하기 위해 이 모든 것을 쏟아 붓기를 기대할 수는 없습니다. 이런 문제에서 가장 인상 깊고 믿을 만한 것은 보호해야 하는 중요한 지분을 직접 갖고 있고 따라서 전반적으로 주주들의 이익을 위해 행동할 수밖에 없는 영향력 있는 주주 집단에 의해 이루어지는 조치입니다. 일반 주주들은 임원과 주주의 이익이 대립할 가능성이 있는 모든 문제에서 이런 주주 집단을 대표하는 사람들의 발언에 그 어느 때보다 더 귀를 기울여야 합니다."

— 벤저민 그레이엄,《증권분석》(1934)

그레이엄은 다른 사람들이 75년 후에야 실제 경험으로 입증할 진실을 천재성과 자신의 경험을 통해 직관적으로 이해했다. 주가는 회사가 경기 순환주기의 정점에 있어서 위험보상비율risk-reward ratio이 최악일 때 가장 매력적으로 보이고 경기 순환주기의 저점에 있어서 기회가 최고일 때 가장 매력이 없어 보인다는 사실이다. 극심하게 저평가된 기업들은 심각할 정도로 매력이 없어 보이지만 (아니, 어쩌면 심각할 정도로 매력이 없어 보이기 때문에) 상당히 매력적인 수익률을 안겨준다. 대개 곤경에 처한 이런 기업들은 주가가 급락하고 이익이 감소하며 주식은 독약처럼 보인다. 극단적인 경우 청산을 향해 갈 수도 있고 그 과정에서 손실을 거듭할 수 있다. 바로 그래서 싼 것이다. 그레이엄은《증권분석》에서 이렇게 지적했다.[24]

이익이 꾸준히 증가해왔다면 애초에 그렇게 낮은 가격에 주식이 팔리지도 않았을 것이다. 이런 주식들에 대한 매수를 꺼리는 이유는 이익이 감소하거나 손실이 지속되고 자원을 소진해서 결국 내재가치가 지불한 가격보다 낮아질 확률 혹은 일말의 가능성 때문이다.

매수하려는 주식의 세세한 문제들을 무시하고 기본 조건(저평가)을 보는 투자자는 포르투나의 수레바퀴가 이런 주식들을 끌어 내리기보다 밀어 올릴 가능성이 더 높다는 것을 안다. 이것이 평균회귀다. 우리가 비록 그 작동 여부를 직관적으로 아는 데 익숙하지는 않더라도 평균회귀는 만연한 현상이다. 평균회귀는 그레이엄의 표현처럼 업계의 미스터리 중 하나이고 모든 사람에게 그렇듯 그레이엄에게도 불가사의한 일이었다.[25] 기업이 위기에 처했을 때 우리는 깊이 저평가된 주식을 경험하는 데 집중하지 못하고 다른 곳으로 주의를 빼앗긴다. 우리는 인지오류를 범한다. 저평가된 주식을 꺼리는 잘못된 결정은 옳다고 느끼는 반면 이익이 정체되었거나 감소하는 주식을 사는 옳은 결정은 잘못된 것이라고 느끼기 때문에 쉽게 인지오류를 범한다. 과거의 추세로 미래를 예측하는 것은 본능에 부합하지만 평균회귀는 본능에 어긋난다. 이익이 감소세인 기업의 펀더멘털에 기인한 주가 움직임을 과거 이익 추세를 이용해 예측하면 결국 지불한 가격보다 주가가 낮아질 것이라는 결론을 내리게 된다. 그러나 실제 데이터는 다른 결과를 말한다.

연구 결과에 따르면 첫째, 이익 추세보다는 밸류에이션이 중요하다. 저평가된 저성장 혹은 무성장 주식으로 구성한 포트폴리오의 수익률은 고평가된 고성장 주식의 포트폴리오를 큰 폭으로 상회한다. 두 번째 결론은 더더욱 직관에 반한다. 가치주 포트폴리오 안에서도 고성장 주식의 성과가 상대적으로 저조하고 저성장 혹은 무성장 주식의 성과가 더 뛰어나다. 많은 가치투자자들도 예상하지 못한 결과다. 우리는 직관적으로 고성장에 매료되고, 고성장 가치주를 싸게 살 수 있는 우량 주식이라고 여긴다. 높은 ROIC가 버핏의 우량 기업 요건을 충족한다고 가정하기도 한다. 문제는 데이터가 가리키는 결과는 고성장, 고수익 주식의 수익률이 실망스러운 경향이 있다는 것이다. 경쟁은 높은 이익에 영향을 미치고 선두주자들을 무리로 끌어내린다. 경쟁을 물리칠 수 있는 기업은 흔하지 않고, 연구 결과를 보면 그런 기업을 사전에 찾아내기는 매우 어렵다. 워런 버핏은 이른바 '훌륭한 기업'의 요건에 해당하는 지속가능한 경제적 해자economic moats, 지속가능한 높은 ROC, 유능하고 정직한 경영진을 찾아내는 데 탁월한 능력을 보여왔다. 그러나 데이터에 따르면 버핏의 재능을 갖지 못한 우리가 일관된 성과를 기대할 수 있는 더 좋은 투자 대상은 저성장 혹은 무성장 가치주다. 밸류에이션이 비슷하더라도 펀더멘털의 추이가 좋지 않고 보잘것없는 기업일수록 더 나은 수익률을 기대할 수 있다고 보인다. 이것이 딥 밸류 투자다.

딥 밸류 주식은 대개 사업이 어려운 상황에 처한 경우가 많다 (버핏이 버핏 파트너십 시절 아메리칸 익스프레스를 살펴보던 상황을 생각해 보라). 추문에 휩싸인 경우도 있다. 그러나 추문과 위기가 기업의 부실을 의미하는 것은 아니다. 딥 밸류 기업은 부실하지 않다(대개 현금이 풍부하고 영업으로 이익을 낸다). 다만 성장하지 못하고 이익 추이가 만족스럽지 못해서 깊이 저평가된 상태일 뿐이다. 딥 밸류 기업에는 실현되지 않은 잠재력이 있다. 이것이 바로 딥 밸류 투자가 행동주의와 밀접한 연관이 있는 이유다. 1934년, 그레이엄은 딥 밸류를 '주주들로 하여금 사업을 계속하는 것이 자신들의 이익에 부합하는지 질문을 제기하게 만들고 경영진으로 하여금 시장의 호가와 내재가치 사이의 명백한 괴리를 바로잡기 위한 모든 적절한 조치(자체 정책 재고, 주주를 대상으로 사업을 지속하기로 한 결정의 타당성을 솔직하게 설명)를 취하도록' 독려하는 자극제라고 보았다.[26] 그레이엄은 투자자들에게 '주인의식'을 가질 것을 촉구했다.[27]

행동주의에 대한 연구는 그레이엄의 주장을 뒷받침한다. 주주의 관여는 경영진으로 하여금 다른 의제를 추구하는 대신 주주가치 창출에 집중하게 하고, 이것이 대리인 비용을 줄일 수 있다. 주주 행동주의자shareholder activists는 내재가치 향상이나 시장가격 할인의 해소가 아니더라도 다양한 의제를 추구할 수 있다. 반면 행동주의 투자자는 오로지 투자 수익만을 추구한다. 행동주의의 투자

와 여러 형태의 주주 행동주의는 일반 포경선과 피쿼드호[6]Pequod
의 목표만큼이나 다르다. 주주 행동주의의 임무는 흰 고래가 아니
라 고래(깊은 저평가 주식)를 잡는 것이다. 행동주의 투자자는 다른
목적을 추구한다. 행동주의 투자자는 실적이 저조한 경영진을 퇴
출하고, 가치를 파괴하는 인수합병을 중단하고, 초과현금을 토해
내고, 자본 구조를 최적화하도록 요구하거나 회사를 매각하라고
압박한다. 이 모든 요구의 목적은 오로지 주주가치 개선이다.

포트폴리오 측면에서 이야기하면 행동주의자들이 요구하는 조
건을 갖춘 기업은 비대칭적이고 시장을 이기는 수익률을 제공한
다. 행동주의자들은 고전하는 기업에 소수 지분을 크게 확보한 다
음 변화를 강력히 요구해서 시장을 이기는 수익률을 거두려고 한
다. 이러한 요구는 단순히 딥 밸류 투자로 수익을 내는 것을 넘어,
표적 기업의 단기적 주가와 장기적인 영업성과를 개선하는 역할
을 하는 것으로 보인다. 시장이 이를 인정하듯 주가는 13D 공시
직후 급등한다. 행동주의자들은 표적 기업에 투자한 다음 촉매 역
할을 할 재료를 공급해서 수익을 손에 넣는다. 기업 매각, 자사주
매입, 자산 분할, CEO 축출 등 요구가 더 '공격적'일수록 더 큰 수
익을 더 빠르게 실현한다. 최고의 수익은 프리미엄을 온전히 누릴
수 있는 단순매각outright sales 방식과 관련이 있다. 성공적으로 지배권

---

6) 허먼 멜빌Herman Melville의 소설 《모비딕》에 등장하는 포경선.

을 확보한 행동주의자들은 해당 기업이 비상장 회사로 전환될 경우 사모펀드라면 당연히 수행할 기본적이고 다양한 조치를 취한다. 대개 과거 경영진도 도입했을 법한 변화들이다. 아이칸은 자랑스럽게 말한다. "우리는 LBO 전문가들이 하는 일을 하지만 모든 주주들을 위한 일이라는 점이 다릅니다."[28]

아이칸은 '최고의 역발상 투자자', '모든 역발상 투자자를 능가하는 역발상 투자자'라고 불린다.[29] 아이칸이 선호하는 표적은 '도로 위 동물의 사체처럼 식욕을 돋우는' 기업으로 묘사되기도 한다.[30] 투자은행가이자 독립 투자은행 모엘리스 앤드 컴퍼니Moelis & Company 설립자 켄 모엘리스Ken Moelis는 아이칸이 추구하는 것이 추세에 역행하는 베팅 이상이라고 평가했다.[31]

아이칸은 밝은 면을 볼 이유가 전혀 없고 누구도 동의하지 않는 최악의 순간에 매수에 나설 것입니다.

지금까지 살펴본 연구 결과 역시 그런 베팅의 성과를 뒷받침한다. 이러한 관점에서 볼 때 아이칸의 다음 주장은 전적으로 타당하다.[32]

컨센서스는 대개 맞지 않습니다. 추세를 따르면 모멘텀은 언제나 당신의 차례에서 끝이 날 것입니다. 그래서 저는 화려하지 않

으면서 사람들이 일반적으로 선호하지 않는 회사를 삽니다. 산업 자체가 기피 대상이라면 더욱 좋습니다.

2013년 7월은 아이칸이 킹슬리와 함께 브로드웨이 빌딩에서 행동주의 전략 '아이칸 선언'을 논의하고 결론을 내린 지 약 38년이 지난 시점이었다. 아이칸은 딜리버링 알파 콘퍼런스Delivering Alpha Conference에서 자신의 최근 투자에 대해 이야기했다. 대담을 진행한 CNBC 방송의 앵커 스콧 와프너Scott Wapner는 설립자 마이클 델Michael Dell이 직접 LBO로 회사를 인수하겠다고 나선 상황에서 주문 제작형 개인용 컴퓨터 제조업체인 델Dell, Inc.을 사려는 이유가 무엇인지 물었다. "모든 상황을 지켜보면서, '칼, 정말로 델을 원하는 건 아니지? 그렇지? 대체 왜 이 사업을 원해? 이건 사양 산업이라고. 단순히 마이클 델에게 소식이 닿아서 자신의 제안을 취소하게 만들려는 거야?'라고 묻는 사람들이 있습니다." 아이칸은 77세의 나이에도 자신의 투자 철학은 달라진 것이 없다고 강조하며 이렇게 말했다.[33]

아시다시피 제 이력을 채운 것은 대단한 기업이 아닙니다. 저는 정가에 사지 않습니다. 사람들이 그 회사가 형편없다고 말할 때 진입합니다. 아주 오래된 그레이엄-도드의 철학이죠. 아무도 좋아하지 않을 때 들어가지만 괜찮습니다. [중략] 많은 애널리스트들이 이것을 놓칩니다.

과거에도 거듭 밝혔듯이 아이칸은 아이칸 선언 전략의 지적 토
대가 벤저민 그레이엄과 데이비드 도드의 《증권분석》에 있다고
인정하며 자신의 브랜드인 딥 밸류 행동주의의 역사가 가치투자
못지않게 길다는 것을 강조했다.

감사의 글

《딥 밸류》의 원고를 쓰는 동안 도움을 많이 받았다. 무엇보다도 초고를 절반쯤 썼을 때 태어난 아리스텔라의 육아를 혼자서 도맡다시피 했던 아내 니콜에게 고마움을 전한다. 거친 초고를 검토해준 스콧 리어든, 테일러 코넌트, 트래비스 덕스, 피터 러브 박사, 토비 슈트 그리고 나의 어머니와 아버지 웬디 칼라일과 로저 칼라일 박사께 감사드린다. 이 책에서 논의한 다양한 전략의 백테스팅을 도와준 제프리 옥스먼 박사께도 감사를 표한다. 마지막으로 와일리 파이낸스Wiley Finance 직원들, 특히 책이 나오기까지 도움과 조언을 아끼지 않은 빌 팔룬, 리아 오타비아노, 안젤라 어커하트, 티파니 샤르보니에, 메그 프리본의 노고에 감사의 마음을 전한다.

1장

1. Mark Stevens. King Icahn. (New York: Penguin Group) 1993.

2. Spencer Jakab. "Fears of return to the 1970s are overdone," Financial Times, April 29, 2011. Available at http://www. ft.com/intl/cms/s/0/8f773248-727f11e0-96bf-00144feabdc0. html#axzz29bATsOYq.

3. Tom Lauricella. "Flashbacks of the 1970s for Stock-Market Vets." The Wall Street Journal, April 18, 2009. Available at http://online. wsj.com/article/SB124001598168631027.html.

4. Stevens, 1993.

5. Ibid.

6. Adolf Augustus Berle and Gardiner Coit Means. The Modern Corporation and Private Property. (New Brunswick: Transaction Publishers) 1932.

7. Ibid.

8. Ibid.

9. Anon, "If He Ruled the World': Carl Icahn's Take on Time Warner and Corporate America," Knowledge@Wharton, February 22, 2006, Available at http://knowledge.wharton.upenn.edu/article. cfm?articleid=1392.

10. Warren Buffett. "Chairman's Letter." Berkshire Hathaway, Inc. Annual Report, 1984.

11. Stevens, 1993.

12. Ibid.

13. Ibid.

14. Ibid.

15. Ibid.

16. Ibid.

17. Ibid.

18. Ibid.
19. Ibid.
20. Ibid.
21. Ibid.
22. Ibid.
23. Benjamin Graham and David Dodd. Security Analysis. (New York: McGraw Hill) 1934.
24. Ibid.
25. Ibid.
26. Berle and Means.
27. Graham and Dodd, 1934.
28. Ibid.
29. Ibid.
30. Ibid.
31. Ibid.
32. Benjamin Graham, "Inflated Treasuries and Deflated Stockholers." Forbes, 1932. Available at http://www.forbes.com/forbes/1999/1227/6415400a.html.
33. Diana B. Hentiques. The White Sharks of Wall Street: Thomas Mellon Evans and the Original Corporate Raiders. (New York: Lisa Drew Books) 2000.
34. Time Magazine. "Young Tom Evans." March 27, 1944. Available at http://www.time.com/time/magazine/article/0,,9171,803258,00.html.
35. Ibid.
36. Warren Buffett. "Partnership Letters." Buffett Partnership. Available at http://csinvesting.org/wp-content/uploads/2012/05/dempster_mills_manufacturing_case_study_bpls.pdf.
37. Alice Schroeder. The Snowball. (New York: Bantam) 2009.

2장

1. United States Government Printing Office. Washington. 1955. Available at http://www4.gsb.columbia.edu/filemgr?file_id=131668.

2. Benjamin Graham and David Dodd. Security Analysis: The Classic 1934 Edition. (New York: McGraw Hill) 1934.

3. Benjamin Graham. The Intelligent Investor: A Book of Practical Counsel. (New York: HarperBusiness) 2006. (First published 1949).

4. Benjamin Graham. "Inflated Treasuries and Deflated Stockholders." Forbes, 1932. Available at http://www.forbes.com/forbes/1999/1227/6415400a.html.

5. Benjamin Graham. "Should Rich but Losing Corporations Be Liquidated?" Forbes, 1932. Available at http://www.forbes.com/forbes/1999/1227/6415410a.html.

6. Graham and Dodd.

7. Graham, "Inflated Treasuries." 1932.

8. Ibid.

9. Benjamin Graham. "Should Rich but Losing Corporations Be Liquidated?" Forbes, 1932. Available at http://www.forbes.com/forbes/1999/1227/6415410a.html.

10. Graham and Dodd.

11. Ibid.

12. Ibid.

13. Seth A. Klarman. Margin of Safety: Risk-Averse Value Investing Strategies for the Thoughtful Investor (New York: HarperCollins) 1991.

14. "Marty Whitman on Graham and Dodd." July 2008. Available at http://www.youtube.com/watch?v=Hlj3fMUx73c.

15. Warren Buffett. "Chairman's Letter." Berkshire Hathaway, Inc., Annual Report. 1989.

16. Graham, 1976.

17. Henry R. Oppenheimer. "Ben Graham's Net Current Asset Values: A Performance Update." Financial Analysts Journal, Vol. 42, No. 6 (1986), pp. 40–47.

18. Jeffrey Oxman, Sunil K. Mohanty, and Tobias Eric Carlisle. "Deep Value Investing and Unexplained Returns." (September 16, 2011) Midwest Finance Association 2012 Annual Meetings Paper. Available at SSRN: http://ssrn.com/abstract=1928694 or http://dx.doi.org/10.2139/ssrn.1928694.

19. John B. Bildersee, John J. Cheh, and Ajay Zutshi. "The Performance of Japanese Common Stocks in Relation to Their Net Current Asset Values." Japan and the World Economy, Vol. 5, No. 3 (1993), pp. 197–215.

20. Ying Xiao and Glen Arnold. Testing Benjamin Graham's Net Current Asset Value Strategy in London. Available at SSRN: http://ssrn.com/abstract=966188 or http://dx.doi.org/10.2139/ssrn.966188.

21. James Montier. "Graham's Net Nets: Outdated or Outstanding." SG Equity Research. Societe Generale, 30 September 2008.

22. Ibid.

23. Ibid.

24. United States Government Printing Office. Washington. 1955. Available at http://www4.gsb.columbia.edu/filemgr?file_id=131668.

25. United States Government Printing Office. Washington. 1955. Available at http://www4.gsb.columbia.edu/filemgr?file_id=131668.

26. Klarman, 1991.

27. Ibid.

28. Ibid.

29. Graham and Dodd, 1934.

30. Ibid.

31. Ibid.

32. Ibid.

33. Ibid.

34. Ibid.

35. Ibid.

36. Ibid.

37. Ibid.

38. Ibid.

39. Ibid.

40. Ibid.

41. Ibid.

3장

1. Alice Schroeder. The Snowball. (New York: Bantam Books) 2008.
2. Ibid.
3. Ibid.
4. Warren Buffett, "The Superinvestors of Graham-and-Doddsville." Hermes, Columbia Business School Magazine. Fall, 1984.
5. Schroeder, 2008.
6. Ibid.
7. Warren Buffett, "Partnership Letter: 1960." Buffett Associates Limited, 1961.
8. Ibid.
9. Ibid.
10. Janet Lowe. "Damn Right: Behind the Scenes with Berkshire Hathaway Billionaire Charlie Munger." (New York: Wiley, 2003).
11. Lowe, 2003.
12. Schroeder, 2008.
13. Ibid.
14. Ibid.
15. Philip Fisher. Common Stocks and Uncommon Profits. (New York: Wiley Investment Classics) 1996.
16. Fisher, 1996.
17. Schroeder, 2008.
18. Buffett, 1980.
19. Schroeder, 2008.
20. Warren Buffett. "Partnership Letter: 1967." Buffett Associates Limited, October 9, 1967.
21. Ibid.
22. "The Money Men: How Omaha Beats Wall Street." Forbes Magazine, November 1, 1969.
23. Warren Buffett. "Chairman's Letter." Berkshire Hathaway, Inc. Annual Report, 2013.
24. Lowe, 2003.
25. Schroeder, 2008.
26. Ibid.

27. Lowe, 2003.

28. Schroeder, 2008.

29. Warren Buffett. "Chairman's Letter." Berkshire Hathaway, Inc. Annual Report, 1983.

30. Buffett, 1983.

31. Warren Buffett. "Chairman's Letter." Berkshire Hathaway, Inc. Annual Report, 2007.

32. Warren Buffett. "Chairman's Letter." Berkshire Hathaway, Inc. Annual Report, 1989.

33. Ibid.

34. J. B. Williams. The Theory of Investment Value. (Burlington, Vermont: Fraser Publishing Co) 1997.

35. Joseph A. Schumpeter. From Capitalism, Socialism and Democracy. (New York: Harper) 1975.

36. Warren Buffett. "Chairman's Letter." Berkshire Hathaway, Inc. Annual Report, 1992.

37. Warren Buffett. "Chairman's Letter." Berkshire Hathaway, Inc. Annual Report, 1981.

38. Warren Buffett and Carol Loomis, "Mr. Buffett on the Stock Market." Forbes Magazine, November 22, 1999. Available at http://money.cnn.com/magazines/fortune/fortune_archive/1999/11/22/269071/

39. Warren Buffett. "Chairman's Letter." Berkshire Hathaway, Inc. Annual Report, 1995.

40. Warren Buffett. "Chairman's Letter." Berkshire Hathaway, Inc. Annual Report, 2007.

41. Warren Buffett. "Chairman's Letter." Berkshire Hathaway, Inc. Annual Report, 2012.

42. Warren Buffett. "Chairman's Letter." Berkshire Hathaway, Inc. Annual Report, 1991.

43. Warren Buffett. "Chairman's Letter." Berkshire Hathaway, Inc. Annual Report, 1985.

44. Ibid.

45. Ibid.

46. Warren Buffett. "Chairman's Letter." Berkshire Hathaway, Inc.

Annual Report, 1989.

47. Warren Buffett. "Chairman's Letter." Berkshire Hathaway, Inc. Annual Report, 1988.

48. Benjamin Graham and David Dodd. Security Analysis: The Classic 1934 Edition. (New York: McGraw Hill) 1934.

4장

1. Steven Friedman. "Joel Greenblatt and Robert Goldstein of Gotham Asset Management, LLC." Santangel's Review, March 2011.

2. Benjamin Graham. "A Conversation with Benjamin Graham." Financial Analysts Journal, Vol. 32, No. 5 (1976), pp. 20 – 23.

3. Ibid.

4. Ibid.

5. J. Greenblatt, R. Pzena, and B. Newberg."How the small investor can beat the market." The Journal of Portfolio Management, Summer 1981, 48 – 52.

6. Ibid.

7. Joel Greenblatt. You Can Be A Stock Market Genius. (New York: Fireside) 1997.

8. Warren Buffett. "Chairman's Letter." Berkshire Hathaway, Inc. Annual Report, 1977.

9. Joel Greenblatt. The Little Book that Beats the Market. (Hoboken: Wiley) 2006.

10. Ibid.

11. Ibid.

12. Wesley Gray and Tobias Carlisle. Quantitative Value: A Practitioner's Guide to Automating Intelligent Investment and Eliminating Behavioral Errors. (Hoboken: Wiley Finance) 2012.

13. James Montier. "The Little Note that Beats the Market." DrKW Macro Research, March 9, 2006.

14. Ibid.

15. Gray and Carlisle, 2012.

16. Montier.

17. Ibid.

18. Eugene Fama and Kenneth French, "Q&A: Why Use Book Value To Sort Stocks?" Dimensional Fama/French Forum, 2011. Available at http://www.dimensional.com/famafrench/2011/06/qa-why-use-book-value-to-sort-stocks.html.

19. Aswath Damodaran. Damodaran on Valuation: Security Analysis for Investment and Corporate Finance. (New York: John Wiley & Sons) 2006.

20. Tim Loughran and Jay W. Wellman. "New Evidence on the Relation Between the Enterprise Multiple and Average Stock Returns (September 5, 2010)." Available at SSRN: http://ssrn.com/abstract=1481279 or http://dx.doi.org/10.2139/ssrn.1481279.

21. Warren Buffett. "Chairman's Letter." Berkshire Hathaway, Inc. Annual Report, 1992.

22. S. Bhojraj and C. M. C. Lee. "Who Is My Peer? A Valuation-Based Approach to the Selection of Comparable Firms," Journal of Accounting Research 40 (2002), 407 – 439.

23. Michael J. Mauboussin. The Success Equation: Untangling Skill and Luck in Business, Sports and Investing. (Boston: Harvard Business Review Press), 2012.

24. Benjamin Graham and David Dodd. Security Analysis: The Classic 1934 Edition. (New York: McGraw Hill) 1934.

25. Mauboussin.

26. Ibid.

27. Graham and Dodd.

28. Mauboussin.

29. Ibid.

30. Janet Lowe. The Rediscovered Benjamin Graham: Selected Writings of the Wall Street Legend. (New 5. J. Greenblatt, R. Pzena, and B. Newberg."How the small investor can beat the market." The Journal of Portfolio Management, Summer 1981, 48 – 52.

31. Mauboussin, 2007.

1. Frank C. Babbitt (trans). Plutarch: De Fortuna Romanorum. Moralia. (Cambridge: Vol. IV of the Loeb Classical Library edition) 1936.

2. Ibid.

3. Carmina Burana.

4. William Shakespeare. Henry V Act 3, Scene VI. Available at http://www.onlineliterature.com/shakespeare/henryV/16.

5. Frank J. Miller (trans). Seneca's Tragedies With an English Translation by Frank Justus Miller in Two Volumes II: Agamemnon, Thyestes, Hercules Octaeus, Phoenissae, Octavia. (New York: G.P. Puttnam's Sons) 1917. Available at http://archive.org/details/tragedieswitheng02seneuoft.

6. F. Galton. "Regression Towards Mediocrity in Hereditary Stature." The Journal of the Anthropological Institute of Great Britain and Ireland.15: 246 – 263, 1886.

7. J. M. Keynes. The General Theory of Employment, Interest and Money (New York: Palgrave Macmillan. 1936.

8. Werner F.M. De Bondt and Richard H. Thaler. "Does the Stock Market Overreact?" Journal of Finance 40 (3) (1985): 793 – 805.

9. W. De Bondt and R. Thaler. "Further Evidence on Investor Overreaction and Stock Market Seasonality," Journal of Finance, July, 42 (3) (1987), pp. 557 – 581.

10. Warren Buffett and Carol Loomis, "Mr. Buffett on the Stock Market." Fortune Magazine, November 1999. Available at http://money.cnn.com/magazines/fortune/fortune_archive/1999/11/22/269071.

11. Warren Buffett, "Chairman's Letter." Berkshire Hathaway, Inc. Annual Report, 1987.

12. Buffett and Loomis, 1999.

13. Ibid.

14. Elroy Dimson, Paul Marsh, and Mike Staunton. The Triumph of the Optimists: 101 Years of Global Investment Returns. (Princeton: Princeton University Press) 2002.

15. Buttonwood. "Buttonwood's Notebook: The Growth Illusion." The

Economist. August 28, 2009. Available at http://www.economist. com/blogs/buttonwood/2009/08/the_growth_illusion.

16. William J. Bernstein. "Thick as a BRIC." Efficient Frontier, 2006. Available at http://www.efficientfrontier.com/ef/0adhoc/bric.htm.

17. Jay Ritter. "Economic Growth and Equity Returns." Working Paper, University of Florida, November 2004.

18. Ibid.

19. Warren Buffett. "Chairman's Letter." Berkshire Hathaway, Inc. Annual Report, 1985.

20. Daniel Kahneman. "Daniel Kahneman—Autobiographical." The Nobel Prizes 2002, Editor Tore Frängsmyr, Nobel Foundation, Stockholm, 2003. Available at http://www.nobelprize.org/nobel_ prizes/economic-sciences/laureates/2002/kahneman-bio.html.

21. Sebastien Brant. The Ship of Fools. Translated by Alexander Barclay. (Edinburgh: William Paterson) 1874. Available at http://www. gutenberg.org/files/20179/20179-h/images/t311.png.

22. J. Lakonishok, A. Shleifer, and R.W. Vishny. "Contrarian Investments, Extrapolation, and Risk." Journal of Finance, Vol. XLIX, No. 5, (1994) pp. 1541 – 1578.

23. Suggested by Value vs. Glamour: A Global Phenomenon (December 2012). The Brandes Institute, 2012. Available at http://www. brandes.com/Institute/Documents/White%20Paper-Value%20 Vs.%20Glamour%202012.pdf.

24. Lakonishok et al., 1994.

6장

1. Adapted from The American Heritage Science Dictionary. (Boston: Houghton Mifflin Company) 2008.

2. Robert Sobel. The Rise and Fall of the Conglomerate Kings. (New York: Stein and Day) 1984.

3. Ibid.

4. David Bird. "Charles B. Thornton Dead at 68; Was a Litton Industries Founder." The New York Times, November 26, 1981.

5. Sobel, 1984.

6. Ibid.

7. Ibid.

8. Ibid.

9. Ibid.

10. Ibid.

11. Ibid.

12. Ibid.

13. Ibid.

14. Bird, 1981.

15. Sobel, 1984.

16. Warren Buffett. "Shareholder Letter," Berkshire Hathaway, Inc. Annual Report, 1982.

17. John Train. The Money Masters. (New York: Harper & Row) 1980.

18. Sobel, 1984.

19. Ibid.

20. Ibid.

21. Ibid.

22. Ibid.

23. Anonymous. "Lehman Brothers Collection: Litton Industries, Inc. Company History". Harvard Business School Baker Library Historical Collection, 1960. Available at http://www.library.hbs. edu/hc/lehman/company.html?company=litton_industries_inc.

24. Sobel, 1984.

25. Ibid.

26. Buffett, 1982.

27. Ibid.

28. Ibid.

29. Sobel, 1984.

30. Ibid.

31. Benjamin Graham and David Dodd. Security Analysis: The Classic 1934 Edition. (New York: McGraw-Hill) 1996.

32. Ibid.

33. Edward Chancellor. Devil Take the Hindmost: A History of Financial Speculation (New York: Penguin Group) 2000.

34. Ibid.

35. Ibid.

36. Ibid.

37. Sobel, 1984.

38. Ibid.

39. Justin Fox. The Myth of the Rational Market: A History of Risk, Reward, and Delusion on Wall Street. (New York: HarperCollins) 2009.

40. John. C. Bogle. "Statement of John C. Bogle to the United States Senate Governmental Affairs Subcommittee," November 3, 2003. Available at http://www.vanguard.com/bogle_site/sp20031103. html.

41. J. Lakonishok, A. Shleifer, and R.W. Vishny. "Contrarian Investments, Extrapolation, and Risk." Journal of Finance, Vol. XLIX, No. 5, (1994) pp. 1541 – 1578.

42. Amos Tversky and Daniel Kahneman. "Judgment under Uncertainty: Heuristics and Biases." Science, New Series, Vol. 185, No. 4157. (Sep. 27, 1974), pp. 1124 – 1131. http://www.jstor.org/pss/1738360.

43. Leonard Mlodinow. The Drunkard's Walk: How Randomness Rules Our Lives. (New York: Pantheon Books) Reprint edition, 2009.

44. John B. Williams. The Theory of Investment Value. (Fraser Publishing Co) 1997.

45. Roy Batchelor. "Bias in Macroeconomic Forecasts," International Journal of Forecasting 23 2, 189 – 203, April – June 2007.

46. William A. Sherden. The Fortune Sellers: The Big Business of Buying and Selling Predictions. (New York: John Wiley & Sons) 1999.

47. Chris Leithner. Leithner Letter No. 163 – 166 26, July – 26 October 2013. Leithner&Company Pty. Ltd. Brisbane, 2013. I am grateful to Chris for highlighting these articles in his letter.

48. Jon E. Hilsenrath. "Economists' Forecasts Are Worst When They Might Be Most Useful." The Wall Street Journal, July 1, 2002.

49. Kahneman and Tversky, 1974.

50. Meena Krishnamsetty and Jake Mann. "Apple is the hedge fund king once again." The Wall Street Journal MarketWatch. May 16, 2013. Available at http://www.marketwatch.com/story/apple-is-the-hedge-fund-king-once-again-2013-05-16.

7장

1. Yvonne van Dongen. Brierley: The Man Behind The Corporate Legend. (Auckland: Penguin Books (NZL) Ltd) 1990.
2. Ibid.
3. All conversions are from data on the Reserve Bank of New Zealand "Inflation Calculator" Extracted November 2013. Available at http://www.rbnz.govt.nz/monetary_policy/inflation_calculator.
4. van Dongen, 1990.
5. Ibid.
6. Ibid.
7. Ibid.
8. Ibid.
9. Ibid.
10. Ibid.
11. Ibid.
12. Ibid.
13. Ibid.
14. Ibid.
15. Ibid.
16. Ibid.
17. Ibid.
18. Ibid.
19. Ibid.
20. Ibid.
21. Ibid.
22. Ibid.
23. Ibid.
24. Ibid.
25. Ibid.

26. Ibid.
27. Ibid.
28. Ibid.
29. Ibid.
30. Ibid.
31. Ibid.
32. Ibid.
33. Ibid.
34. Ibid.
35. Ibid.
36. Ibid.
37. Ibid.
38. Ibid.
39. Ibid.
40. Ibid.
41. Ibid.
42. Ibid.
43. Ibid.
44. Ibid.
45. Ibid.
46. Henry R. Oppenheimer. "Ben Graham's Net Current Asset Values: A Performance Update." Financial Analysts Journal, Vol. 42, No. 6 (1986), pp. 40 - 47.
47. Jeffrey Oxman, Sunil K. Mohanty, and Tobias Eric Carlisle. Deep Value Investing and Unexplained Returns. Midwest Finance Association 2012 Annual Meetings Paper. Available at SSRN: http://ssrn.com/abstract=1928694 or http://dx.doi.org/10.2139/ssrn.1928694.
48. Ibid.
49. Thomas J. Peters and Robert H. Waterman. In Search of Excellence: Lessons from America's Best-Run Companies. (New York: Harper and Row) 1982.
50. Ibid.
51. Ibid.
52. Michelle Clayman. "In Search of Excellence: The Investor's

Veiwpoint." Financial Analysts Journal, May – June 1987, 54. Suggested by Damodaran, 2012.

53. Ibid.

54. Ibid.

55. Ibid.

56. Michelle Clayman, "Excellence Revisited." Financial Analysts Journal, May – June 1994, 61. Suggested by Damodaran, 2012.

57. Ibid.

58. Barry B. Bannister and Jesse Cantor. "In Search of "Un – Excellence"—An Endorsement of Value-style Investing" Stifel Financial Corp. July 16, 2013.

59. Ibid.

60. Meir Statman and Deniz Anginer. "Stocks of Admired Companies and Spurned Ones." SCU Leavey School of Business Research Paper No. 10-02. Available at SSRN: http://ssrn.com/abstract=1540757 or http://dx.doi.org/10.2139/ssrn.1540757 via Damodaran, 2012.

61. Aswath Damodaran. "Value Investing: Investing for Grown Ups?" (April 14, 2012). Available at SSRN: http://ssrn.com/abstract=2042657 or http://dx.doi.org/10.2139/ssrn.2042657.

62. Ibid.

63. Michael A. Bishop and J. D. Trout. "50 years of successful predictive modeling should be enough: Lessons for philosophy of science." Philosophy of Science 69.S3 (2002): S197 – S208.

64. Ibid.

65. Rory Sutherland. "The Wiki Man: If you want to diet, I'm afraid you really do need one weird rule." The Spectator, April 13, 2013.

66. Benjamin Graham. "A Conversation with Benjamin Graham." Financial Analysts Journal, Vol. 32, No. 5 (1976), pp. 20 – 23.

67. Bishop and Trout, 2002.

68. Ibid.

69. Benjamin Graham and David Dodd. Security Analysis: The Classic 1934 Edition. (New York: McGraw-Hill) 1996.

70. Ibid.

71. Seth A. Klarman. Margin of Safety: Risk-Averse Value Investing Strategies for the Thoughtful Investor, (New York: HarperCollins)

1991.
72. Ibid.
73. Graham and Dodd, 1996.
74. James Montier. "Graham's Net Nets: Outdated or Outstanding." SG Equity Research. Societe Generale, 2008.
75. Montier, 2008.
76. Damodaran, 2012.
77. Graham, 1976.
78. Ibid.

8장

1. T. Boone Pickens, Jr. Boone. (Boston: Houghton Mifflin) 1989.
2. George P. Baker and George David Smith. The New Financial Capitalists: Kohlberg Kravis Roberts and the Creation of Corporate Value. (Cambridge: Cambridge University Press) 1998.
3. Pickens, 1989.
4. Ibid.
5. Ibid.
6. Ibid.
7. Michael C. Jensen, "Agency Costs of Free Cash Flow, Corporate Finance, and Takeovers." American Economic Review, May 1986, Vol. 76, No. 2, pp. 323 – 329.
8. Ibid.
9. Ibid.
10. Pickens, 1989.
11. Ibid.
12. Ibid.
13. Ibid.
14. Ibid.
15. Ibid.
16. Ibid.
17. Ibid.
18. Ibid.

19. Ibid.

20. Ibid.

21. Ibid.

22. Ibid.

23. Ibid.

24. Ibid.

25. Ibid.

26. Ibid.

27. Ibid.

28. Ibid.

29. Baker and Smith, 1998.

30. Jensen, 1986.

31. Ibid.

32. Ibid.

33. Ibid.

34. Warren Buffett. "Chairman's Letter." Berkshire Hathaway, Inc. Annual Report, 1990.

35. John J. McConnell and Chris J. Muscarella. "Corporate Capital Expenditure Decisions and the Market Value of the Firm." Journal of Financial Economics. Volume 14, Issue 3, September 1985, pp. 399 – 422.

36. Bernard Picchi. "Structure of the U.S. Oil Industry: Past and Future." Salomon Brothers. July 1985.

37. Alice Schroeder. The Snowball. (New York: Bantam Books) 2008.

38. Warren Buffett, "Chairman's Letter." Berkshire Hathaway, Inc. Annual Report, 1994.

39. Schroeder, 2008.

40. Ibid.

41. Ibid.

42. Ibid.

43. Ibid.

44. Ibid.

45. Ibid.

46. Ibid.

47. Ibid.

48. Ibid.

49. Warren Buffett, "Chairman's Letter." Berkshire Hathaway, Inc. Annual Report, 1985.

50. Ibid.

51. Ibid.

9장

1. Jim Edwards. "Genzyme's Triple Screwup: Factory Problem Ends Its Monopoly and Puts NDA on Hold." CBS News MoneyWatch, September 1, 2009. Available at http://www.cbsnews.com/8301-505123_162-42842754/genzymestriple-screwup-factory-problem-ends-its-monopoly-and-puts-nda-on-hold/?tag=bnetdomain.

2. Ibid.

3. Adam Feuerstein. "Genzyme's Termeer: Worst Biotech CEO of '09." TheStreet.com, November 17, 2009. Available at http://www.thestreet.com/story/10627877/1/genzymes-termeer-worst-biotech-ceo-of-09.html?cm_ven=GOOGLEN.

4. Edwards, September 1, 2009.

5. Jim Edwards. "Bring Me the Head of Genzyme CEO Henri Termeer!" CBS News MoneyWatch, November 17, 2009. Available at http://www.cbsnews.com/8301-505123_162-42843493/bring-me-the-head-of-genzyme-ceo-henritermeer/?tag=bnetdomain.

6. Edwards, November 17, 2009.

7. Robert Weisman. "More contamination troubles for Genzyme." The Boston Globe, November 14, 2009.

8. Edwards, November 17, 2009.

9. Feuerstein, November 17, 2009.

10. Ibid.

11. Ibid.

12. Ibid.

13. Ibid.

14. Andrew Pollack. "After Genzyme's Stumbles, a Struggle for Control." The New York Times, February 22, 2010. Available at

http://www.nytimes.com/2010/02/23/business/23genzyme.
html?pagewanted=all.

15. Ibid.

16. Ibid.

17. Ibid.

18. Ibid.

19. Tracy Staton. "Genzyme founder calls for CEO change."
FiercePharma, December 18, 2009. Available at http://
www.fiercepharma.com/story/genzyme-founder-calls-ceo-
change/2009-12-18.

20. Toni Clarke. "Icahn considering proxy battle at Genzyme:
Source." Reuters, January 7, 2010. Available at http://
www.reuters.com/article/2010/01/07/us-genzyme-icahn-
idUSTRE60643J20100107.

21. Steven Bertoni. "The Raider's Radar" Forbes, March 9, 2011.
Available at http://www.forbes.com/forbes/2011/0328/
billionaires-11-profile-carl-icahn-biotechtwa-raiders-radar.html.

22. Ibid.

23. Ibid.

24. Ibid.

25. Ibid.

26. Ibid.

27. Ibid.

28. Ibid.

29. Ibid.

30. Andrew Pollack. "Icahn Seeking U.S. Approval for Big Stake in
ImClone." The New York Times, February 16, 2002. Available at
http://www.nytimes.com/2002/02/16/business/icahn-seeking-
us-approval-for-big-stake-in-imclone.html.

31. Ibid.

32. Kim Kahn. "Icahn's ImClone Interest." CNNMoney, February 15,
2002.

33. Jacob Goldstein. "Bristol-Myers's Sweetened ImClone Bid Turns
Tables on Icahn." The Wall Street Journal Health Blog, September
23, 2008. Available at http://blogs.wsj.com/health/2008/09/23/

bristol-myerss-sweetened-imclone-bidturns-tables-on-icahn.
34. Ibid.
35. Ibid.
36. Ibid.
37. Ibid.
38. ImClone Systems Incorporated, Schedule 14D-9, September 24, 2008 Available at http://www.sec.gov/Archives/edgar/data/765258/000104746908010243/a2188077zsc14d9c.htm.
39. ImClone Systems Incorporated, Schedule 14D-9, October 7, 2008. Available at http://www.sec.gov/Archives/edgar/data/765258/000114420408056317/v128157_sc14d9.htm.
40. Ibid.
41. Bill George. "Another View: Can Biotech Survive Icahn?" The New York Times Dealbook, June 3, 2010. Available at http://dealbook.nytimes.com/2010/06/03/another-view-can-biotech-survive-icahn/?ref=business.
42. Bertoni, March 9, 2011.
43. Carl Icahn, Schedule 14A Filing, February 23, 2010: http://www.sec.gov/Archives/edgar/data/732485/000091062710000037/dfan14a022210.txt.
44. Icahn Capital LP SEC Form 13F March 31, 2010 Available at http://www.sec.gov/Archives/edgar/data/1412093/000114036110021805/form13fhr.txt.
45. Ibid.
46. Howard Anderson. "Carl Icahn's Battle to Take Down Genzyme." The Boston Globe, June 2, 2010. Available at http://www.boston.com/bostonglobe/editorial_opinion/oped/articles/2010/06/02/carl_icahns_battle_to_take_down_genzyme.
47. Icahn Capital LP SEC Schedule 14A Filing Available at http://www.sec.gov/Archives/edgar/data/732485/000091062710000101/genzdfan14a060110.txt.
48. Genzyme Corporation SEC Form DEFA14A Available at http://www.sec.gov/Archives/edgar/data/732485/000110465910031820/a10-9595_20defa14a.htm.
49. Bertoni, March 9, 2011.

50. Sanofi-Aventis SEC SC To-T "Press Release." Available at http://www.sec.gov/Archives/edgar/ data/732485/000119312510222490/dex99a5a.htm.

51. Bertoni, March 9, 2011.

52. Nina Sovich and Noelle Mennella. "Sanofi to buy Genzyme for more than $20 billion." Reuters, February 16, 2011. Available at http://www.reuters.com/article/2011/02/16/us-genzyme-sanofi- idUSTRE71E4XI20110216.

53. Robert Weisman. "Genzyme agrees to $20.1b sale to drug giant." The Boston Globe, February 16, 2011.

54. Ibid.

55. "Activist Profile: Carl Icahn." 13DMonitor.com, June 30, 2013. Available at http://icomm-net.com/ActivistProfile.aspx?investor_ id=32.

56. Carl C. Icahn, SEC Schedule 13D. May 25, 2012. Available at http://www.sec.gov/Archives/edgar/ data/895126/000092166912000045/chk13d052512.htm.

57. Ibid.

58. Nicole M. Boyson and Robert M. Mooradian. "Corporate Governance and Hedge Fund Activism (June 1, 2010)." Review of Derivatives Research, Vol. 14, No. 2, 2011. Available at SSRN: http://ssrn.com/abstract=992739.

59. April Klein and Emanuel Zur. "Entrepreneurial Shareholder Activism: Hedge Funds and Other Private Investors (September 2006)." AAA 2007 Financial Accounting & Reporting Section (FARS) Meeting Available at SSRN: http://ssrn.com/ abstract=913362 or http://dx.doi.org/10.2139/ssrn.913362.

60. Alon P. Brav, Wei Jiang, Randall S. Thomas, and Frank Partnoy. "Hedge Fund Activism, Corporate Governance, and Firm Performance (May 2008)." Journal of Finance, Vol. 63, pp. 1729, 2008.

61. Ibid.

62. Benjamin S. Solarz. "Stock Picking in Disguise? New Evidence that Hedge Fund Activism Adds Value." Editorial Objective 1001 (2010): 101.

63. Ibid.
64. Brav et al., 2008.
65. Boyson and Mooradian, 2011.
66. Ibid.
67. Graham and Dodd, 1934.
68. Ibid.

10장

1. United States Government Printing Office. Washington. 1955. Available at http://www4.gsb.columbia.edu/filemgr?file_id=131668.

2. Carl Icahn and Robert Shiller. "Financial Markets (ECON 252) Guest Lecture." Yale University, November 19, 2008.

3. Alon P. Brav, Wei Jiang, Randall S. Thomas, and Frank Partnoy. "Hedge Fund Activism, Corporate Governance, and Firm Performance (May 2008)." Journal of Finance, Vol. 63, pp. 1729, 2008. Available at SSRN: http://ssrn.com/abstract=948907.

4. Nicole M. Boyson and Robert M. Mooradian. "Corporate Governance and Hedge Fund Activism (June 1, 2010)." Review of Derivatives Research, Vol. 14, No. 2, 2011. Available at SSRN: http://ssrn.com/abstract=992739.

5. Michael C. Jensen. "Agency Costs of Free Cash Flow, Corporate Finance, and Takeovers." American Economic Review, May 1986, Vol. 76, No. 2, pp. 323 - 329.

6. David Einhorn. Fooling Some of the People All of the Time, A Long Short (and Now Complete) Story. (Hoboken: John Wiley & Sons) 2010.

7. Augustino Fontevecchia. "Billionaire Dan Loeb's Big 2013: Third Point Is Up 18% As It Unveils Nokia Stake And Returns 10% Of Capital." Forbes Magazine, October 22, 2010. Available at http://www.forbes.com/sites/afontevecchia/2013/10/22/billionaire-dan-loebs-big-2013-third-point-is-up-18-as-itunveils-nokia-stake-and-returns-capital-to-investors.

8. Tom Wolfe. "A Gonzo in Life as in His Work." The Wall Street Journal, February 22, 2005.

9. Katherine Burton. "Hedge Hunters: Hedge Fund Masters on the Rewards, the Risk, and the Reckoning." Bloomberg Press, 2007.
10. Daniel Loeb, "Schedule 13D Exhibit 3. Letter To Chief Executive Officer." Securities and Exchange Commission, September 15, 2000. Available at http://www.sec.gov/Archives/edgar/data/1040273/000089914000000393/0000899140-00-000393-0003.txt.
11. Ibid.
12. Daniel Loeb, "Schedule 13D/A Exhibit 2. Letter to Chief Executive Officer." Securities and Exchange Commission, September 15, 2000. Available at http://www.sec.gov/Archives/edgar/data/1040273/000089914001500023/tmp889727c.txt.
13. Robert Novy-Marx. "The Other Side of Value: Good Growth and the Gross Profitability Premium" (April 2010). NBER Working Paper No. w15940. Available at SSRN: http://ssrn.com/abstract=1598056.
14. Ibid.
15. Ibid.
16. David Einhorn. "iPrefs: Unlocking Value." Greenlight Capital, 2013. Available at https://www.greenlightcapital.com/905284.pdf.
17. Ibid.
18. Ibid.
19. Carl Icahn, "Letter to Tim Cook." Icahn Enterprises, October 8, 2013. Available at http://www.scribd.com/doc/178753981/Carl-Icahn-s-Letter-To-Apple-s-Tim-Cook.
20. Einhorn, 2013.
21. David Benoit. "Icahn Ends Apple Push With Hefty Paper Profit." The Wall Street Journal, February 10, 2014.
22. Steven Russolillo. "Carl Icahn: 'Agree Completely' With Apple's Bigger Buyback." The Wall Street Journal, April 23, 2014.
23. Benoit, 2014.
24. Benjamin Graham and David Dodd. Security Analysis. (New York: McGraw Hill) 1934.
25. United States Government Printing Office. Washington. 1955. Available at http://www4.gsb.columbia.edu/filemgr?file_

id=131668.

26. Graham and Dodd, 1934.

27. Ibid.

28. Shawn Tully. "The Hottest Investor in America." Fortune Magazine, May 30, 2007. Available at http://money.cnn.com/magazines/fortune/fortune_archive/2007/06/11/100060832/index.htm.

29. Ibid.

30. Andrew Feinberg. "Carl Icahn: Better Investor Than Buffett." Kiplinger, February 2013. Available at http://www.kiplinger.com/article/investing/T052-c100-S002-carl-icahn-better-investor-than-buffett.html.

31. Tully, 2007.

32. Ibid.

33. Scott Wapner. "Icahn: Really would love to own Dell." CNBC, July 17, 2013. Available at http://video.cnbc.com/gallery/?video=3000183755.

딥 밸류

초판 1쇄 발행   2021년 12월 29일
초판 2쇄 발행   2022년 5월 16일

지은이 토비아스 칼라일
옮긴이 김인정

펴낸곳 (주)이레미디어
전화 031-908-8516(편집부), 031-919-8511(주문 및 관리) | **팩스** 0303-0515-8907
주소 경기도 파주시 회동길 219, 사무동 4층
홈페이지 www.iremedia.co.kr | **이메일** ireme@iremedia.co.kr
등록 제396-2004-35호.

편집 김은혜, 정슬기, 심미정 | **디자인** 이유진 | **마케팅** 박주현, 연병선
재무총괄 이종미 | **경영지원** 김지선

ISBN 979-11-91328-42-4 (03320)

·가격은 뒤표지에 있습니다.
·잘못된 책은 구입하신 서점에서 교환해드립니다.
·이 책은 투자 참고용이며, 투자 손실에 대해서는 법적 책임을 지지 않습니다.

당신의 소중한 원고를 기다립니다.
mango@mangou.co.kr